高校思想政治教育治理研究丛书

高校思想政治教育数据治理研究

吴满意 徐先艳 等 著

团结出版社

图书在版编目（CIP）数据

高校思想政治教育数据治理研究 / 吴满意，徐先艳著 . -- 北京：团结出版社，2022.9
ISBN 978-7-5126-9616-7

Ⅰ.①高… Ⅱ.①吴… ②徐… Ⅲ.①高等学校 – 思想政治教育 – 数据管理 – 研究 – 中国 Ⅳ.① G641

中国版本图书馆 CIP 数据核字（2022）第 159911 号

出　版：	团结出版社
	（北京市东城区东皇城根南街84号 邮编：100006）
电　话：	（010）65228880　65244790（出版社）
	（010）65238766　85113874　65133603（发行部）
	（010）65133603（邮购）
网　址：	http://www.tjpress.com
E-mail:	zb65244790@vip.163.com
	tjcbsfxb@163.com（发行部邮购）
经　销：	全国新华书店
印　装：	三河市东方印刷有限公司

开　本：	170mm×240mm　16开
印　张：	19.75
字　数：	289千字
版　次：	2022年9月　第1版
印　次：	2022年9月　第1次印刷
书　号：	978-7-5126-9616-7
定　价：	68.00元

（版权所属，盗版必究）

丛书编委会

主　编：冯　刚
副主编：吴满意　吴增礼　张小飞　吴成国

编　委（以姓氏笔画为序）：
王习胜　王　振　邓卓明　代玉启　白永生　冯　刚　成黎明　严　帅
李　明　李　琳　吴满意　吴增礼　张小飞　吴成国　张　智　罗仲尤
赵　君　胡玉宁　钟一彪　秦在东　徐先艳　谈传生　龚　超　鲁　力
谢成宇　谢守成

北京师范大学思想政治工作研究院
湖南大学马克思主义学院
电子科技大学马克思主义学院　　　　　**组编**
西南石油大学马克思主义学院
重庆交通大学思想政治教育质量评价中心

《高校思想政治教育治理研究》丛书
前　言

新时代高校思想政治教育治理研究从初步兴起到不断发展，逐渐成为高校思想政治教育研究的重要内容构成，是思想政治教育研究因事而化、因时而进、因势而新的发展结果，也是思想政治教育研究聚焦教育规律、思想政治工作规律、学生成长规律的发展结果。总的来说，遵循国家治理体系和治理能力现代化建设的战略部署，适应新时代思想政治教育治理理念政策的创新发展，回应思想政治教育实践的现实需求，是新时代高校思想政治教育治理研究兴起的三大重要因素。①

首先，开展高校思想政治教育治理研究是遵循国家治理体系和治理能力现代化建设战略部署的必然要求。

近平总书记在中央全面深化改革领导小组第十二次会议上指出："要高度重视思想政治工作，改革推进到哪一步，思想政治工作就要跟进到哪一步。"②今天，我们处在全面深化改革的历史阶段。2013年11月，十八届三中全会通过的《中共中央关于全面深化改革若干重大问题的决定》指出，全面深化改革的总目标是完善和发展中国特色社会主义制度，推进国家治理体系和治理能力现代化。2017年10月，党的十九大报告提出："必须坚持和完善中国特色社会主义制度，不断推进国家治理体系和治理能力现代化，坚决破除一切不合时宜的思想观念和体制机制弊端，突破利益固化的

---

① 冯刚等：《新时代高校思想政治教育治理论》，中国社会科学出版社2021年版，第41页。
② 《习近平主持召开中央全面深化改革领导小组第十二次会议强调：把握改革大局　自觉服从改革大局　共同把全面深化改革这篇大文章做好》，《人民日报》2015年5月6日。

化的藩篱，吸收人类文明有益成果，构建系统完备、科学规范、运行有效的制度体系，充分发挥我国社会主义制度优越性。"① 可见，中国特色社会主义进入新时代，治理的意义和价值也愈加显现，特别是党的十八届三中全会将"完善和发展中国特色社会主义制度，推进国家治理体系和治理能力现代化"作为全面深化改革的总目标后，有关国家治理现代化的论题更是成为学界关注的焦点。对思想政治教育治理现代化，乃至高校思想政治教育治理现代化的理论诉求蕴含其中。②

2019年10月，党的十九届四中全会通过了《中共中央关于坚持和完善中国特色社会主义制度、推进国家治理体系和治理能力现代化若干重大问题的决定》，总结了国家制度和国家治理体系的优势，强调要加强制度理论研究和宣传教育，提出"加强和改进学校思想政治教育，建立全员、全程、全方位育人体制机制"。《决定》拓展了高校思想政治教育治理研究的视域，也使高校思想政治教育治理现代化研究有了直接的理论遵循。③2021年7月，中共中央、国务院印发《新时代加强和改进思想政治工作的意见》提出，要"加强学校思想政治工作，加快构建学校思想政治工作体系，实施时代新人培育工程，完善青少年理想信念教育齐抓共管机制，培养德智体美劳全面发展的社会主义建设者和接班人"。这些都对构建新时代高校思想政治教育治理体系提出了新要求，也对加强新时代高校思想政治教育治理的研究提出了新任务。

其次，开展高校思想政治教育治理研究是适应新时代思想政治教育治理理念政策的创新发展，推动高校思想政治教育高质量发展的客观需要。

党的十八大以来，以习近平同志为核心的党中央高度重视思想政治工作，把高校思想政治工作摆在突出位置，作出一系列重大决策部署，出台了一系列新时代高校思想政治教育政策制度，它们是开展高校思想政治教

---

① 《习近平谈治国理政（第三卷）》，外文出版社2020年版，第17页。
② 冯刚等：《新时代高校思想政治教育治理论》，中国社会科学出版社2021年版，第40页。
③ 冯刚等：《新时代高校思想政治教育治理论》，中国社会科学出版社2021年版，第40页。

育治理的重要依据。比如中共中央、国务院通过《关于加强和改进新形势下高校思想政治工作的意见》，对"构建教书育人、科研育人、实践育人、管理育人、服务育人、文化育人、组织育人长效机制"提出了明确要求；教育部印发《高校思想政治工作质量提升工程实施纲要》着力推动"十大育人体系"质量提升；教育部等八部门印发和实施《关于加快构建高校思想政治工作体系的意见》，对构建高校思想政治教育治理体系做出了明确的工作部署。文本上的政策规范必须要转化为现实中的工作行为，即高校思想政治教育治理实践是实现政策制度从文字要求转化为行动规范的基本方式，而"只有进行系统的高校思想政治教育治理研究，为实践提供科学的理论指导，才能用最适宜的治理手段、最合理的治理方式，通过最便捷的治理途径，达致最满意的治理效果，让新时代思想政治教育政策制度释放出最大的治理效能。所以，开展高校思想政治教育治理研究是贯彻落实新时代高校思想政治教育政策制度，实现其创新发展的内在要求"[①]。所以，在"十四五"规划和实现二〇三五年远景目标的大背景下，进一步关注和研究新时代高校思想政治教育治理的基础理论、重点内容、动力系统、评价方式、政策环境等不仅是推进国家治理现代化的题中应有之义，也是高校思想政治教育高质量发展的现实需要，对加强和改进高校思想政治教育、丰富思想政治教育学科内涵具有十分重要的理论和现实意义。

最后，开展高校思想政治教育治理研究是回应新时代高校思想政治教育实践发展的现实需求。

习近平总书记指出："一种理论的产生，源泉只能是丰富生动的现实生活，动力只能是解决社会矛盾和问题的现实要求。"[②] 新时代思想政治教育环境、条件的变化，推动着高校思想政治教育工作的调整优化、守正创新。当前，世界百年未有之大变局加速演进，我国经济社会发展模式面临深刻调整，现代信息技术深刻改变着我们的生产生活方式、思维方式，这些增加了高

[①] 冯刚等：《新时代高校思想政治教育治理论》，中国社会科学出版社2021年版，第45页。
[②] 《习近平谈治国理政（第三卷）》，外文出版社2020年版，第63页。

校思想政治教育治理实践的复杂性，要求高校思想政治教育治理实践更加具有系统性、整体性和协同性。高校思想政治教育治理实践的复杂性和系统性，要求它的现代化进程需要以理论研究为基础，探究重要的基本问题，厘清重要的基本概念，并且以具体实践为导向，聚焦实践前沿，把握实践需求。开展新时代高校思想政治教育治理研究正是回应思想政治教育实践发展的现实需要。

"如何实现高校思想政治教育的有效治理不仅仅是实践课题，也是理论课题，具体涉及治理什么、为什么需要治理、如何治理、治理效果怎么样等一系列问题。"[①] 高校思想政治教育治理作为一个理论课题，涉及的重点问题包括：高校思想政治教育治理为什么要实现现代化，高校思想政治教育治理现代化的理论支撑和实践基础是什么，高校思想政治教育治理需要实现什么样的现代化，新时代高校思想政治教育治理体系治理能力的基本特征是什么等。[②] 其中，高校思想政治教育治理的基本内涵、基本特征、价值要义等是研究重点。高校思想政治教育治理作为一个实践命题，需要有丰厚的科学理论作指引。思想政治教育治理实践的复杂性和系统性，要求它的现代化进程必须以思想政治教育实践为导向，聚焦实践前沿，把握实践需求，并寻求与之相对应的科学理论作支撑。[③] 高校思想政治教育治理实践的运行研究是高校思想政治教育治理研究的重要组成部分。其中，高校思想政治教育治理的载体运用、方法创新、危机应对、队伍建设、质量评价、外部环境等应该是研究的重点内容。

综上所述，立足新时代，开展高校思想政治教育治理研究具有重要的理论价值和现实意义，是思想政治教育学科发展的新增长点。本丛书旨在从不同侧面对上述问题做出探索性研究，为构建高校思想政治教育治理体系和治理能力在学理和实践体系方面提供参考。丛书包括《高校思想政治教育治理引论》《高校思想政治教育治理能力研究》《高校思想政治教育数据治理研究》《高校思想政治教育治理生态研究》《高校思想政治教育治理

---

① 冯刚等：《新时代高校思想政治教育治理理论》，中国社会科学出版社2021年版，第43页。
② 冯刚：《推进新时代思想政治教育治理体系现代化》，《中国教育报》2020年3月19日。
③ 冯刚：《推进新时代思想政治教育治理体系现代化》，《中国教育报》2020年3月19日。

前　言

评价研究》5本分册，分别从基本理论、治理能力、数据治理、环境治理和治理评价等方面开展深入研究。《高校思想政治教育治理研究》系列丛书的编写，邀请了思想政治教育学界理论与实践方面的相关专家学者共同参与，其中既有马克思主义学院长期从事思想政治教育研究的资深专家，也有在大学生思想政治教育一线工作的中青年骨干，还有来自高校思想政治工作不同战线的相关负责同志。因此，丛书的编写工作不仅注重对理论问题的深入探讨，也注意在理论与实践的良性互动下，不断总结与提升高校思想政治教育相关实践经验，坚持理论与实践相统一，坚持思想政治教育学科与多学科协同研究相促进，不断推动高校思想政治教育治理研究的持续深入发展，从而为培养理论研究的学术团队和实践领域的行家里手，推动高校思想政治教育治理的高质量发展做出贡献。

丛书主要对高校思想政治教育治理的理论基础、治理能力、数据治理、治理生态、治理评价等基本问题做了初步研究和探索，并没有涵盖高校思想政治教育治理涉及的所有问题，期待学界对高校思想政治教育治理问题给予更多的关注，有更多学界同仁参与到这一问题的研究中，共同推动思想政治教育学科内涵式发展，实现思想政治教育研究的理论创新，推动高校思想政治教育治理的实践创新，为提高高校思想政治教育的育人治理和效能，建设中国特色世界一流大学，推动国家治理现代化贡献力量。

冯刚

目 录

导 论 ……………………………………………………………………… 001

第一章 高校思想政治教育数据治理的生成背景 ……………………… 004

第一节 大数据对高校思想政治教育治理带来的挑战 …………… 004
 一、我国意识形态安全面临前所未有的挑战 ………………… 005
 二、高校思想政治教育的影响力受到冲击 …………………… 007
 三、高校思想政治教育治理的复杂性增加 …………………… 009

第二节 大数据给高校思想政治教育治理带来的机遇 …………… 013
 一、大数据为高校思想政治教育决策提供数据依据 ………… 014
 二、大数据为高校思想政治教育更平衡更充分发展提供重要支撑 … 016
 三、大数据为高校思想政治教育智慧化发展提供技术支撑 … 018
 四、大数据为高校思想政治教育治理研究提供方法论支持 … 020

第三节 高校思想政治教育治理范式转换 ………………………… 023
 一、从经验型管理到关联性治理：治理内容的转变 ………… 023
 二、从单向度治理到整体性治理：治理途径的转轨 ………… 025
 三、从权威性治理到循证式治理：治理方法的转向 ………… 027

第二章 高校思想政治教育数据治理演进的历史脉络 ……………… 030

第一节 孕育期：中华人民共和国成立后高校思想政治教育数据治理 … 030
 一、高校思想政治教育数据治理在大起大落中曲折发展 …… 031
 二、聚焦高校思想政治教育小数据集深度挖掘识别需求 …… 035
 三、以规范高校思想政治教育数字目管理化解数据危机 …… 037

第二节 形成期：改革开放时期高校思想政治教育数据治理 …… 040
 一、高校思想政治教育数据治理在恢复重组中焕发生机 …… 040
 二、完善高校思想政治教育大数据库关联预测精准供给 …… 045

三、以加强高校思想政治教育数据集建设瞄定价值释放 ……… 048
　第三节　发展期：新时代高校思想政治教育数据治理 ……………… 050
　　一、高校思想政治教育数据治理在重构重塑中优化转型 ……… 051
　　二、实现高校思想政治教育知识图谱应用转化智慧升级 ……… 057
　　三、以搭建高校思想政治教育智慧化平台建立规范秩序 ……… 059

第三章　高校思想政治教育数据治理的理论基础与思想资源 ……… 064

　第一节　高校思想政治教育数据治理的理论基础 …………………… 064
　　一、马克思主义技术哲学为立论奠基 …………………………… 065
　　二、习近平新时代中国特色社会主义思想为立论引导 ………… 072
　第二节　高校思想政治教育数据治理的思想资源 …………………… 084
　　一、信息哲学 ……………………………………………………… 084
　　二、大数据理论 …………………………………………………… 089
　　三、反实证主义 …………………………………………………… 091

第四章　高校思想政治教育数据治理的主要涵义与本质属性 ……… 094

　第一节　高校思想政治教育数据治理的主要含义 …………………… 095
　　一、治理的内涵解析 ……………………………………………… 096
　　二、数据治理涵义 ………………………………………………… 100
　　三、思想政治教育数据治理 ……………………………………… 104
　第二节　高校思想政治教育数据治理的本质属性 …………………… 106
　　一、高校思想政治教育数据治理的目标属性 …………………… 106
　　二、高校思想政治教育数据治理的过程属性 …………………… 110
　　三、高校思想政治教育数据治理的结果属性 …………………… 112

第五章　高校思想政治教育数据治理体系的结构与功能 …………… 117

　第一节　高校思想政治教育数据治理结构分析 ……………………… 117
　　一、高校思想政治教育数据治理的结构分析 …………………… 117
　　二、高校思想政治教育数据治理结构的内部要素构成 ………… 121
　　三、高校思想政治教育数据治理结构的外部要素 ……………… 130
　第二节　高校思想政治教育数据治理体系的功能分析 ……………… 132
　　一、高校思想政治教育数据治理体系功能研究的重要意义 …… 132
　　二、高校思想政治教育数据治理功能的基本指向 ……………… 135
　　三、高校思想政治教育数据治理功能的主要特征与优化 ……… 139

目 录

第六章　高校思想政治教育数据治理的目标与原则 145

第一节　高校思想政治教育数据治理的目标分析 145
一、高校思想政治教育数据治理目标确立的依据 146
二、高校思想政治教育数据治理的目标体系 151

第二节　高校思想政治教育数据治理的原则遵循 159
一、高校思想政治教育数据治理原则的依据与作用 159
二、高校思想政治教育数据治理的主要原则 164

第七章　高校思想政治教育数据治理的过程与机制 172

第一节　高校思想政治教育数据治理的过程解析 172
一、数据采集与分析 174
二、治理理论引入与决策 181
三、持续改进 184

第二节　高校思想政治教育数据治理的机制构建 186
一、高校思想政治教育数据治理机制的内在意涵 187
二、高校思想政治教育数据治理机制的基本特征 188
三、高校思想政治教育数据治理的基本内容与框架 191

第八章　高校思想政治教育数据治理的平台建设 202

第一节　高校思想政治教育数据治理的物理平台 202
一、高校思想政治教育数据治理的物理平台建设现状 203
二、高校思想政治教育数据治理的物理平台总体设计 208
三、高校思想政治教育数据治理的物理平台建设路径 210

第二节　高校思想政治教育数据治理的队伍平台 212
一、高校思想政治教育数据治理的队伍平台建设现状 212
二、高校思想政治教育数据治理的队伍平台总体设计 216
三、高校思想政治教育数据治理的队伍平台建设路径 218

第三节　高校思想政治教育数据治理的制度平台 220
一、高校思想政治教育数据治理的制度平台建设现状 221
二、高校思想政治教育数据治理的制度平台总体设计 224
三、高校思想政治教育数据治理的制度平台建设路径 225

第四节　高校思想政治教育数据治理的研究平台 228
一、高校思想政治教育数据治理的研究平台建设现状 228

二、高校思想政治教育数据治理的研究平台总体设计 …………… 232
　　三、高校思想政治教育数据治理的研究平台建设路径 …………… 233

第九章　高校思想政治教育数据治理的指标设计与验证 ………… 236
第一节　高校思想政治教育数据治理的指标设计 ……………… 237
　　一、高校思想政治教育数据治理指标的特征 …………………… 237
　　二、高校思想政治教育数据治理的评价分类 …………………… 240
　　三、高校思想政治教育数据治理指标体系的构建 ……………… 245
第二节　高校思想政治教育数据治理的效果验证 ……………… 249
　　一、高校思想政治教育数据治理的验证原则 …………………… 249
　　二、高校思想政治教育数据治理的验证方法 …………………… 254
　　三、高校思想政治教育数据治理的验证流程 …………………… 258

第十章　高校思想政治教育数据治理的反治理与再治理 ………… 263
第一节　高校思想政治教育数据治理的反治理 ………………… 263
　　一、数据治理的反治理 …………………………………………… 264
　　二、高校思想政治教育数据治理的反治理 ……………………… 267
第二节　高校思想政治教育数据治理的再治理 ………………… 277
　　一、数据治理的再治理 …………………………………………… 277
　　二、高校思想政治教育数据治理的再治理 ……………………… 280

参考文献 ……………………………………………………………… 290

后　记 ………………………………………………………………… 300

导 论

习近平总书记多次强调,"人在哪儿,宣传思想工作的重点就在哪儿,网络空间已经成为人们生产生活的新空间,那就也应该成为我们党凝聚共识的新空间。"① 在这个新空间中,"要坚持移动优先策略,建设好自己的移动传播平台,管好用好商业化、社会化的互联网平台,让主流媒体借助移动传播,牢牢占据舆论引导、思想引领、文化传承、服务人民的传播制高点"。② 针对思想政治教育工作,他还多次指出,"办好思想政治理论课,最根本的是要全面贯彻党的教育方针,解决好培养什么人、怎样培养人、为谁培养人这个根本问题。"③ 2021 年 7 月,中共中央、国务院印发了《关于新时代加强和改进思想政治工作的意见》,进一步将总书记的要求和党中央的部署落实。同月,教育部等六部门发布《关于推进教育新型基础设施建设构建高质量教育支撑体系的指导意见》。在 2022 年 1 月 16 日至 17 日的全国教育工作会议上,教育部部长怀进鹏强调,要以改革创新注入教育发展强大动力,实施教育数字化战略行动。在 2022 年 2 月 18 日教育部召开的"十四五"国家基础教育重大项目计划实施部署工作会议上,怀进鹏部长再次强调:"实施基础教育数字化战略行动,打造中国优质教育资源网络学习空间,促进优质教育资源开放共享。"④ 因而,高校思想政治教育数据治理应该围绕数据价值实现展开,以便技术的运用和数据价值的发挥达到最优。

---

① 习近平:《论党的宣传工作》,中央文献出版社 2020 年版,第 355 页。
② 习近平:《论党的宣传工作》,中央文献出版社 2020 年版,第 355 页。
③ 习近平:《用新时代中国特色社会主义思想铸魂育人 贯彻党的教育方针落实立德树人根本任务》,《人民日报》2019 年 3 月 19 日。
④ 《教育部召开"十四五"国家基础重大项目计划实施部署工作会》,《中国教师报》2022 年 2 月 23 日。

不言而喻，高校思想政治教育的数据治理是国家治理体系和治理能力现代化的重要内容，也是高校应对思想政治教育教学活动日趋复杂化、网络化、多元化、协同化、动态化、综合化的一种根本选择。综合利用既往思想政治教育活动所形成的数据资源，有助于高校思想政治教育强化施教者亲和力、提升受教者获得感，有助于思想政治教育领域数据治理的信息获取，有助于进一步加快科学决策和体制机制创优创新，提高教育效能评价，有效减少或弥合施教者与受教者之间推送、接收信息的不对称问题，构建数据驱动、多主体协同、信息均衡的立体化智能思想政治教育治理体系。因而，深入把握高校思想政治教育治理体系，深刻阐释思想政治教育的数据治理体系无疑具有突出的价值。

作为一种新方式，高校思想政治教育数据治理就是要围绕和运用信息技术工具，按照一定标准精致处理对高校思想政治教育数据的采集、清洗、储存、删除、保护，借助数据规避思想政治教育活动可能出现的潜在风险、提高思政教育数据质量、最大限度挖掘校园思政教育活动中的数据价值、实现思政数据育人目的。因而，深刻理解高校思想政治教育数据治理，就是要做到：

一是助力高校思想政治教育数据治理的物理平台完善。高校思想政治教育的数据治理，不是一般常态化的教育管理活动，需要理念的不断更新和技术的有效支撑。高校思想政治教育数据治理的成效与高校自身信息化基础建设状况正相关。《教育信息化"十三五"规划》提出要推动形成基于信息技术的新型教育教学模式与教育服务供给方式，到 2020 年基本建成"人人皆学、处处能学、时时可学"与国家教育现代化发展目标相适应的教育信息化体系。中共中央、国务院于 2019 年 2 月印发的《中国教育现代化 2035》再提出建设智能化校园，统筹建设一体化智能化教学、管理与服务平台。这一平台属于超复杂系统，涉及教学、管理、教研、服务等诸多业务，突出了数据的全面化采集与深度挖掘分析，能将结构化、结果化数据与过程性、非结构化数据的统一，完成个体、课程、学校、区域和国家层面的数据集合。

二是加快推进高校思想政治教育数据治理相应的制度安排。推进高校思政教育大格局形成，需要全员参与、全过程实施、全方位展开。因而，强化高校思想政治教育数据治理，离不开制度的设计与政策的保障。这种制度设计和政策安排，需要建立健全相应的领导机构和工作组织，确立明确的原则要求，推出细致的治理规则，明晰治理的工作流程和任务清单，保证高校思想政治教育数据治理的科学性和规范性。

三是深度挖掘高校思想政治教育数据治理数据价值。高校思想政治教育数据价值是主体数据处理能力的体现和映射。在实际活动中，高校思想政治教育应用场景的实现程度取决于相应数据的及时调用、加工、算法推荐等。只有将这种由实时数据仓库或离线数据仓库提供的多种思政数据有效集成，才可以更好地发挥其价值，如强化师生员工的群体画像分析、多维度交叉分析、教育教学工作的策略分析等。

四是高校思想政治教育数据治理需强化数据育人。高校思想政治教育大数据要发挥好治理效用，增强数据育人实效。首先，在高校思想政治教育信息化基础设施建设过程中，强化各部门之间的耦合协同，统筹思想政治教育的大数据资源，联通、衔接好线上线下平台，针对日常海量的思想政治教育数据资源进行分析开发、相互配合、有效切换，优化教育过程。其次，遵循大数据思维，利用大数据规律，创新并有效供给思想政治教育内容，打通课堂教学、实践教学和在线教学梗阻，协同处理网上网下教育引导活动，做到精准识别，精准供给，精准投送。再次，充分利用大数据等前沿技术，进一步提升高校思想政治教育数据处理能力，开发大数据价值，将高校思想政治教育的结构与功能、过程与机制、方法与手段等单元实现量化验证、可视化表达，以数定策，以数究律，达成"十大育人"工作的深度数据化，实现数据育人。

因而，我们通过对高校思想政治教育数据治理问题的系统深入把握，明晰高校思想政治教育数据治理面临的挑战与机遇，以目标为导向，以机制为抓手，以平台搭建为支撑，力争从历史逻辑、理论逻辑和实践逻辑的维度讲深、讲透、讲精，全景式展现技术融入后高校思想政治教育治理活动。同时，强化高校思想政治教育数据治理效果的验证，并从再治理与反治理的维度加以深层次追问，以期完成对高校思想政治教育数据治理的全方位考察。

第一章
高校思想政治教育数据治理的生成背景

党的十八大以来，习近平总书记多次强调要推进思想政治教育与互联网的融合发展，"要运用新媒体新技术使工作活起来，推动思想政治工作传统优势同信息技术高度融合，增强时代感和吸引力"①，新时代思想政治教育必须要"适应信息化要求，强化互联网思维"②，要"科学认识网络传播规律，提高用网治网水平，使互联网这个最大变量变成事业发展的最大增量"③。这些重要讲话为信息时代思想政治教育创新发展提供了重要遵循，为高校思想政治教育数据治理提供了科学指南。一直以来，"科学化、学科化、现代化的发展诉求长足地推进着思想政治教育的创新发展。伴随着网络信息技术的革新，思想政治教育的发展范式和创新路径受到技术化的规约和选择。数字化、网络化、智能化不仅是新一轮科技革命的突出特征，更为加强和改进思想政治教育开启了重大的时代课题"④。

第一节 大数据对高校思想政治教育治理带来的挑战

习近平总书记在首届世界互联网大会上指出："当今时代，以信息技术

---

① 《习近平在全国高校思想政治工作会议上强调 把思想政治工作贯穿教育教学全过程 开创我国高等教育事业发展新局面》，《人民日报》2016年12月9日。
② 习近平：《加快推动媒体融合发展 构建全媒体传播格局》，《奋斗》2019年第6期。
③ 《习近平在全国宣传思想工作会议上强调 举旗帜聚民心育新人兴文化展形象 更好完成新形势下宣传思想工作使命任务》，《人民日报》2018年8月23日。
④ 吴满意，王丽鸽：《从精准到智慧：思想政治教育创新发展的根本态势分析》，《马克思主义与现实》2019年第4期。

为核心的新一轮科技革命正在孕育兴起，互联网日益成为创新驱动发展的先导力量，深刻改变着人们的生产生活，有力推动着社会发展。"[1] 大数据是新一代信息技术，是信息化发展的新阶段，正引领新一轮科技创新。大数据是一个技术群，包括数据、信息技术、人工智能技术、互联网、物联网、云计算存储等。大数据这一概念最初仅指字面意思上的"数据之大"，即工程师所需要处理的大量信息，随着人们对数据背后隐藏的信息与价值的不断挖掘与重视，大数据逐渐被赋予了新的内涵，即"大数据是人们在大规模数据的基础上可以做到的事情，而这些事情在小规模数据的基础上是无法完成的。大数据是人们获得新的认知、创造新的价值源泉；大数据还是改变市场、组织机构，以及政府与公民关系的方法。"[2] 大数据从静态的数据转变为动态的方法的过程不仅体现了大数据自身的概念转换，也昭示着信息时代、大数据时代的来临。"大数据时代将要释放出的巨大价值使得我们选择大数据的理念和方法不再是一种权衡，而是通往未来的必然改变。"[3] 高校思想政治教育对大数据时代的到来的基本态度应该是积极应变。变化首先在于大数据时代给新时代高校思想政治教育治理带来了多种挑战。

一、我国意识形态安全面临前所未有的挑战

意识形态安全是社会和谐稳定、国家长治久安的前提。习近平总书记指出："意识形态工作是党的一项极端重要的工作。能否做好意识形态工作，事关党的前途命运，事关国家长治久安，事关民族凝聚力和向心力。"[4] 高校一直是意识形态工作的前沿阵地，加强高校意识形态工作，事关中国特色社会主义事业后继有人这一重大问题，事关国家安全这一根本问题。谁拥有青年，谁就拥有未来，"青年是党和国家的未来，各种社会思潮都会去影

---

[1] 《习近平向首届世界互联网大会致贺词》，《人民日报》2014年11月20日。
[2] ［英］维克托·迈尔－舍恩伯格，［英］肯尼思·库克耶：《大数据时代》，浙江人民出版社2013年版，第9页。
[3] ［英］维克托·迈尔－舍恩伯格，［英］肯尼思·库克耶：《大数据时代》，浙江人民出版社2013年版，第94页。
[4] 习近平：《胸怀大局把握大势着眼大事 努力把宣传思想工作做得更好——在全国宣传思想工作会议上的讲话》，《人民日报》2013年8月21日。

响青年,都会去'争夺'青年。"① 当前,我国意识形态安全面临前所未有的挑战,面对日趋复杂的国内外环境,高校用主流意识形态、社会主义核心价值观引领广大师生的任务更加艰巨。

从国际环境来看,世界百年未有之大变局加速演进,国际力量对比出现了深刻调整,世界进入动荡变革期。一些西方国家冷战思维回潮,对我国进行全面遏制和打压的势头在加剧,对我国意识形态的围堵不会改变。意识形态领域斗争更趋激烈,"黑天鹅""灰犀牛"事件发生的概率大大增加。一方面,"东升西降"是大变局发展的主要方向,另一方面在国际舆论话语权上,"西强我弱"的格局短时间内难以扭转。因此,必须"要坚持底线思维,做好较长时间应对外部环境变化的思想准备和工作准备"。所以当代青年学生在接收大数据信息的同时,容易受其中隐藏的西方价值观念的影响,造成青年学生对主流意识形态的认同出现动摇,从而威胁我国意识形态安全。

不仅如此,互联网还成为各类风险的策源地、传导器和放大器。大数据、云计算、人工智能、物联网、区块链等新技术的运用,隐蔽性更强的暗网、信息加密传输技术、镜像网站和新型穿透技术等的产生,客观上为有害信息渗透提供了更多技术手段,看不见、管不住、删不掉、堵不严的风险凸显。社交媒体的动员能力越来越强,热点舆论可以瞬间实现跨平台传播,为舆情事件的处理增加了难度。面对这些挑战,新时代思想政治教育必须主动应变,树立互联网思维、大数据思维,在网络思政的基础上进一步探索数据思政的发展方向。

从国内环境来看,随着经济发展模式的深刻调整,加上新冠疫情的影响,我国经济发展面临前所未有的冲击和压力,这些压力必然会向意识形态领域传递。同时,我国社会转型时期各种矛盾交织、各种问题叠加,这些矛盾问题也必然会向意识形态领域传导。为此,我们必须引入治理思维,加强治理体系和治理能力建设以对冲各种不确定性风险。大数据时代,随着各种网络平台的日益发达,虚拟交往在青年学生日常生活中所占比重越发凸显,思想观念的交流交融更加便捷,不同价值观念之间的交锋也更加激

---

① 习近平:《在全国组织部长会议上的讲话》,《中直党建》第1期。

烈。"网络信息技术的发展和完善,既为人类的生产生活创建了全新的网络生活空间,也将全球化趋势下的社会文化张力和多元价值碰撞最大化地呈现于世人面前。"① 不仅人们接受外部消息更为方便,而且表达思想诉求、阐述立场观点的渠道更加畅通,换言之,随时接受信息、随时表达观点成为可能,大数据时代是一个人人都有话筒的自媒体时代,一个微事件经过裂变式传播能迅速发展成为一个大事件,即让微事件变为大事件的成本极大降低。这些环境形势的变化,要求高校思想政治教育更加主动、及时、有效地应对挑战、风险,即对准确识变、及时应变提出了更高的要求。

总之,高校要防范意识形态风险,保障意识形态安全,就必须守住互联网这一新的意识形态阵地,让互联网这个最大的变量成为新时代高校思想政治教育创新发展的最大增量。

二、高校思想政治教育的影响力受到冲击

高校思想政治教育在为党育人、为国育才上做出了不容忽视的贡献,发挥着不可替代的作用,但互联网、大数据、新媒体的出现却给高校思想政治教育的影响力带来了不小的冲击。

(一)信息时代,高校教师的知识权威地位面临着冲击

一是"信息获取的便捷化和来源的多元化,在不断消解着教师作为思想、知识权威的地位,挑战着对高校思想政治教育的信赖度,同时很容易造成对知识内容的重复传送,减弱高校思想政治教育的感染力和吸引力。"② "他们对社会问题的认识不再单向度地依赖教育者的教育,思想认识和价值取向呈现多元化的特征。"③ "后现代主义之父"利奥塔指出,身处于当下社会中的教师,其信息处理能力未必比学生更强,"不论现在还是将来,知识的'生产者'和使用者都必须具备把他们试图发明或试图学习的东西转译到这

---

① 吴满意,王丽鸽:《从精准到智慧:思想政治教育创新发展的根本态势分析》,《马克思主义与现实》2019年第4期。
② 冯刚,高山等著:《新时代高校思想政治教育治理论》,中国社会科学出版社2021年版,第47页。
③ 冯刚:《新媒体时代青少年思想政治教育的特点和规律》,《中国教师》2018年第7期。

些语言（指电脑语言——引者注）中去的手段。"① 就是说，教师需要具备更高的信息素养和信息处理能力，比如掌握各种研究工具，能够熟练使用数据处理软件等，才能提高自身的研究力。

二是"从更广泛的意义上来说，教育不再被视为主要由教师向学生传递知识的单向过程，而成为一种将为包括学生在内的每一个人提供学习、提高和发展机会的场所。"② 换言之，青年学生的文化反哺能力显著增强，后喻文化效应越发凸显，学习不再是单向度的知识传递。1970 年，美国人类学家玛格丽特·米德（Margaret Meed）在《文化与承诺——一项有关代沟的研究》一书中提出三种文化传递模式：前喻文化、同喻文化和后喻文化，认为在现代技术革命迅猛发展的情景下，出现了反向社会化现象，由年轻一代将文化传递给长辈，长辈需要向小辈学习，才能跟上时代的发展。1988 年，中国学者周晓虹在《试论当代中国青年文化的反哺意义》一文中提出了文化反哺概念，用以指在急速变迁时代所发生的传统文化传承方式的颠覆现象，具体指因为对变迁更为适应，传统的被教化者即年轻一代成为这个时代的教化者，而传统的教化者即年长一代因为对变迁感受相对迟缓则成了被教化者。这一现象尤以器物文明领域最为鲜明，表现为新兴食品、移动电话和电子计算机等现代器物选择过程中代际倾斜、去中心化和数字鸿沟趋势。因为在由传统向现代转型过程中，作为后发国家的中国在现代化过程中呈现"时空压缩"的特点，使得中国青年文化反哺的现象的反差、冲击效应更为明显。③ 所以新时代高校思想政治教育过程是教师的主导性和学生主体性的统一。

（二）知识的信息化和学习互动模式的改变对传统思想政治教育话语影响力形成了冲击

在信息时代，正如利奥塔所言："知识只有被转译为信息量才能进入新

---

① ［法］让-弗朗索瓦·利奥塔尔：《后现代状态》，车槿山译，南京大学出版社 2011 年版，第 13 页。
② ［英］维克托·迈尔-舍恩伯格，［英］肯尼思·库克耶：《与大数据同行：学习和教育的未来》，赵中建等译，华东师范大学出版社 2015 年版，第 118 页。
③ 徐先艳：《改革开放以来有关青年地位作用研究的回顾与展望》，《青年探索》2020 年第 7 期。

的渠道，成为可操作的。因此我们可以预料，一切构成知识的东西，如果不能这样转译，就会遭到遗弃，新的研究方向将服从潜在成果变为机器语言所需的可译性条件。"[①] 思想政治教育者需要具备更高的信息素养和信息处理能力才能创新适应信息时代的话语体系，从而提高思政话语的影响力。反言之，数据和信息素养的缺乏会对教师科学研究的广度和深度、授课水平和质量造成不容忽视的影响。习近平总书记在中共中央政治局第二次集体学习时强调：要"善于获取数据、分析数据、运用数据"，"用好大数据，增强利用数据推进各项工作的本领，不断提高对大数据发展规律的把握能力，使大数据在各项工作中发挥更大作用。"[②] 因此，高校思想政治教育从业者要成为"数据脱盲者"（datalit-erate），自觉树立起大数据思维，加强学习，懂得大数据，提高对大数据发展规律的认识水平和把握能力，掌握大数据技术，用好大数据，增强利用数据推进思想政治教育创新发展的本领。"对于思想政治教育工作而言，提升思想政治教育工作者的数据信息素养和吸纳专业的数据处理工作人员进入思想政治教育工作队伍都十分重要，有助于进一步精细数据的加工和挖掘，提升数据处理的可行性。"[③] 此外，在信息时代，随着网络思想政治教育的迅猛发展，传统思想政治教育过程中的"人—人"交往模式变为了"人—机—人"的模式。这里的机器、网络、新媒介不是单纯的信道，而是一种特殊主体，参与教育者与受教育者的互动过程并发挥着重要影响，媒介即信息，甚至媒介即意识形态。这就需要注意在"人—机—人"的模式中，话语主体出现泛化甚至去主体化的倾向，消解思想政治教育话语的权威性，让主流意识形态的传播力、影响力下降。

三、高校思想政治教育治理的复杂性增加

高校思想政治教育工作作为一项复杂的系统工程，在育人力量的多

[①] ［法］让-弗朗索瓦·利奥塔尔：《后现代状态》，车槿山译，南京大学出版社2011年版，第13页。
[②] 《习近平在中共中央政治局第二次集体学习时强调 审时度势精心谋划超前布局力争主动 实施国家大数据战略加快建设数字中国》，《人民日报》2017年12月10日。
[③] 冯刚：《大数据应用于思想政治教育的局限与突破》，《重庆大学学报》2021年第2期。

元性、育人渠道的多维性、育人目标的多层性、育人要素的多样性等因素的共同作用下，使得整体性和系统性、综合性和协同性、回应性和长效性、动态性和开放性成为了高校思想政治教育治理的基本特征。① 信息技术的不断发展虽然可以大大拓宽高校思想政治教育治理的覆盖面，使治理过程更为立体，治理形式更为丰富，治理内容更为先进，但是随着信息技术与治理融合的程度逐步加深，相应地导致更多、更复杂的问题接踵而至。

（一）增加了高校思想政治教育的系统复杂性

根据德国社会学家卢曼的观点，一个系统的复杂性程度跟以下三个因素有关：一是系统组成要素的数量，一般情况下，要素数量越多，系统复杂程度越高。二是系统组成要素的异质性程度，要素数量大，但同质性程度高，系统的复杂程度不会太高，但要素之间差异大，则系统的复杂程度上升。三是要素之间的联系，要素之间不联系或联系很少，复杂程度小，反之，要素之间发生多样的联系，则系统的复杂程度高。由是观之，我国高校思想政治教育治理是一个复杂的系统。一是随着我国高等教育的扩招、外延式发展，大学生数量大幅度增加，教师队伍也在扩大。二是不管是教师还是学生在个性发展、利益诉求等方面呈现出明显的分化趋势。比如近年来在网络上流行的"小镇做题家"的称呼，反映了来自三四线城镇的大学生与来自一线城市的大学生之间存在差别。2020年《后浪》短视频推出后，知乎等平台上一些青年网友留言："（短视频里的内容）可望不可即""跟我没关系"等，反映了青年网友在成长经历、生活体验、发展诉求等方面存在着差异，"大水漫灌"式的思想政治教育方式不适应现在青年的情况，对精准式思想政治教育提出了要求，这无疑增加了高校思想政治教育治理的复杂性。三是网络技术、社交应用软件的普及，让大学生的交往半径突破了空间限制，各种"数字群"的出现，让青年大学生的社会联系多样且丰富，也使得思想政治教育治理的复杂性提高。习近平总书记指出："在我国，

---

① 冯刚、高山等：《新时代高校思想政治教育治理论》，中国社会科学出版社2021年版，第81—90页。

7亿多人上互联网,肯定需要管理,而且这个管理是很复杂、很繁重的。"①

(二)高校思想政治教育治理数据的存在泄露风险

信息技术是一柄双刃剑,在万物均互联、人人在云端的今天,信息技术在造福人类的同时也存在着被敌对势力、不法分子加以利用的风险。从数据本身上看,大数据不受国界的限制,也没有对错之分,但是大数据的使用却是在一定的社会和文化中进行的,并且不同的使用目的可能会产生不同的影响与结果。在信息时代,越来越多的重要数据均以数字化的形式被存储在服务器之中,一旦被黑客攻击造成数据泄露则会严重危害社会的正常运转与公民的个人隐私。对于高校思想政治教育治理来说,借助大数据进行治理固然能够更好地推进治理体系的建构以及促进治理能力的提升,但是也需要注意到数据安全的问题。高校思想政治教育的治理必然涉及到对高校各类数据,例如学生的基本情况、教师的个人档案、实验的核心资料、院系的课程安排、学校的经费调配等的调用与分析,也包括对高校思想政治教育教材、课程内容的数字化编码、整合、存储、利用,而这一过程难免会存在着信息泄露的可能,若上述数据不慎泄露则难以确保高校思想政治教育治理的有序推进,产生的相关负面问题更是会制约高校意识形态工作的顺利开展。此外,个人隐私泄露问题变得突出,各种网络诈骗新闻屡见报端,青年大学生也深受其害。据《第49次中国互联网网络发展状况统计报告》显示,3成网民表示在过去半年内遭遇过网络安全问题,主要表现在个人信息泄露、网络诈骗、设备中病毒或木马、账号或者密码被盗等方面,其中个人信息泄露和网络诈骗所占比例位居前二。②思想政治教育承担着提高青年大学生辨别能力、信息素养的新任务。教育是一种生产力的再生产过程,现代生产力的特点智能化、数字化,将人的信息素养纳入"全面发展要素"是必然趋势。

---

① 习近平:《在网络安全和信息化工作座谈会上的讲话》,《人民日报》2016年4月26日。
② 《第49次中国互联网网络发展状况统计报告》,中国互联网络信息中心网站:http://www.cnnic.net.cn/hlwf2yj/hlwx2bg/。

（三）各类网络乱象给高校网络思想政治教育治理带来各种浚导挑战

青年学生在哪里，高校思想政治教育就应该在哪里。当代青年是网络原住民，网络对他们来讲，不仅是信息获取渠道、数据处理工具，而且是日常生活的重要场域。所以网络是高校思想政治教育治理的重要阵地，是高校思想政治教育内涵式发展的重要增量，但以下网络乱象影响着高校思想政治教育的治理效能：一是数据噪音对主流声音的干扰。2018年11月，国际数据公司（IDC）发布的《数据时代2025》白皮书预测，"到2025年，全球数据圈将增至175ZB，是2018年33ZB的5倍多，相当于每天产生491EB的数据；每个联网的人平均每天发生4909次数据互动，是2015年的8倍多，相当于每18秒发生1次数据互动。"[①]2018年中国8亿网民每天产生的信息量多达300亿条，每年产生的信息量超过11万亿条。在海量的数据中，夹杂着大量冗余数据、垃圾数据、失真数据，形成数据噪声，干扰着主流声音的传播，形成数据海洋，淹没了有价值的信息。尤其是大数据时代，虚假新闻、虚假信息的生产成本、传播成本大幅下降，网络成为各种谣言谎言的策源地。二是信息茧房效应对高校思想政治教育凝心聚力，培育思想共识形成挑战。一方面，网络是全人类知识共享、观点交流的自由空间，另一方面，信息茧房、网络暴力、虚假信息、极端言论等充斥着网络空间，造成网络空间戾气弥漫，在少数极端声音喧嚣的压力下，大多数人保持沉默，网络上形成了"结构性愚蠢"的局面，造成了"结构性暴戾"的结果，整个网络空间乌烟瘴气。三是后真相时代对公共理性空间的破坏给高校思想政治教育治理突出了新挑战。互联网、社交媒体应该是促进人与人之间的交流，但却让网友们陷入无止境的争吵之中，让社会矛盾激化，群体极化程度加重。今天的社交媒体因为有了点赞、转发等功能按钮，已经从一个自我展示的平台变为散播情绪的高速机器。有研究显示，网民最乐于分享的是情绪激烈的内容。实际上，随着现代化的纵深发展，心理危机成为现代性危机

---

① 国际数据公司（IDC）：《世界的数字化——从边缘到核心》，https://www.seagate.com/files/www-content/our-story/trends/files/idc-seagate-dataage-chine-whitepaper.pdf。

的一种表现越发凸显。高校大学生的心理问题日益突出，大学生的心理健康问题成为社会关注的热点焦点，成为高校思想政治教育治理的重要议题。加上互联网技术、新媒体技术的座架，网络原住民的青年大学生进入后真相时代，网络空间中的情绪治理成为重要课题。习近平总书记在全国高校思想政治工作会议上强调："要坚持不懈促进高校和谐稳定，培育理性平和的健康心态，加强人文关怀和心理疏导，把高校建设成为安定团结的模范之地。"①

综上，新时代高校思想政治教育需要治理的问题日益复杂，治理的难度不断加剧，这就需要在治理方式上有新的突破。

第二节　大数据给高校思想政治教育治理带来的机遇

大数据时代是一个机遇与挑战并存的时代，这对于高校思想政治教育治理来说亦是如此。大数据时代既为高校思想政治教育数据治理提出了亟待解决的新挑战和新课题，也为推动其发展提供了新动力与新可能。

2015年，国务院印发的《促进大数据发展行动纲要》提出了探索将大数据运用在教育领域中的重要议题，将大数据视为重塑国家竞争优势的新机遇，积极探索发挥大数据对变革教育方式、促进教育公平、提升教育质量的支撑作用。可以说，"大数据开启了现代大学教育教学的一次重大时代转型。"② 基于大数据，我国高等教育迎来了打造核心竞争优势的重要发展窗口，从整体上看有利于推动和促进中国特色世界一流大学的建设，从具体学科上看也有利于高校思想政治教育的守正创新与高质量发展。进言之，大数据以技术工具的角色嵌入思想政治教育过程，有助于提高思想政治教育的时代感和吸引力；以实践平台的角色融入思想政治教育过程，通过构建新的教育场域在工具价值的基础上增添了对

---

① 《习近平在全国高校思想政治工作会议上强调　把思想政治工作贯穿教育教学全过程开创我国高等教育事业发展新局面》，《人民日报》2016年12月9日。

② 李怀杰，吴满意，夏虎：《大数据时代高校网络意识形态建设探究》，《思想教育研究》，2016年第5期。

思想政治教育价值的新维度；以价值思维的方式渗透进思想政治教育过程，有助于思想政治教育思维的更新以及思想政治教育生态的建构、资源集成链的塑造，真正实现思想政治教育从"+互联网"到"互联网+"的转变。

一、大数据为高校思想政治教育决策提供数据依据

在大数据时代，高校思想政治教育仅仅凭借已有的经验认识已经不能有效解决其所面临的一系列相关问题，需要将大数据引入到高校思想政治教育的决策全过程之中。大数据的"在场"为思想政治教育带来了新的思维模式，提供了新的方法路径，有助于提升高校思想政治教育研究的科学化水平，推动形成基于数据证据的决策机制和实践模式。

（一）助力高校思想政治教育治理体系的整体性建设

碎片化问题是高校思想政治教育存在的突出问题，主要表现为家庭、学校、社会三者之间的协同合作不足，校内外思想政治教育资源的整合程度不够，也体现在校内各教育主体之间的协同不足，部分思想政治教育内容交叉和重叠，以及高校不同部门之间的职能交叉、分工模糊以及部门利益化催生出一系列政策执行问题等方面。这种碎片化的治理局面不利于高校思想政治教育的改革创新，不利于时代新人培育的逐层、有序展开，也不利于高校思想政治教育治理的深入推进。治理效率低、治理成本高、治理秩序混乱是碎片化治理的重要特征，既不符合治理目标，也影响了高校思想政治教育的实际运行的效率和效能。大数据的应用有助于解决碎片化治理的问题，将家庭、学校、社会等育人场域实现数字化融合，搭建起各育人主体之间的协同渠道，凝聚育人合力，还可以通过大数据实现对教育资源的合理配置与最大化利用，基于数据实现共建共享，明确校内各部门的具体职能，推动高校思想政治教育治理的网格化发展。

（二）助力高校思想政治教育治理的政策执行力

大数据具有近乎无限的数据存储空间，在一定程度上可以被理解为

一个规模庞大的动态数据库,能够实现数据的快速编码入库和及时便捷调取,赋予了大数据参与高校思想政治教育治理的广阔空间与无限可能,从纵、横两个维度为高校思想政治教育提供信息基础,改变传统高校思想政治教育的治理样态,为高校各部门的运行提供了立体化、扁平化的建构条件:从纵向看,大数据技术通过优化信息的上下传递渠道,简化传递层级,加快传递速度,确保信息沟通反馈通畅,有效解决信息不对称对落实政策的阻滞、拖累影响,使政策的执行力得到明显提高;从横向看,借助大数据技术所搭建的数据分析、共享平台,可以有效降低教育部门内部之间、与其他部门、各主体之间的协调成本,促进多部门、多环节的管理无缝衔接、高效协作,充分实现部门和岗位职责逐级落实、教育资源信息全面共享、教育服务对象全面覆盖,改变分割化管理结构、分散型教育实践、被动式政策落实。

(三) 助力高校思想政治教育治理效能提升

在传统的教育环境下,教育管理部门或决策制定者能够参考和依据的数据是受限的,可能么是静态的、局部的、零散的、滞后的数据,也可能是经过逐级申报、过滤加工后的数据,因此很多时候只能凭经验进行思想政治教育管理、决策。一方面,大数据的数据来源极为分散,不受时空地域的局限以及纵向层级的制约与横向协调的滞阻,能够建立多通道的数据接口实现对社会各领域的重要信息进行整体抓取与全方位捕捉,对重点个人或团体的基本情况进行合法合规的快速分析与掌握;另一方面,大数据的数据是动态的,以数据流(一组有序,有起点和终点的字节的数据序列)的形式被及时存储与调用,通过建立点对点的信息双向互通机制,点对面的射线状信息辐射渠道以及面对面的多信道全天候信息交流,及时提供给相关部门辅助其进行管理与决策,实现精准的数据分析与供给。质言之,大数据统合社会各方面各领域的数据可以实现实时动态精确观察和分析,对于推进教育管理从经验型、粗放型、封闭型向精细化、智能化、可视化转变具有重要意义。①

---

① 杨宗凯:《大数据驱动教育变革与创新》,《光明日报》2017年4月18日。

二、大数据为高校思想政治教育更平衡更充分发展提供重要支撑

中国特色社会主义进入新时代，人民日益增长的美好生活需要和不平衡不充分的发展之间的矛盾成为了我国社会主要矛盾，主要矛盾转变的背后蕴含着深刻的问题意识，即如何在继续推动社会发展的基础之上解决好发展不平衡不充分的问题。人民美好生活需要包括对更好的教育、更均衡的教育资源配置和教育产品供给的需要。不过受发展条件等客观因素的制约，不同地区之间的教育资源配置仍然存在着不够均衡的情况，并且在一定程度上使得不同地区和高校思想政治教育的实际建设程度和育人质量存在一定差距，高校思想政治教育内涵式发展在地区和校际间存在不平衡问题。近几年，众多高校思政课教师进行了颇见成效的创新探索，但整体育人效能还未充分发挥。要言之，新时代高校思想政治教育的主要矛盾是不同地区、不同高校大学生对成才的需要、对全面发展的期待与高校思想政治教育发展不平衡不充分之间的矛盾，而数据治理则有助于解决这一矛盾，能够促进高校思想政治教育更加平衡充分发展，在现有基础上推动高校思想政治教育高质量发展。

（一）大数据应用可以促进高校思想政治教育产品的普及化

数字化是大数据时代的重要特征之一，数字技术的发展与应用极大拓宽了人们的生活半径，打破了地域阻隔和时空限制，能够在教育公平化平等化方面提供有力支撑，让广大学生在共享高校思想政治教育数字化发展的成果上有更多获得感。高校思想政治教育产品的数字化转型在整个高校思想政治教育数字化发展中占据了重要地位，具有代表性意义。高校思想政治教育产品是一个广泛意义上的集合概念，不专指高校思想政治教育教材的数字化，也包括思想政治教育经典书籍、研究成果的数字化以及高校思政课的网络化、在线化和高校思想政治教育经验的云展示、云讨论，高校思想政治教育数据的共享等方面。通过对高校思想政治教育教材和经典著作的数字化转译大大降低了贫困地区学生的阅读门槛，能够让更多地区的学生接受共教共育，实现共读共享；通过打造精品网络课程，共

享国内知名高校高质量思想政治理论课、课程思政等,实现思想政治教育的泛在,打破了时间空间地域对教育活动的限制;通过网络技术,提供更多更有效的思政课教师交流研讨培训平台,为加强教师队伍建设提供有力支持。

(二)大数据应用可以促进高校思想政治教育教学资源的再分配

再分配是经济学中的重要概念,是指在初次分配结果的基础上各收入主体之间通过各种渠道实现现金或实物转移的一种收入再次分配过程,也是政府对要素收入进行再次调节的过程。高校思想政治教育作为一个系统来说,不仅包括人的要素,还包括物的要素,即各类教学条件、教学资源等。高校思想政治教育要提质增效,不仅需要最大可能地激发人的主体性,还需要最优化地使用各种思想政治教育资源。以烈士纪念设施为例。各类烈士纪念设施(如革命烈士纪念馆、烈士陵园、博物馆等)是开展爱国主义教育的重要载体,是高校思政课的重要教育基地和课程结构的重要组成部分,更是思想政治教育研究的富矿,蕴含着浓厚的革命历史,凝结着生动的革命精神,提供了丰富的教学资源,能够显著增强思想政治教育的育人效果,提升思想政治教育的育人质量。现实中,部分地区的红色资源相对匮乏、部分地区则相对丰富的情况,使得高校在开展第二课堂与社会实践的过程中受限。大数据技术的出现使上述情况在一定程度上得到改善。借助大数据,可以将不均衡的教学资源进行再分配,符合条件的优质红色教育资源进行数字化扫描与仿真建模以数据的形式储存在云端,并且通过 AR 或 VR 技术让更多学生能够在移动端获得近乎身临其境般的体验,实现实体资源从物理空间到虚拟空间的转换。

(三)大数据应用可以促进高校思想政治教育治理的共时性推进

所谓数字时代的治理,是新公共管理之后一种新的改革思潮和治理模式,它强调信息技术和信息系统革新在公共管理中的核心作用,并把它们广泛应用到公共服务中,更好地为公民服务,其代表着一种以信息技术和信息处理方面的变化为核心的复杂的整体变化,其影响与以往的信息技术完全不同。① 高校思想政治教育治理是数字时代下的数字式治理，必须与时代的发展同行同频，利用好大数据的技术红利，创造各高校在治理内容上保持动态一致，在治理体系上保持原则一致，在治理能力上保持期望一致，在治理联动上保持长期一致的治理格局。在大数据技术的支撑下，不同地区的高校能够实现在思想政治教育治理载体的考量与运用、治理环境的创设与优化以及治理评价的设计与建构等方面实现信息畅通，让更多在思想政治教育建设方面相对薄弱的高校能够及时从本地区或跨地区在治理方面取得一定经验成果的高校中获取治理经验，带动各地高校思想政治教育治理的均衡式、共时性发展。

三、大数据为高校思想政治教育智慧化发展提供技术支撑

在大数据时代，信息技术的发展推动着高校思想政治教育方式的快速变革，能够实现以往思想政治教育界虽有设想与讨论但却囿于技术问题而无法实现的构想，也能根据技术本身自带的种种变革特性引起思想政治教育方式的谐变。综而观之，当前大数据蕴含着思想政治教育方式的精准化、个性化的发展向度，内含着针对性引导和系统研判的发展空间。

第一，大数据应用可以促进高校思想政治教育治理实现对教育对象的精准画像，提供个性化教育方案。伴随着经济社会发生的巨大变化，人们的思想观念也发生了重大变化，群体差异化趋势日益明显，不仅青年与成年人之间，而且青年群体内部，乃至大学生内部都出现了垂直化的深度分化。个性化教育是当前教育界的研究热点与广受推崇的教育理念。新一代信息技术的应用为高校思想政治教育对学生进行精准画像，进而为给需求具有多样性、多变性和发展动态性的当代青年大学生提供个性化教育方案提供可能，有助于识别学生的真实需求并给予精准及时有效的回应。高校思想政治教育必须要抓住大数据这一机遇，把在线学习数据、学生日常学习、行为数据转化为可评价和应用的信息，制定个性化教育路径，提升思政课课堂教学质量，提高高校立德树人的针对性和实效性，通过对学生学

---

① 陈水生：《新公共管理的终结与数字时代治理的兴起》，《世界经济与政治》，2009年第4期。

习和管理数据量化研究推出个性化教育方案,提供个性化教育内容,采用个性化教育方式,充分利用大数据技术、实现高校思想政治教育工作的模块化、一体化、信息化和集约化,推进高校思想政治教育内容的主动推送、智能推荐、随时随地推送、随需推送,加强高校思想政治教育的因事、时、势供给,个性定制、科学供给。

第二,大数据应用有助于实现对青年学生思想行为进行动态研究,提供及时有针对性的引导。经济领域的供给侧结构性改革的理念、理论和方法对思想政治教育改革创新有可资借鉴的意义,提供了新的审视视角和新的建设思路。供给侧改革强调高质量供给,关注对真实需求的满足,侧重于及时有针对性的动态调节与快速响应。供给侧改革是思想政治教育高质量发展的内在要求,而数据治理是推进网络思想政治教育供给侧改革的重要手段。数据治理能够识别教育者和受教育者的真实需要,破解网络思想政治教育当前面临的供给瓶颈和实效性困境,切实提高供给的质量(满足需要)和效率(及时),着力解决思想政治教育内容产品和服务供给不足、供给滞后、供给偏离、供给同质化的问题,在有供给无需求、有需求无供给的错位,供给不平衡不充分、供给统一与需求多样化个性化之间的矛盾中处理好统一性与多样性的统一,实现有效的供需对接、精准的供需对位。

第三,大数据应用有助于推动高校思想政治教育展开趋势研究,提高研判能力,及时发现和解决苗头性、倾向性问题。习近平总书记指出:"没有意识到风险是最大的风险。网络安全具有很强的隐蔽性,感知网络安全态势是最基本最基础的工作。"[1] "数据"的英文单词"data"来源于拉丁语"datum""dare",其含义可解释为"已知",而大数据的出现赋予人类可以通过'已知'预测'未知'的能力以及让过去难以预测的未知事件变成了可以精准预测的"大概率事件"。[2] 过去的思想政治教育研究长于解释已知,对预测未知和趋势预判则较为薄弱。大数据技术的出现与深度应用扩展和延伸了思想政治教育的作用过程和作用域,使得思想政治教育能够对苗头

---

[1] 习近平:《论党的宣传思想工作》,中央文献出版社2020年版,第203页。
[2] 贾兆帅:《大数据时代思想政治教育创新发展的新态势》,《思想政治教育研究》2022年第1期。

性问题进行提前干预、事前干预，找到最近传播的错误观点和思潮的动向，及时作出批判，澄清思想迷雾，实现"发现在小，处置在早"的预期目标，有利于高校思想政治教育治理及时、即时把握师生思想动态，及时作出研判，对学生思想状况进行整体把握，对学习成效进行准确评价，使得高校思想政治教育可预判、个性化；有利于发现一些苗头性、倾向性的问题，及时加以处理；有利于在网络舆论战中掌握主动权，事前研判、及时预警，发现风险点，查找风险源，防控风险群，运用新型传播手段创新高校宣传思想工作；有利于将广泛存在的、碎片化存在的各类数据关联起来，模糊数据清晰起来，找到思想政治教育的需求、找出存在的危机风险

四、大数据为高校思想政治教育治理研究提供方法论支持

当前我国正处于从高等教育大国迈向高等教育强国的发展机遇期与历史转换期，在推进一流学科建设，着力提高学科研究力和理论生产力等方面已取得了一系列显著成果。思想政治教育研究创新是实践创新的基础。大数据为思想政治教育研究提供了新的研究对象、研究方法、思维理念，有助于提高思想政治教育研究的质量。

第一，大数据有助于提高思想政治教育研究的整体性。"凡一种学问能扩张他所研究的材料便进步，不能的便退步……凡一种学问能扩充他作研究时应用的工具的，则进步，不能的，则退步。"[①] 大数据技术能够拓宽思想政治教育研究的范围，提升研究的整体性。大数据时代对处理数据产生了要全体不要抽样，要效率不要绝对精确，要相关不要因果的三大理念转变。[②] 大数据不仅是一场技术革命，也是一场思维革新、研究方法创新，使得更多差异化、整体性、趋势性研究成为可能。在大数据时代，样本的获取范围不再受到局限，能够近乎等同于总体，实现对整体的全面把握。思想政治教育研究者可以利用模式识别、算法模型等处理海量、随机数据，超越

---

① 傅斯年：《历史语言研究所工作之旨趣》，《傅斯年全集》第4卷，联经出版事业公司1980年版，第256页。

② ［英］维克托·迈尔－舍恩伯格，［英］肯尼思·库克耶：《大数据时代生活、工作与思维的大变革》，盛杨燕，周涛译，浙江人民出版社2013年版，第27—94页。

一般的经验研究，更为全面、客观、动态地把握学生世界，使得思想政治教育的整体性研究成为可能。需要注意的是，"用数据说话"不等于数据就是客观事实，数据、算法也会有偏见；数据量大不一定带来的研究的难度降低，不一定就等于有用信息多，一些偏差数据相反会造成结果误差乃至研究的错轨、结论的偏颇，对此需要有清醒认识和反思精神。此外，大数据思维将重点放在"是什么"，忽略了"为什么"的探究，将导致原因研究不足，结果可解释性的匮乏，即认识世界有余，解释世界不足的问题，思想政治教育研究在引入大数据研究的同时，要避免以抽象的运算取代解释性理解，实现对大数据对合理使用。

第二，大数据有助于提高思想政治教育实证研究的深度和趋势性研究。"人类的历史已经不再是乱七八糟的……而是人类本身的发展过程，而思维的任务现在就是要透过一切迷乱现象探索这一过程的逐步发展的阶段，并且透过一切表面的偶然性揭示这一过程的内在规律性。"[①] 人类社会的规律在人的实践活动中生成。数据是行为痕迹，为我们揭示人类社会发展规律提供了支持。"近代以来特别是在进入到工业主导的现代社会阶段之后，思辨的认识方式就开始与社会主导的精神出现了背离与矛盾，现代社会崇尚的现实精神为沉浸于逻辑思考的思辨研究带来了深刻的挑战。"[②] 大数据的出现推动了传统实证研究的创新发展，为思想政治教育实证研究的开展与趋势性研究的推进提供理念与技术的双重支撑。通过大数据，思想政治教育实证研究的作用范围得到了进一步拓宽，既可以了解过去，也能够描绘当下、预测未来，能够实现海量数据的收集、整理与分析，使得个体分析更加饱满、立体，能够将横向调查与纵向趋势研判两者更好地结合起来，发现现象背后的深层逻辑与原因，同时也能够提升思想政治教育研究的前瞻性、预见性，做到研判准确、事前干预、事中引导、事后评估与督查。

第三，大数据有助于提高思想政治教育研究的动态性和针对性。"大数据时代的最大特点就是采用各种智能数据采集设备，随时随地采集到各种

---

① 《马克思恩格斯选集（第3卷）》，人民出版社2012年版，第399页。
② 余清臣：《论教育思辨研究的时代挑战与应对》，《教育学报》2018年第5期。

即时数据,并通过网络及时传输,通过云存储或云计算进行即时处理,基本上不会滞后。"① 这种随着时间流不断更新的数据,不仅采集方便,而且更能全方位地呈现出研究对象的动态发展,这种动态演化发展也是数据的不断生长,通过对这种动态生长的数据进行研究,我们就能够很好地对研究对象进行追踪,把握其发展趋势和基本规律,实现思想政治教育的动态性研究。此外,大数据并不是仅仅指数据的容量即数据量的大小,它还包括不断增加的速度和多样性,这就意味着在处理大数据时,大数据并非以静态代码的形式而存在,其正在以复杂的格式,从不同的数据源高速奔涌而来。大数据来源的异构性有助于提升思想政治教育研究的准确度。不同类型、不同种类的数据库收集与记录着不同领域、不同类型的历史资料和实时数据,这些数据能够为思想政治教育研究提供多角度的数据横向验证与多时刻的数据切片比对,通过矩阵式的分析方式使研究层次更为立体、全面,研究结果更加准确、可信。

  第四,大数据有助于思想政治教育展开情感研究。文献素指载有历史信息的文字资料,今已成为"记录有知识的一切载体"的代称。随着大数据技术的发展,文献的"所指"发生了巨大的改变,出现了如电子文本、文本集、数据库、知识库、系统平台等的新形态以及在体量、结构、组织、管理等方面呈现出与传统文献不同的特征。进言之,大数据的出现促进了传统文献学的拓展,利用情感识别、可视化呈现、特征提取等技术手段对传统的文献生产方式进行了革新,促进了海量文献的知识化转变,推动了呈现方式的可视化,实现了文献知识的再生产和再发现。"随着数量和维度的增多,知识的高度语境特异性反而可以让研究者有条件更多关注审美、情感、意义等层面的问题,发挥人文经典通约性和稳定性的共情能力,让我们成为'我们'。"② 对于思想政治教育来说,大数据对于文献的情感识别技术能够在增进受教育者的情感认同、情感引导等方面发挥重要作用,一方面能够有利于研究者发掘思想政治教育文献中所蕴含情感因素和情感意蕴,进一步激发其隐形教育作用;另一方面可以对受教育者的思想动态进

---

① 黄欣荣:《大数据时代的思维变革》,《重庆理工大学学报》2014年第5期。
② 刘石:《大数据技术与传统文献学的现代转型》,《中国社会科学》2021年第2期。

行全程、全方位、全时段的观察、深入分析，对其认知方式、心理状态、人格特征、情感倾向进行研究，更加尊重受教育者的身心发展规律，引导受众自主学习、自觉学习，消弭距离感、解决反差感、提高获得感、悦纳感。

总之，大数据时代的到来，使高校思想政治教育治理进入一个需要基于大数据分析的发展阶段，要努力利用大数据、人工智能等网络信息技术，大胆创新教育理念，积极探索教育创新路径，推进大数据时代高校思想政治教育治理不断获得新的成绩，踏上新的发展台阶。我们要从战略上重视大数据在高校思想政治教育治理中的运用，重视相关数据的开发利用，将它作为创新思想政治教育工作方式的有效抓手，但也要注意避免唯数据主义，需要科学规划，避免一哄而上，重复建设，浪费资源，舍本逐末。

第三节　高校思想政治教育治理范式转换

党的十九大报告指出："全面深化改革总目标是完善和发展中国特色社会主义制度、推进国家治理体系和治理能力现代化。"[①] 党的十九届四中全会进一步确立了国家治理现代化的全局性、战略性地位，对如何推进国家治理现代化作出了明确指示。高校思想政治教育治理是国家治理现代化的应有之义，位于高校思想政治教育改革和国家治理现代化的交汇点，处在治理内容转变、治理途径转轨和治理方法转向的治理范式转换的重要阶段。

一、从经验型管理到关联性治理：治理内容的转变

"思想政治教育管理是指思想政治教育领导部门、主管机构及其人员，运用计划、组织、指挥、协调和控制等管理手段，对思想政治教育资源进行有效整合，以达到思想政治教育目的、完成思想政治教育任务的创造性

---

① 习近平：《决胜全面建成小康社会　夺取新时代中国特色社会主义伟大胜利——在中国共产党第十九次全国代表大会上的报告》，《人民日报》2017年10月28日

活动过程。"① 所谓经验型管理多指凭借经验,以分析成功的管理案例为主的方法来进行的管理模式。当前部分高校思想政治教育在管理模式上多以经验型管理为主,体现在目标管理、计划管理、规范管理、信息管理和队伍管理等部分之中。

首先是目标管理。思想政治教育的目标管理是一个动态的过程,不仅需要管理者认真学习贯彻相关政策文件的指示精神,还要在遵循基本目标的基础之上科学划分为相应的阶段性目标,从而将具体目标和总目标有机结合起来,提升高校思想政治教育的管理效率和实际效果。部分高校思想政治教育管理者对党和国家关于高校思想政治工作的最新指示的深入学习与领会不够,脱离了教师队伍的实际水平、学生现实需求、教学环境等现实状况,仍然按照以往的管理目标引领高校思想政治工作的开展,从而使得目标和现实之间存在不同程度的脱节,造成了高校思想政治教育部分环节的有效性下降,改革步伐相对迟缓等问题。

其次是计划管理。思想政治教育的计划管理是目标的具体化,保障思想政治教育的目标按照计划顺利进行。计划管理包括计划的制订、计划的执行与计划的评价,这三方面对思想政治教育管理者分别提出了相应的要求。计划的制订要求管理者能够充分了解本校思想政治工作的各方面情况,从而制定出合理可行的行动方案;计划的执行则需要管理者具有较强的业务水平与执行能力,能够有效地引领与推动相关计划的落实;计划的评价则需要管理者对相关责任主体的执行情况进行及时检查、分析与调整,确保计划处于正确的轨道之上。不过,部分高校思想政治教育在计划管理方面存在着思想僵化、计划单一、监管缺位等问题,影响了高校思想政治工作的开展。

再次是规范管理。规范管理主要是通过建立思想政治教育管理体系对思想政治教育活动提供岗位职责、教育制度、管理制度、工作制度、行政法规等方面的规范与保障,对参与思想政治教育过程的各主体在思想、行为等方面进行约束的同时增强责任感、调动积极性。当前部分高校思想政

---

① 陈万柏、张耀灿主编:《思想政治教育学原理》,高等教育出版社2015年版,第268页。

治教育在规范制定和实施等方面存在着经验主义的倾向，不利于思想政治教育的改革创新。

第四是信息管理。信息管理是管理活动的重要内容，对思想政治教育管理来说亦是如此。思想政治教育的信息管理是指通过对思想政治教育中各要素的历时性和共时性信息的收集、整理、分析、反馈以增强思想政治教育效益的过程，注重信息的真实、全面和及时。不过，当前部分高校的思想政治教育管理者在信息管理方面存在着信息收集渠道单一、获取方式陈旧、缺乏系统意识和信息敏感度降低等情况，需要引起关注与重视。

最后是队伍管理。思想政治教育归根结底是一项通过"人育"实现"育人"目标的实践活动，对思想政治教育教师队伍的管理是思想政治教育管理的重要内容，对其进行素质能力提升则是管理的重中之重。随着时代的发展以及教师队伍新老交替的逐步推进，部分高校用"老办法"管理"新教师"的方式需要进行积极转换，以更好地适应新时代高校思想政治教育高质量发展。

综上，部分高校思想政治教育在管理上仍然以经验型管理模式为主，这种管理模式虽然在特定的历史时期发挥了重要的作用，有效地推动了高校思想政治教育的发展，但是随着时代的不断前进，这种管理模式已经不能很好地满足新时代高校思想政治教育改革创新的要求，需要进行范式转换，即实现从经验型管理到关联性治理的转变。对于高校思想政治教育来说，关联性治理是指用系统的观点在保持高校思想政治教育各要素的独立性的前提下探寻各部分之间的相关性，用立体的治理结构取代经验型管理的扁平化管理线条，用动态的治理框架取代经验型管理的静态的、经验的管理手段的一种治理模式，有助于实现对目标、计划、规范、信息等要素的科学、高效治理。

二、从单向度治理到整体性治理：治理途径的转轨

"高校思想政治教育的复杂性、系统性，客观上决定了需要最大限度地调动人的主体性能量，做到多元治理主体的优势互补、协同推进，形成合

力。"① 高校思想政治教育治理不仅体现在对各要素的关联性治理,也表现在从单向度治理到整体性治理的治理途径的转轨之上。所谓的单向度治理是指占据优势资源的强势一方对资源相对欠缺的弱势一方的治理模式,主要表现为治理主体的单一化和治理逻辑的功利化。在这种治理途经下,治理成为了实现单一治理主体获取更多资源、巩固自身地位的手段,忽视了另一方的实际需求和基本状况,从而使得两方之间的资源差距越拉越大。而整体性治理则是随着信息技术的发展,尤其是互联网的应用而产生的新型治理途径,是一种以问题导向为根本,以价值凝聚为基础,强调既有纵向领导也有横向协同的多元主体参与,从而更好地对资源进行合理分配的治理途径。高校思想政治教育治理途径的转轨主要体现在以下三个方面。

首先,在主体构成方面,单向度治理以单一主体为特点,而整体性治理则强调主体的多元性或多元构成,强调各主体共同发挥作用,形成合力。需要注意,在中国特色社会主义的语境中,我国的整体性治理的主体构成并不完全和西方等同,不能忽视我国全面深化改革的总体目标的首要内容和前提是完善和发展中国特色社会主义制度,不能无视中国国家治理和社会治理的总体格局是中国共产党作为领导核心总揽全局、统筹各方,其实际运行是一个领导核心、多方参与、各司其职。② 在治理途径的转轨过程中,高校思想政治教育的整体性治理在治理主体方面强调的是以高校党委为领导的,各部门协同配合的、高校思想政治教育教师为主力的、专业课教师协同发力的学生参与的多元主体治理结构,需要与一般的整体性治理的治理主体结构相区别。

其次,在权力运行方面,高校思想政治教育单向度治理是一种自上而下的运行模式,具体表现为由政府和高校党委进行统筹规划,由高校行政部门进行进一步细化,由高校思想政治教育教师负责执行的单链式运行模式。单一主体的治理结构的转变必然引发权力单向运行体系的改变。这种运行模式虽然在一定程度上保证了高校思想政治教育整体运行的稳定性和

---

① 冯刚,高山等:《新时代高校思想政治教育治理论》,中国社会科学出版社 2021 年版,第 316 页。

② 王浦劬:《国家治理现代化理论与策略》,人民出版社 2016 年版,第 36 页。

响应速率，但是不符合治理思维下的权力运行特点。"治理的权力运行可以是自上而下的，但更多是平行的。"① 高校思想政治教育的整体性治理是一种双向的运行模式，既有自上而下的统一领导，也有从下到上的反馈过程，还有各治理主体之间的平行互动，有助于形成齐抓共管的育人合力，更好地推动高校思想政治教育守正创新，完成好立德树人的重要任务，为党和国家培养合格建设者和可靠接班人。

最后，在评价机制方面，在单向度治理模式下，高校思想政治教育的质量评价侧重管理者对思想政治教育全过程的观察，对相关现象和问题进行梳理和总结，在评价类型上以事实评价为重点。"现代的国家治理体系是一个有机的、协调的、动态的和整体的制度运行系统。"② 从整体性治理的角度上看，高校思想政治教育的质量评价是高校思想政治教育治理的重要环节，是一个整体和部分相结合的反馈机制。从评价主体上看，高校思想政治教育的质量评价以高校思想政治教育治理为依托，各治理主体均具有评价的权利与渠道，都能够为高校思想政治教育的建设与发展献言献策；从反馈路径上看，高校思想政治教育评价是一个双向互动的立体化评价，各评价主体之间不仅能够相互评价，还可以进行主体内部的自评价，从内外两个方面进行全方位审视；从评价导向上看，高校思想政治教育质量评价不仅包括事实评价，即围绕工作过程、工作投入等进行的评价判断，以反映思想政治教育规划、设计、组织、实施方面的状况和态势等"硬指标"进行评价，对效果评价也涵盖在内，针对高校思想政治工作开展所得的结果和功效进行的把握和评判，根据是否实现思想政治教育的目的任务、使命宗旨而具体展开，凸显以人为本的治理宗旨。③

三、从权威性治理到循证式治理：治理方法的转向

治理方法的得当与否在一定程度上决定了治理的结果。决策机制作为我国国家治理现代化的重要组成部分，对于解决复杂的治理问题，推进治

---

① 俞可平：《推进国家治理体系和治理能力现代化》，《前线》2014年第1期。
② 俞可平：《国家治理的中国特色和普遍趋势》，《公共管理评论》2019年第1期。
③ 冯刚：《高校思想政治工作质量评价的时代特点与展望》，《湖北社会科学》2021年第1期。

理活动的科学性、有效性具有关键作用。《中共中央关于坚持和完善中国特色社会主义制度推进国家治理体系和治理能力现代化若干重大问题的决定》提出了"健全决策机制,加强重大决策的调查研究、科学论证、风险评估、强化决策执行、评估、监督"①的要求。对于高校思想政治教育治理来说,需要对如何加强科学决策,用科学的决策引领治理发展、推进治理建设等问题进行深入思考。

  在发展政治学的话语体系中,权威治理是与全能治理、民主治理等概念相对应的一个范畴是,指建立在集权型治理权力结构和权威主义政治体制之上、以经济增长和社会稳定作为首要治理目标和内在驱动力的国家治理方式。这种治理方式强调权威主体在拥有强制力的前提下,通过树立威信与威望,增强权威客体对其的自愿服从与心理认同,对于维护社会秩序、保障社会平稳运行具有积极作用,但是长期来看存在着抑制社会发展、激化权威主客体之间矛盾的风险。②循证治理是由临床医学领域中循证决策概念发展而来的。所谓循证决策,是指一项良好的医疗决策需要在科学的证据、医生的专业知识和临床经验以及病人的价值取向三个部分之间寻找到一个平衡点作为决策的出发点,从而对患者进行有效治疗。循证决策在社会科学的借鉴之下与公共管理理论不断融合,形成了循证管理的概念。所谓循证管理,指的是以科学理性主义、实验主义为理论基础,以证据来源及其质量判定、"循证三角"(由经验能力、科学证据、价值取向构成的三角关系)为构成要素的管理模式。随着治理理论的逐渐发展,循证管理和治理的结合使得循证性治理应运而生。③相较于权威性治理,循证式治理更加强调证据获取的多方参与、证据的价值认同以及证据的正确使用,这对高校思想政治教育治理来说具有参考价值。

  证据的获取是循证式治理的逻辑起点。循证式治理强调决策的形成必

---

① 《中共中央关于坚持和完善中国特色社会主义制度 推进国家治理体系和治理能力现代化若干重大问题的决定》,《人民日报》2019年11月6日。
② 李冬慧:《集体化村庄的权威治理研究——基于山西省贾村的实证调查》,山西大学博士学位论文,第26—27页。
③ 包国宪,刘强强:《中国国家治理中的循证逻辑理论框架与研究议程》,《南京社会科学》2021年第1期。

须要有证可循、有据可依。当前我国的主要取证方式分为纵向和横向两种。纵向以"试点"为主，治理主体选择"试点"进行政策的实验，并基于反馈的情况辅助决策。横向则是治理主体向专业群体或组织寻求咨询，后者为决策提供合理建议与意见。相对于权威性治理来说，循证式治理对证据的重视和使用无疑增加了决策的科学性与合理性，并且充分调动了社会力量的参与，大大降低了决策风险。高校思想政治教育在决策的过程中应当树立证据收集的观念，更多用证据说服人而不是单纯用威信命令人，征求和听取教师、学工人员、学生的实际想法，以求达到良好的育人效果。

证据的使用在循证式治理的实施中具有重要的作用。治理者需要对证据进行系统的了解，判断证据的可信度与有效性，并且在此基础上对资源进行有效的调配与利用，充分考虑决策的各种影响因素，对决策进行不断的调整与优化。高校思想政治教育在决策的制定过程中需要将客观因素和主体因素考虑在内，将证据更好地转化为政策，推动高校思想政治教育治理体系和治理能力的同步提升。

第二章
高校思想政治教育数据治理演进的历史脉络

回顾中华人民共和国成立七十多年以来高校思想政治教育数据治理的发展历程，梳理高校思想政治教育数据治理演进的历史脉络，社会生产力的发展、党的目标和任务、学生全面发展需要是推动高校思想政治教育发展的动力源泉。大数据与思想政治教育融合发展，是新形势下思想政治教育创新发展的主要趋势和重要推力。自中华人民共和国成立以来，高校思想政治教育数据治理经历了孕育期、形成期和发展期，已基本实现了从数字治理到数据治理再到智慧治理的质性飞跃。大数据与高校思想政治教育融合发展进程就是高校思想政治教育数据治理的演进历程。大数据拓展了高校思想政治教育的研究范畴，充实了高校思想政治教育规律的研究基础，实现了高校思想政治教育价值的延展发挥，丰富了高校思想政治教育评价的衡量维度。借由思维转变、范式重构、技术变革和数据治理实现大数据和高校思想政治教育的融合发展，推进高校思想政治教育数据治理的深化转型。

第一节　孕育期：中华人民共和国成立后高校思想政治教育数据治理

自中华人民共和国成立以来，面对复杂严峻的国际国内形势和百业待举、百废待兴的建设局面，中国共产党带领全国各族人民在顺利完成民主革命的同时，恢复和发展了国民经济，并通过三大改造成功实现了从新民主主义到社会主义的伟大历史转变，开始了全面建设社会主义的新阶段。中华人民共和国成立初期所取得的一系列成就，都离不开党的思想政治教育工作和党指导下的高校思想政治教育工作。

社会主义改造时期党指导高校思想政治教育确立了新民主主义思想政治教育的方向，围绕党的各项中心任务、学习贯彻过渡时期总路线对高校师生进行社会主义教育，开设政治理论课深入系统进行马列主义基本理论教育。高校思想政治教育的理论与实践在这一时期取得了新的发展和长足进步，为开启高校思想政治教育数据治理新篇章奠定了坚实的基础。

一、高校思想政治教育数据治理在大起大落中曲折发展

中华人民共和国的成立，中国共产党执政地位的确立，中国高等教育事业的除旧布新，使高校思想政治教育迎来了历史性转变的关键时刻。进一步形成了高校思想政治教育数据治理的规范和制度。伴随着社会主义改造的完成，高校思想政治教育数据治理围绕实践中国特色社会主义道路开展了积极探索，提出了一系列理论、方法和观点，总结了许多经验和教训，但也出现了一些失误和挫折。高校思想政治教育数据治理在大起大落的革命实践中曲折发展。

（一）高校思想政治教育数字治理的基本架构

建国初期高校思想政治教育在曲折中发展，围绕党的中心任务，高校思想政治教育开始关注数字的来源，积极培育数据思维，探索实践数据管理，以数字治理推进建构中华人民共和国成立初期高校思想政治教育治理体系。

1. 建立高校思想政治教育规范化制度

1949年9月29日中国人民政治协商会议第一届全体会议审议通过了《中国人民政治协商会议共同纲领》，其中第五章对于中华人民共和国的文化教育做出进一步阐释："中华人民共和国的文化教育为新民主主义的，即民族的、科学的、大众的文化教育。人民政府的文化教育工作，应以提高人民文化水平，培养国家建设人才，肃清封建的、买办的、法西斯主义的思想、

发展为人民服务的思想为主要任务。"①这一系列具体规定进一步明晰了中华人民共和国成立初期高校思想政治教育的目标、任务、方法和要求，谋定了高校思想政治教育的发展方向。

通过整合中华人民共和国成立初期高校思想政治教育数字资源，结合中华人民共和国成立初期社会发展现状，进一步推动建立高校思想政治教育规范化制度。借由数字资源的发布、存取和使用功能，进一步整合中华人民共和国成立前后高校思想政治教育文献资源，完善高校思想政治教育相关数据库，为加强高校思想政治教育顶层设计提供合理支撑。

中华人民共和国成立初期，国家先后颁布了《关于高校领导关系的决定》《关于实施高等学校课程改革的决定》《高等学校暂行规程》《私立高等学校管理暂行办法》《关于全国高等学校马克思、列宁主义、毛泽东思想课程的指示》《中央人民政府高等教育部关于一九五三年全国高等学校院系调整的计划》《中央人民政府政务院关于加强高等学校与中等技术学校学生生产实习工作的决定》《高等学校教师教学工作量和工作日试行办法》等系列高等教育相关文件，对建国初期高校思想政治教育做出系统的制度性安排，推进落实针对性措施，进一步规范、调整、补充、完善中华人民共和国成立初期高校思想政治教育数字治理体制机制。首先，伴随着我国从新民主主义社会向社会主义社会过渡，高校思想政治教育数字治理的目标任务有所调整。在培养为社会主义建设服务的高级专门人才的同时推进高校思想政治教育规范化进程。其次，利用数字资源开展调查研究，结合实际情况加强高校政治理论课程建设。针对课程设置的学时、内容、顺序、考查等各环节有效调整、完善，初步形成了高校思想政治理论课课程体系。最后，针对这一时期高校建设的现实困境，陆续发布关于高校组织领导、人员配置、日常工作等的制度文件，从制度层面保障了高校思想政治教育的顺利开展，推动构建了高校思想政治教育制度体系。

2. 实现高校思想政治教育曲折中发展

中华人民共和国成立前夕，国民党统治区有高等学校206所，其中公

---

① 转引自崔博：《新时代教育工作的根本方针》，《中国教育报》2019年9月16日。

立学校 124 所，私立学校 61 所，教会学校 21 所。接收改造旧的高等教育并发展新的高等教育是中华人民共和国成立初期高校思想政治教育的一项重要和急迫的任务。整合中华人民共和国成立前后高等教育相关数据，遵循中华人民共和国成立初期高等教育各项制度文件精神，这一时期高校思想政治教育数字治理着眼于高校持续开展政治教育与思想教育。一方面，通过增设马克思列宁主义的政治课程，有针对性的取消反动课程，围绕掌握科学理论和强化理想信念积极开展思想教育。以不同主题的政治运动为契机，师生通过亲身经历加强思想改造，提高学习、工作的主动性和积极性。另一方面，聚焦组织建设充分发挥党的战斗堡垒作用，在高校健全完善党团组织以便全面深入地开展思想教育。组织性是党领导下的高校思想政治教育的一个鲜明特征。依托学校党委和团委稳妥有序地开展党建、团建活动，拓宽思想政治教育阵地，充分发挥组织育人的强大优势，推进中华人民共和国成立初期高校思想政治教育走深走实。

3. 总结高校思想政治教育历史性经验

恩格斯曾说过："伟大的阶级，正如伟大的民族一样，无论从哪方面学习都不如从自己所犯错误的后果中学习来得快。"[①]1966 年至 1976 年长达十年之久的"文化大革命"，也给高校思想政治教育造成了一定影响。

总结历史经验，高校思想政治教育必须始终坚持党的领导，加强科学理论武装，毫不松懈地对青年学生开展分时分类生命全周期闭环式思想教育和价值引领。自觉遵循、认真借鉴党的思想政治教育经验与做法，不能背离党的方针、路线，初步探索高校思想政治教育数字治理的实践路径，不断提升高校思想政治教育的科学性和实效性。

（二）高校思想政治教育数字治理的工作机制

中华人民共和国成立初期，围绕党的中心任务和服务国家建设发展，高校思想政治教育数字治理积极探索独立自主、蓬勃发展的新路径。强化数据资源作为记录事物的载体作用，发挥其记录、通信、文化传承的巨大优势，健全完善高校思想政治教育治理的工作机制。

---

① 《马克思恩格斯选集（第 1 卷）》，人民出版社 2012 年版，第 79 页。

1. 以释放数据价值为目标

中华人民共和国成立初期高校思想政治教育数字治理以释放数据价值为目标，将数字作为教育的辅助方法和载体建构高校思想政治教育数字治理体系。一方面，通过增设政治理论课、强化高校党的建设等确立了新时期高校思想政治教育的科学理论依据。高校思想政治教育数字治理变传统机械思维为价值思维渗透进思想政治教育，使思想政治教育内容逐渐向精准引领过渡，教学方法也逐步转向科学实证和量化研究，以数字治理统筹布局、整合协调这一时期高校思想政治教育资源。借由数字治理引发高校思想政治教育思维变革，着重强调党的建设和思想政治教育的极端重要性。在总结"文化大革命"历史性经验的同时，重申了发挥高校思想政治教育"生命线"作用的积极作用和重要影响。另一方面，依托数字资源搭建实习实践平台拓宽高校思想政治教育的平台和载体。结合过渡时期总路线要求积极开展各类宣传教育活动，围绕恢复国民经济探索开展各类实习实践活动，坚持群众路线用"团结—批评—团结"的方法处理人民内部矛盾进一步明确了高校思想政治教育的主要任务。通过高校思想政治教育数字治理拓宽高等教育场域，为高等教育的发展演进提供动力。

2. 以数据管理体制机制为核心

中华人民共和国成立初期高校思想政治教育数字治理以数据管理体制机制为核心，将数字作为教育改革的核心要素建构高校思想政治工作体系。高校思想政治教育数字治理的重点在于建立健全高校思想政治教育体系机制，形成国家—社会—高校—家庭—企业等多方育人力量良性互动、共建共享共治的数据流通新模式。一方面，通过加强高校思想政治理论课课程体系建设，加强这一时期高校思想政治教育的针对性和实效性。国家先后颁布了《关于全国高等学校马克思、列宁主义、毛泽东思想课程的指示》《中央人民政府高等教育部关于目前高等学校教学改革的情况与问题的报告》《中华人民共和国高等教育部关于高等学校政治理论课考试评分问题的意见》《中华人民共和国高等教育部关于在全国高等学校开设社会主义教育课程的指示》等制度文件，指导高校加强和改进高校思想政治理论课建设。另一方面，通过完善队伍建设机制和明确岗位职责，推进高校思想政治教育从科学化向学科化迈进。国家先后颁布了《中央人民政府高等教育部关于下达"高等学校教师进修暂行办法"的通知》《加强对高等学校教师的思想领导进一步贯彻党对知识分子的政策》《高等学校教学研究指导组各级教师职责暂行规定》《高等学校教师教学工作量和工作日试行办法》《教学和科学研究同时高等学校的基本任务，两者必须结合》《高等学校的科研队伍是发展国家科学事业的一个方面军》等制度文件，进一步从理论和实践维度明晰高校思想政治教育工作者的岗位职责，指导队伍建设的有效开展。围绕高校思想政治教育数字资源的各项管理机制体制的建立和完善是推进高校思想政治教育治理体系现代化的重要助力。

二、聚焦高校思想政治教育小数据集深度挖掘识别需求

面对中华人民共和国成立初期百废待兴的建设局面，高校思想政治教育着眼于梳理建国前后教育资源，有效识别和深度挖掘师生成长需求。借由数字资源有效记录、描述、呈现当前时期高校思想政治教育的痛点、难点，进一步预测、诊断并提炼决策要点，有针对性的开展高校师生的思想政治教育。

中华人民共和国成立初期高校思想政治教育在探索中曲折发展，在承上启下的实践探索中总结梳理小数据集，积累探索中可借鉴的经验和可规避的教训。借由中华人民共和国成立前后高等教育数字资源，充分判断和正确估计当前形势，是有针对性地开展高校思想政治教育的重要前提。依托数字资源大力开展调查研究，推进榜样教育，加强理论学习是创新高校思想政治教育的重要途径。这是曲折前进时期聚焦高校思想政治教育小数据集，深度挖掘识别师生需求，着力推进高校思想政治教育守正创新的积极探索。

（一）开展调查研究推进高校思想政治教育数字治理

中华人民共和国成立以后党在农业、工业等各项工作中"思想方法有些不对头，忘记了实事求是的原则"，进而出现了工作上的一系列缺失和错误。毛泽东同志在1961年中央工作会议上更突出强调了调查研究的重要性，

号召全党"大兴调查研究之风,一切从实际出发"。① 在党中央的指导和推动下,高校也积极开展调查研究。

通过调查研究,高校思想政治教育工作者对于当前形势有了较清醒的认识。借由数字资源真实统计与记录,根据调查研究的实际结果先后制定了高校思想政治教育相关制度文件,进一步系统总结和规范了高校思想政治教育工作的流程,确定了高校思想政治教育的边界,对高校思想政治教育工作的开展也提出了具体要求,为进一步加强高校思想政治教育指明了方向。

通过调查研究,高校思想政治教育工作者逐步纠正了主观主义的工作作风。借由数字资源的收取、统计与记录,在工作实践中充分发扬民主作风。注重从师生中来,到师生中去,领导同基层相结合,在调查研究中挖掘实际工作的一手数据,深度了解基层工作的难点痛点,聚焦满足高校师生的实际需求和成长需要,通过召开座谈会、进行个别谈话等多种形式,倾听基层声音,协调多方育人关系,不断增强高校思想政治教育的吸引力和凝聚力。

(二)深化榜样教育推进高校思想政治教育精准剖析

"伟大时代呼唤伟大精神,崇高事业需要榜样引领"。② 十年全面建设社会主义时期是中华人民共和国成立以来开展榜样教育的黄金时期。党及时发现和总结全国各条战线涌现出的一批先进集体和先进个人,高校积极开展宣传教育,以榜样的力量引导师生积极投身社会主义建设,充分发扬共产主义精神。高校思想政治教育深度剖析,精准解读,持续开展了艰苦奋斗教育和集体主义教育,加强了社会主义教育和革命传统教育,倡导"双百"方针,运用优秀文艺作品大力宣扬榜样精神。先后掀起了宣传学习雷锋、王进喜、焦裕禄等榜样人物的风潮,强化了雷锋精神、铁人精神、大庆精神、大寨精神等榜样精神的传承。

利用数字资源积累了开展学先进、树新风的榜样教育经验,总结出选树典型的基本标准和要求、丰富宣传的路径载体和方式、贯彻落实教育方针路线等经验,为进一步继承和发扬榜样教育的优良传统提供重要依据。

---

① 张耀灿主编:《中国共产党思想政治教育史论》,高等教育出版社2018年版,第240页。
② 《庆祝中国共产党成立100周年"七一勋章"颁授仪式在京隆重举行 习近平向"七一勋章"获得者颁授勋章并发表重要讲话 会见全国"两优一先"表彰对象》,《人民日报》2021年6月30日。

通过一个个鲜活的榜样案例,以榜样崇高的行为、卓越的品格来激励、引导、教育师生,在促进师生自我认同的同时激发榜样所展现的精神力量,从而启发师生追寻深层次的生命意义。大力倡导和不断改进榜样教育,帮助师生追寻真善美,体悟人生真谛,敢于担当、善于作为,自觉肩负历史使命和时代责任,为推动中国特色社会主义事业贡献自身的青春力量。

(三)加强理论学习提炼高校思想政治教育有效信息

伴随着如火如荼的榜样教育活动的开展,高校开展马列主义和毛泽东著作的学习热情被进一步激发。这一时期,团中央书记处就关于在青年中开展学习毛泽东著作运动的报告做出重要批示,党中央就组织高级干部学习马列著作问题做出重要批示。党团组织先后对加强理论学习做出批示,号召高校师生积极开展马列主义、毛泽东著作等的理论学习,把理论学习与解决实际问题相结合,深入推进高校思想政治教育工作向纵深发展。

马克思主义是党的指导思想和我国主流意识形态,只有学懂弄通了马克思主义,才能深刻认识和准确把握党的执政规律、社会主义建设规律和人类社会发展规律。加强马克思主义和毛泽东思想的理论学习,依托高校思想政治教育引导师生坚定理想信念,坚持正确的前进方向。高校结合自身实际,完善理论学习计划,规范理论学习制度,推进高校理论学习制度化、常态化、规范化。以集中学、个人学等多种形式相结合的学习形式,进一步强化高校理论学习实效。结合高校思想政治教育的重点工作和数字资源,突出理论学习重点内容,牟定精准靶向,聚焦理论学习有收获、实际工作以致用的学习目标,着力提升高校思想政治教育的针对性和实效性。加强理论学习给高校思想政治教育提供了重要路径和有效借鉴。

三、以规范高校思想政治教育数字目管理化解数据危机

新中国成立后高校思想政治教育数据治理在曲折中发展,顺应国家发展和社会进步大潮,聚焦规范高校思想政治教育数字目管理,以防范和化解可能出现的数据危机。这一时期高校思想政治教育工作者仍沿用传统思维,通过学生的日常行为、言行举止寻找、总结、提炼思想与行为的因果链条,

探究深层次思想动因。但实际上仅仅通过表面语言和行为很难准确判断出学生真实的思想倾向。而高校思想政治教育数字治理为探究学生真实思想动态和情况提供了新途径和新方法。

（一）有效规范高校思想政治教育的数目字管理

高校思想政治教育数字治理旨在进一步规范高校思想政治教育数据目管理。通过对学生的日常思想、行为等相关数据进行记录、收集和整理。从具有相关性的数据目中寻找学生成长规律，分析、预测和研判学生在不同成长时期的思想动态、个性特征以及成长态势，进一步增强高校思想政治教育的预见性、精准性。

一方面，高校依托并整合现有资源，进一步完善数字治理的基础建设，规范高校思想政治教育数据目管理。围绕巩固新生政权和恢复国民经济有针对性地开展高校思想政治教育。在土地运动、镇反运动和恢复国民经济斗争中开展高校思想政治教育，不断丰富完善文本及档案数字资源，加强数字目管理，常态化记录青年学生的思想行为变化，为全面分析和探索这一时期高校思想政治教育规律提供充分的数据支撑。另一方面，高校有意识地将现有数字资源联动，进而建立健全高校思想政治教育数据目管理体制机制。在规范高校思想政治教育数据的录入、储存和运用标准与要求的同时，建构高校思想政治教育数字治理的数据库，为高校思想政治教育守正创新提供有效遵循。

（二）积极摸索高校思想政治教育数据开发与使用的有效路径

高校思想政治教育数字治理在推动相关数字资源留存到位、联动互通的同时，更重要地是探索数字资源开发与使用的有效路径，从而推进高校思想政治教育落地生效。以满足青年学生成长成才的实际需求与解决高校思想政治教育的实际问题为牵引，充分发挥高校思想政治教育数字资源的巨大效能。

一方面，要全面提升高校思想政治教育工作者的数字治理能力，涵育数据思维和数据素养。这是推进高校思想政治教育数据开发与使用的重要路径。鼓励并支持高校思想政治工作者学习数据相关知识，提升数字治理能力，引导坚持以满足需求和解决问题为导向开发和使用数字资源，在高校思想政治教育数字治理的创新实践中不断提升自身认识数据、开发数据、运用数据的能力。另一方面，要全面提升学生的数据素养，这也是推进高校思想政治教育数字治理的关键。引导学生转变思维模式，强化数据思维能力。强化运用定性的理性思维模式，分析问题和解决问题。善于从海量数据中寻找相关数字资源，合理分类、有效利用，以数据资源为依托提升自身辨别能力，并找到与之相匹配的适当处理方式。通过探索高校思想政治教育数据开发与使用的有效路径，实现高校思想政治教育从机械思维向数据思维的转变，实现实际问题的解决流程从高度集中向分布协同的转变，推进完善高校思想政治教育数字治理。

（三）探索创新高校思想政治教育数据研究范式

中华人民共和国成立初期高校思想政治教育数字治理在高校思想政治教育治理体系和治理能力现代化的进程中承上启下、继往开来，起到关键性作用。同时也开启了创新高校思想政治教育数据治理和数据研究范式的新征程。既要通过借鉴其他领域其他学科数据研究、数据应用和数据治理的经验，又要结合国情、社情和高校实际情况，进一步改进与完善，促进高校思想政治教育方法创新，形成高校思想政治教育数据治理的研究范式。

一方面，创新高校思想政治教育数据研究新范式可借鉴其他领域和其他学科数据应用的宝贵经验，形成学科交叉的新视域和站位。中华人民共和国成立初期高校思想政治教育向学科化和科学化迈进，多学科交叉的研究视域推动高校思想政治教育数字治理守正创新。高校思想政治教育数字治理不单单需要从技术层面确立研究路径，还需要从法律、经济、管理、技术等多维度考察形成新的研究范式。从多学科视域出发为形成新认识，规范新制度，加强新技术，培养新人才等多方面挖掘高校思想政治教育数据治理的新路径。另一方面，创新高校思想政治教育数据治理研究新范式需着眼于时代变化和社会发展过程中师生角色定位，重塑师生的关系模式和交往模式。根据时代特征和学生特点，积极建构新型师生关系和交往互动模式。以更加平等、包容、共生的理念引导师生提升数据思维，加强交流沟通，真正实现"以理服人，以情动人"的价值引领。借由数据资源搭建起师生沟通、交往、互动的有益桥梁，形成师生互动的良性循环，构建良好的高校思想政治教育数字治理生态体系，推进高校思想政治教育数据治理体系和治理能力现代化。

第二节　形成期：改革开放时期高校思想政治教育数据治理

党的十一届六中全会以后，我国社会主义建设进入改革开放新的发展时期。党指导高校思想政治教育的优良传统逐步得到了恢复。高校思想政治教育学科化和科学化水平不断提升。高校思想政治教育重点围绕党的中心工作进行，采取了关于加强和改进高校思想政治教育的具体措施，积极开展形式多样的高校思想政治教育活动，大力促进了改革开放和现代化建设的有序发展。

改革开放时期党认真总结和吸取以往的经验和教训，高度重视并指导高校思想政治教育拨乱反正、改革发展。一方面，顺应市场经济发展大潮，积极构建高校思想政治工作体系。另一方面，顺应信息技术的发展，面向二十一世纪的高校思想政治教育数据治理以数字化和网络化为主线，促进数据资源的流通和汇聚，推进高校思想政治教育向科学化和学科化发展，实现高校思想政治教育数据治理创新发展。

一、高校思想政治教育数据治理在恢复重组中焕发生机

党的十一届三中全会的顺利召开推进了高校思想政治教育转向实事求是的思想路线和马克思主义的组织路线。高校重新审视思想政治教育的功能与作用，端正思想政治教育的方向与目标，确立思想政治教育的路线与方针，在"纠偏"与"疏导"中推进高校思想政治教育创新发展。与此同时，技术"通过工业日已在实践中进入人的生活，改造人的生活，并为人的解放做准备"。1987年美国学者泽莱尼在其论文《管理支持系统：迈向集成知识管理》中首次提出了大数据（Big Data）的概念。大数据概念逐步进

第二章 高校思想政治教育数据治理演进的历史脉络

入人们的视野，大数据作为一项日渐被应用于人们生活的技术，在以"数字化"方式反映着人的同时又以其"数字化"的空间环境塑造着人。大数据与高校思想政治教育融合发展推进形成了改革开放时期高校思想政治教育数据治理的重要实践探索。以数据采集、数据传输、数据存储、数据应用为主要内容，以信息技术为驱动，以释放"感知现在""预测未来"的价值动能为目标的高校思想政治教育数据治理体系逐步构建。

（一）高校思想政治教育数据治理的基本架构

党的十一届三中全会以后，在党的正确领导下，高校思想政治教育在整顿中逐步恢复并进入发展的新阶段。面对"文化大革命"时期的错误思潮和"四人帮"破坏教育事业的恶行，高校思想政治教育在拨乱反正、整顿恢复的过程中，积累了宝贵的数据资源和丰富的治理经验。探索尝试将大数据与高校思想政治教育深度融合，将数据资源转化为信息资源，再整合形成知识资源，完成数据—信息—知识的质性飞跃，推进高校思想政治教育守正创新。

同时，高校思想政治教育数据治理并非是大数据与高校思想政治教育的简单叠加，而是思想政治教育学科与大数据技术的有机结合。这为后续开展高校思想政治教育科学研究和学科建设提供新的模式和路径。改革开放以来高校思想政治教育积累了大量的、多样的工作案例和反面教材，总结了不同阶段学生成长发展的数据资料，采取大数据技术和相关研究方法加强相关性研究，着力提升高校思想政治教育的工作实效。

1. 积极构建高校德育体系

为了适应社会主义市场经济条件下社会发展的需要，整体规划学校德育体系成为学校思想政治教育的重要任务。中共中央、国务院，国家教委先后颁布了《中国教育改革和发展纲要》《中共中央关于进一步加强和改进学校德育工作的若干意见》《中国普通高校德育大纲（试行）》等政策文件，从顶层设计和机制体系维度进一步规范、完善高校德育工作。从高校思想政治教育工作实际中提炼有效数据，在认识、理解、接受数据的过程中逐步形成高校思想政治教育数据思维。深度挖掘数据间的关联、走向、规律，形成合理有效的信息。进一步从信息中提炼规律，并以规律指导我们的行动，就形成了知识。由此助力高校思想政治教育的理论与实践创新。

在推进离散的数据元素转化为相互连接的信息资源的同时，以这一时期师生的思想政治状况为收集样本，总结师生思想品德教育规律，把握衡量师生德育水平的标准和参照，更高效地开展高校德育工作。探索构建高校思想政治教育管理信息系统，运用大数据技术和手段，分层分类分时段记录和考察高校思想政治教育工作，为建构高校思想政治教育数据治理体系和机制提供有力支撑。

2. 完善马克思主义理论课程体系建设

高校思想政治教育拨乱反正的重要举措之一就是恢复了马克思主义理论教育，重新开设马列主义课程，从教学、教材、教师队伍等多方面加强和改进了高校马列主义课程。围绕党的中心任务，不断强化高校马列主义课程的性质、任务和目标。根据国家形势和社会任务的变化，充分发挥高校马列主义课程教书育人的作用。通过收集、整理课程教学的评价反馈、教师讲授的意见建议、教材覆盖的知识体系等，形成对这一时期高校马列主义课程的整体观察和度量。通过整体分析和系统总结，形成高校马列主义课程数据信息，为后期加强和改进马克思主义理论课提供数据遵循。

随后，国家教委、教育部先后印发了《关于高校马克思主义理论课和思想品德课教学改革的若干意见》《关于普通高等学校"两课"课程设置的规定及实施工作的意见》等制度文件，进一步拓展了高校马克思主义理论课程教学改革的实施进路，完善了高校马克思主义理论课程体系。在已知的数据和信息资源基础上，合理运用、探索实施，将数据、信息进一步转化为知识。总结可转化、可迁移、可应用的知识，完善高校马克思主义理论课程体系，将政治表达与生活话语相统一、学术话语与大众话语相统一、教材话语与教学话语相统一，着力提升高校思想政治教育的亲和力、吸引力、感染力。以知识体系的学理支撑和应用信息的实践探索，加大高校马克思主义理论课程的改革力度，聚焦课程改革进程中的本质、原则和经验，提高高校马克思主义理论课程体系的建设实效。

3. 全面推进综合素质教育

改革开放以来，国家进一步深化教育改革，逐步将素质教育纳入德育工作的范畴。江泽民同志在第三次全国教育大会上指出："思想政治教育，在各级各类学校都要摆在重要地位,任何时候都不能放松和削弱。要说素质，思想政治素质是最重要的素质。不断增强学生和群众的爱国主义、集体主义、社会主义思想，是素质教育的灵魂。"[①] 步入社会主义现代化建设的新阶段，高校全面推进综合素质教育，以回应为谁培养人、培养什么人、怎样培养人的时代命题。在充分关照学生全面发展和成长成才需要的同时，不断坚定学生理想信念、厚植爱国情怀，树立正确价值观、强化责任担当。引导学生积极开展体育锻炼，注重美育和劳育，不断补齐高校思想政治教育的短板和不足。

积极探索构建"第二课堂"成绩单系统，以信息化手段和大数据技术为支撑，以高校顶层设计为指导，以各部门协同推进为目标，梳理学生在校期间体现综合素质能力提升的指标数据，整理、记录并给予相应的评价。深度挖掘学生相关的海量数据，有效识别并合理提取有用信息，形成学生个性化知识图谱。搭建记录学生个体参与实习实训、社会实践、志愿服务的数据管理平台，梳理学生图书馆借阅记录等，从多视域多维度立体呈现学生综合素质教育推进情况，丰富学生综合素质评价标准，完善高校学生综合素质评价体系。以记录、梳理、评价数据形成高校思想政治教育工作闭环，实现对学生状态的动态观测、挖掘研判，推进大数据技术和信息化手段的分析运用，提升高校思想政治教育数据治理的实效性。

（二）高校思想政治教育数据治理的工作机制

数据治理是指从使用零散数据变为使用统一主数据，从数据混乱到主数据条理清晰的处理过程。而高校思想政治教育数据治理则是运用大数据技术和信息化手段识别、记录、挖掘思想政治教育相关数据，将大数据思维、

[①] 中共中央文献研究室编：《十五大以来重要文献选编》（中），人民出版社2001年版，第879页。

大数据文化、大数据应用与高校思想政治教育有机融合，推进高校思想政治教育向体系化、精准化、智慧化迈进，实现高校思想政治教育守正创新的理论与实践转向。

1. 以释放数据价值为目标

衡量大数据的标准主要是业界广为接受的 4V 特征：Volume 体量大、Variety 形态多、Velocity 速度快、Value 价值高但密度很低。由此可见，大数据并不直接对应着大价值，而是通过分析挖掘进一步释放数据价值才是大数据应用的首要目标。而高校思想政治教育数据治理恰恰是抓住了大数据的本质，在充分积累和收集教育相关数据的同时，以思想政治教育学科视域挖掘、分析数据产生新的洞见，并以此指导高校思想政治工作实践，进而最大限度释放数据的潜在价值。

改革开放时期的高校思想政治教育数据治理积累了大量师生的思想动态和行为活动数据，搭建了数据管理平台，科学分析、处理和应用相应数据，为建构和完善高校思想政治教育体系提供科学支撑和技术支持。顺应时代发展和社会进步的浪潮，挖掘海量数据可运用、可转化的内容并及时反映在高校思想政治教育的理论与实践中，不断增强高校思想政治教育数据治理的主动性、技术性和价值性。

2. 以确立数据资产地位为基础

改革开放时期高校思想政治教育取得了突破性进展，一方面各界高度重视思想政治教育科学研究，开展了思想政治教育科学化问题的讨论，积累了宝贵的理论数据资产，相关理论成果也体现在了国家制定的相关政策文件中。另一方面，结合思想政治教育实践开展学科建设，建立了高校思想政治工作研究会，积极开展相关科学研究，设立思想政治教育专业，培养学科专门人才，积累了丰富的实践数据资源，并在一次次政策文件的制定与实施中进一步完善，为实现高校思想政治教育数据治理规范化、体系化、现代化奠定了坚实的基础。

高校思想政治教育数据治理以理论数据和实践数据为核心要素，深化围绕数据开展的各项活动的方式、载体、平台等。通过确立相关数据的资产地位，把数据的归属、管理、交换等纳入高校思想政治教育治理体系中，强化数据安全与隐私保护。借由数据治理进一步巩固思想政治教育的"生命线"地位，有效防范和化解因数据泄露、使用不当、过分解读等引发的风险。规范数据资产的归属、使用等，建构高校思想政治教育数据治理规则，推进高校思想政治教育在网上网下空间的长效发展，确保数据资产的有效管理和合理运用。

3. 以制定数据管理体制机制为核心

伴随着高校思想政治教育数据的不断积累和应用层面的不断延展，制定高校思想政治教育数据管理体制机制成为保障数据规范和安全使用的重中之重。围绕立德树人根本任务，明确高校思想政治教育数据统筹管理部门，强化部门职能中的数据资源管理责任，逐步理顺高校思想政治教育数据管理机制。在挖掘、处理、应用数据资源的同时，强化各部门的教育、管理、服务职能，突出育人属性，加强各部门间的协同联动。围绕人才培养终极目标，顺应高校思想政治教育的变化，整合教育教学资源逐步健全高校思想政治教育数据管理制度。建构高校思想政治教育数据库，搭建集成式数据资源平台，助力精准识别需求、靶向诊治问题、科学制定决策，推进高校思想政治教育数据治理全生命周期的闭环式管理，推进高校思想政治教育创新发展。

二、完善高校思想政治教育大数据库关联预测精准供给

改革开放以来高校思想政治教育长足发展，大数据和信息化技术的运用给高校思想政治教育带来了机遇和挑战。一方面，资产阶级自由化思潮泛滥、频繁学潮的爆发、网络意识形态的介入都给传统高校思想政治教育的内容、形式和载体带来了极大的冲击。从"大水漫灌"到"精准滴灌"思想政治教育模式跨越式发展迫在眉睫。另一方面，大数据和信息技术与高校思想政治教育有机融合是时代发展的必然趋势。在大数据、人工智能等技术的全域性介入态势下，思想政治教育在实践理念和根本逻辑上与前沿科技深度互嵌，正在实现技术性变轨。建构并完善高校思想政治教育大数据库，实现合理关联、有效预测、精准供给是改革开放时期高校思想政

治教育数据治理的有效手段。

（一）高校思想政治教育科学研究推进数据库的多维应用

改革开放时期高校思想政治教育借助大数据和信息技术来准确识别、科学研判、精准应变，进一步搭建了高校思想政治教育的新场域，完善了高校思想政治教育的新供给，提升了高校思想政治教育的新效能。借由数据库的多维应用形成了精准匹配和联动协同的高校思想政治教育新模式。一方面，建构信息完善的学生状态数据库。以自主填报采集的学生背景信息为主的静态信息和以集成反馈的学生学业情况、奖惩情况、社会实践情况、志愿服务情况、科技创新情况、生涯发展情况等为主的动态信息为主要内容的学生状态数据库旨在全面呈现学生在校基本情况。利用数据信息融合集成的特点，全面采集、汇总非结构化数据并对数据进行标准化分析和处理，使之以结构化数据的形式呈现便于后期的分析、研判和政策制定。同时对数据库中学生状态异常数据，如单亲、家庭经济困难、心理异常、学业异常、违规违纪等情况加以研判，实现对关键环节、关键节点和关键人群的精准掌控，有效防范、化解和处理学生突发危机事件。另一方面，推进学生状态数据库的分析运用。将数据库海量数据的分析、研判结果多渠道、多形式、多维度地运用是实现高校思想政治教育精准化、现代化的有效途径。充分应用数据库信息能有效助力教育主体科学评估、精准研判学生的思想动态和行为状态，由此提供更为精细化的教育、管理、服务保障。多维应用数据库信息能提升高校思想政治教育者的管理水平，变传统经验式决策为数据辅助决策。依托数据库全方位、立体式解读学生的总体状态，客观评估教育、管理、服务效果，进一步提升管理决策的科学性、实效性和针对性。

（二）高校思想政治教育学科建设实现数据到知识的关联

改革开放时期提出并明确了思想政治教育是一门科学。学界围绕这门科学积极开展科学研究和学科建设。在加强和改进高校思想政治工作的理论和实践探索中总结经验教训，把握科学规律。一方面，为了更好推进思想政治教育学科建设，提高广大高校思想政治教育工作者的综合素质和业务能力，设置了思想政治教育及相关专业，用来培养思想政治教育专门人才。

高校思想政治教育专门人才队伍建设与培养有助于实现数据到知识的质性飞跃。数据库的多维应用使得科学研究范式、知识形态、知识获取、知识处理等机制发生巨大变革，适应大数据处理需求的新型知识管理模式呼之欲出。伴随着学科建设向纵深发展，高校思想政治教育工作队伍向专业化职业化迈进，专业人才熟练应用大数据及其他新兴信息技术和手段加强获取、分析、处理和预测知识的能力，借由知识融合发展实现对师生的精准化、信息化服务。另一方面，为了更好推进思想政治教育学科建设，在国家给予各方面政策支持之余，不断加强对思想政治教育研究的组织领导，进一步深化思想政治教育科学研究。通过对数据库信息加以解析、处理、评估、集成、修复等汲取和凝练学科知识，借由数据化手段，丰富学科知识库，为学科的基础理论研究、实践研究、政策研究等提供数据支撑。

（三）高校思想政治教育创新发展坚定数据治理科学化方向

大数据治理能有效地借助大数据分析技术，对公众的需求进行全面准确感知，满足公众的多样化需求，并作出有针对性的响应，实现与公众的良性互动。借鉴大数据治理优势，推进高校思想政治教育创新发展，实现精准思政的有益探索。注重将高校思想政治教育治理体系与大数据的融合创新，是高校思想政治教育数据治理的关键所在，也是高校思想政治教育数据治理的科学化发展方向。一方面，在建立高校思想政治教育数据库平台的基础上进一步完善高校思想政治教育数据管理系统。以体系化、制度化方式将师生数据合理利用、有效分析、长效管理，设置专门机构和人员进行数据库平台和数据管理系统的使用、维护和修复等，打通各职能部门数据渠道实现数据的有效流通和协同应用。同时，以高校思想政治教育的价值引领作用和科学化数据治理的技术优势防范和化解大数据和新兴信息技术手段所带来的风险，最大化实现大数据和新兴信息技术手段的科学化应用。另一方面，探索创新高校思想政治教育大数据方法，改变传统工作认知和思维方式，注重以算法为核心的大数据分析方法。依托以数据为中心的计算平台搭建数据模型，实现对师生的思想分析、行为分析、关联分析和动态分析，借助分布式查询优化技术，实现数据的有效查询与合理分析。大力普及大数据和信息化技术，强化大数据平台的基础设施地位，实现各职能部门和育人单位结合自身工作需要对各子系统自由组装，量身定制符合自身需求的大数据管理系统，并在实践操作中优化、完善并整合高校思想政治教育大数据管理系统，实现高校思想政治教育数据治理的工具化、平台化和自动化。

三、以加强高校思想政治教育数据集建设瞄定价值释放

数据集成指提供统一的访问接口、数据视图和查询语言，访问来自不同数据源的、异构的数据。在高校思想政治教育数据治理任务中，常常需要处理来自不同机构、部门的异构多源数据。借由数据集建设和数据集成处理实现对异构多源数据的有效整合，为多机构、部门统一查询数据和开展数据分析提供便利。借由高校思想政治教育数据治理揭示师生思想、行为等之间的关联、分类、趋势等关系，实现对危机事件和特殊情况的合理预判、前置处理。透过数据的表征形式挖掘数据内部的本质是释放数据价值的核心目标。

（一）合理建构高校思想政治教育数据管理支持系统

高校思想政治教育治理经历了从数字治理到数据治理的巨大飞跃，数据管理也从传统人工管理专向文件系统管理，最终进入数据库管理系统。而数据库管理系统又分为层次数据库、网状数据库、关系数据库、面向对象数据库，以及 NoSQL 数据库和 NewSQL 数据库几类。合理建构高校思想政治教育数据管理体系，选用合适数据库管理系统支持高校教育、管理、服务等各项工作是提升高校思想政治教育数据治理实效性的重要途径。而数据管理体系由数据处理的四个关键架构层组成：计算框架、数据分析、数据集成、操作框架。通过分层将复杂的数据问题拆分逐一解决，也可根据需要独立修改或扩充架构层的功能，提供多种备选解决方案。通过采用多种数据模型和计算模型实现对师生背景资料、学业情况、生活情况等数据加以采集、储存、查询和处理。以数据管理系统化建设为指向，实现大数据管理、服务的普及化，助力高校形成数据文化，高校思想政治教育工

作者养成数据思维，高校决策以数据事实为支撑，推进高校思想政治教育数据治理向系统化、工具化和自动化迈进。

（二）推动形成高校思想政治教育集成知识管理体系

伴随着大数据及新兴信息技术渗透到社会生活的方方面面，高校借由数据治理实现高校思想政治教育数字化转型也是顺势而为。高校思想政治教育数据治理通过技术存储、使用和分析数据资源，实现教育场域的转向和教育环境的拓展。通过搭建高校思想政治教育集成知识管理系统，有效整合线上线下教育教学资源，探索智能检索、在线阅读、云课程、远程学习等网络学习新模式。以一种集成式数据资源平台方式将思想政治教育数字化信息条理化，以便精准识别、科学决策、靶向诊治，全方位推进学生的认知转变、价值塑造、能力提升。同时，虚拟仿真、体验教学、实验教学等新模式的应用对知识管理系统提出了更多更高的要求。通过大数据和新兴信息技术建构虚拟空间，实现对知识的存储、传播、运用，师生在知识管理系统中自由发布信息，自主知识问答等不断学习、主动接纳新鲜事物。与此同时，面对数据技术呈现的新形态，引导学生正确认识和使用大数据和新兴信息技术，有效识别知识信息并做出自身价值判断和行为选择，充分发挥高校思想政治教育数据治理的价值引领作用。

（三）着力拓展高校思想政治教育数据质量评估能力

高校思想政治教育数据治理旨在通过数据整理、数据管理到数据分析的步骤实现数据预测和行为洞察的目标，最大限度释放数据价值，规避风险，指导决策。数据整理是数据管理的基础性工作，是实施数据治理的必要步骤，在数据治理过程中有非常关键的作用。尤其是数据质量评估能力决定了数据治理推进的程度与效度。高校思想政治教育数据质量评估帮助严格把握高校思想政治教育的方向。一方面，面对海量数据信息时，高校思想政治教育工作者需要引导学生有效查询和识别有用信息，自觉屏蔽和摒除不良信息，牢牢把握高校思想政治教育的政治性和先进性。只有不断提高高校思想政治教育工作者的数据质量评估能力，才能涵养学生数据素养和信息素质，提升学生的数据筛查、甄别能力。另一方面，面对异常数据、缺失数据等情况时，高校思想政治教育工作者要保持较高敏感度和警惕性，深度挖掘数据背后的学生个体情况，防范化解可能出现的突发危机事件。在数据质量评估过程中要加强与学生个体的沟通联系，通过数据可视化、学生反馈与交互等方式，进一步转变话语体系、组织模式、管理范式等靶向施策，提升高校思想政治教育的亲和力和针对性，增强学生的幸福感和满足感。

高校思想政治教育数据治理通过探索数据育人的新模式落实立德树人根本任务，把解决学生思想问题与实际问题相结合，引导学生为实现中华民族伟大复兴而不懈努力。在不断挖掘、运用大数据和新兴信息技术、手段的同时，也要注意破除对信息技术的过度依赖。从完善体制机制顶层设计、加强理想信念教育和价值引领、满足成长成才需要和改进信息技术等多方面考量不断推进高校思想政治教育数据治理向科学化、精准化发展。

第三节 发展期：新时代高校思想政治教育数据治理

中国特色社会主义进入新时代，这是我国发展新的历史方位。新时代赋予高等教育新的使命，也对高校思想政治教育提出了新的更高要求。党的十八大以来，习近平总书记多次强调推进思想政治教育与互联网融合发展，"要运用新媒体新技术使工作活起来，推动思想政治工作传统优势同信息技术高度融合，增强时代感和吸引力"，"适应信息化要求，强化互联网思维"，"科学认识网络传播规律，提高用网治网水平，使互联网这个最大变量变成事业发展的最大增量"。习近平总书记的指示精神为高校思想政治教育数据治理的探索创新提供了重要遵循。

同时，国家也先后出台了多部数据治理工作相关法律法规、政策文件，相关职能部门先后发布了《关于印发科学数据管理办法的通知》《数据安全管理办法（征求意见稿）》《关键信息基础设施安全保护条例》《"十四五"数字经济发展规划》《"十四五"大数据产业发展规划》《"十四五"国家信息化规划》等制度文件，推进大数据与社会生活的方方面面相互融合，以推动经济社会高质量发展。高校思想政治教育顺应社会发展大潮，乘着大数据和新兴信息技术的春风，肩负时代使命，为培养担当民族复兴大任的时代新人，实现中华民族的伟大复兴而不懈奋斗。

一、高校思想政治教育数据治理在重构重塑中优化转型

伴随着大数据、人工智能、云计算等的深入发展，思想政治教育大数据成为推动新时代高校思想政治教育数据治理发展进程的重要基石。新时代高校思想政治教育数据治理积极应对思想政治教育大数据在数据管理、共享开放、数据安全与隐私保护等方面的机遇与挑战，加强思想政治教育大数据的有效运用，推进高校思想政治教育科学决策、精准服务、优化升级。

进入新时代，面对百年未有之大变局，高校思想政治教育如何守正创新，激发人才培养的新动能是亟待解决的重大课题。重构高校思想政治教育体系，重塑高校思想政治教育人才队伍，优化高校思想政治教育方法途径，才能在新时代不断推进高校思想政治教育治理体系科学化、现代化。积极应对高校思想政治教育的现实困境，探索研究高校思想政治教育数据治理的有效路径，才能完成新时代高校思想政治教育数据治理的新任务和新要求。

（一）高校思想政治教育智慧化治理的基本架构

伴随着网络信息技术的革新，新时代高校思想政治教育的发展范式和创新路径都受到技术化的约束和选择。数字化、网络化、智能化不仅是新一轮科技革命的突出特征，更为加强和改进思想政治教育开启了重大的时代课题。这一重大时代课题的探索推进新时代高校思想政治教育实现从精准思政到智慧思政的范式转化，为新时代高校思想政治教育数据治理提供了新的发展通路

1. 加强新时代高校思想理论课建设

进入新时代，习近平总书记高度重视高校思想政治理论课建设，肯定思政课是落实立德树人根本任务的关键课程，强调思政课作用不可替代。加强新时代高校思想政治理论课建设，关键在于加强思政课教师队伍建设。要充分发挥思政课教师的主动性、积极性和创造性，提高教师队伍的媒介素养，善用大数据和新兴信息技术、多媒体手段，利用云课堂、翻转课堂、

慕课体系等加强师生互动,精准了解学生的认知情况、行为模式和内在需求,通过整体画像和个人画像分层分类引导学生,为教育教学提供全面参考。通过数据治理新平台、新模式、新载体大量收集、随时获取、及时处理师生的相关信息,在数据分析与判断中精准调整高校思想政治理论课的内容配比,实现思想政治教育入脑入心、精准到位。

加强新时代高校思想政治理论课建设,要进一步深化高校思想政治理论课改革创新。以多载体、多渠道深度推进习近平新时代中国特色社会主义思想进教材、进课堂、进头脑。依托高校移动互联网终端和WIFI全景式覆盖的技术优势,搭建万物互联、实时把握、动态分析的数据治理平台,实现师生双向互动轨迹的数据联通,助力思政课教师深度解析蕴藏在数据背后的学生心理与思想变化的真实情况。整合学生的兴趣爱好、行动规律等结合课程设计的预期目标和实施路径精准定制高校思想政治理论课实施方案,以学生个体的需求为出发点,通过人机协同实现定向推送、持续跟进,不断提升高校思想政治理论课的针对性和实效性。

2. 打造高素质、专业化高校思想政治教育队伍

新中国成立以来,高校思想政治教育工作的开展离不开思想政治理论课专任教师、高校辅导员、党政干部和团的干部等充分发挥自身积极作用。一方面,我国创立并实施高校辅导员制度,开展常态化思想政治教育。新时代高校思想政治教育数据治理在总结凝练理论理路和实践经验的同时,合理运用大数据和新兴信息技术手段,推进辅导员队伍建设向专业化、职业化方向发展。始终坚持"学生在哪儿,辅导员就在哪儿"的工作准则,不断提升辅导员网络媒介素养,涵养网络话语表达,有效开展网上网下思想政治教育。另一方面,高度重视并切实调动党政干部、团干部和思政课教师队伍的工作积极性,稳步推进三全育人体系构建,强化协同育人各环节各部门联动。从顶层设计上科学确立岗位配比,从结构设计上完善老中青专兼职结合的人才队伍,从能力素养上提升综合能力素质。着力构建思想政治教育人才数据库,依托动态数据加强后备人才和储备人才培养,加强专门人才的理论培训和实践研修。结合政策文件等,深度落实团干部直接联系青年制度,积极开展网上共青团建设,充分发挥数据治理新优势,

发挥好思想政治教育工作者直接联系、直接服务、直接引导学生的优势和作用。

3. 推进高校思想政治工作治理体系和治理能力现代化

《中共中央关于坚持和完善中国特色社会主义制度、推进国家治理体系和治理能力现代化若干重大问题的决定》指出:"坚持和完善中国特色社会主义制度、推进国家治理体系和治理能力现代化,是全党的一项重大战略任务。"[1] 推进高校思想政治工作治理体系和治理能力现代化也是国家治理体系和治理能力现代化战略任务的重要内容之一。尤其是围绕高校思想政治工作体系展开,着力构建数据治理体系,凝练总结高校思想政治教育工作经验,推进高校思想政治工作深化改革,突出数据治理的系统性、整体性、协同性尤为重要。高校思想政治工作体系应当有相对独立、各司其职的主体,有明确清晰的工作任务,有行之有效的实施载体,有规范科学的评价体制,至少应当包含队伍体系、任务体系、实践体系、保障体系四个子体系。高校思想政治数据治理遵循学生发展规律和思想政治工作规律,借助大数据思维、方法和载体,加强对高校思想政治工作体系一体化设计,为日常思想政治教育工作提供全新实践样态,助力智慧思政"大格局"的实现。高校思想政治教育数据治理主导搭建智慧大数据平台,实现对学生需求的精准定位、聚类内容的精准推送、教育效果的精准评估,着力推进全员育人、全程育人、全方位育人落地生效。

(二)高校思想政治教育智慧化治理的工作机制

进入新时代,推进精准思政向智慧思政转向是深化高校思想政治教育工作现代化改革的重要目标。顺应教育现代化发展进程,着力解决高校思想政治教育"碎片化"现实困境,构建高校思想政治教育智慧化治理的体制机制势在必行。以物联网、云计算、大数据、人工智能等技术为基础的智慧校园全景全域建设,为高校思想政治教育改革创新提供了重要技术支持。

---

[1] 《中共中央关于坚持和完善中国特色社会主义制度 推进国家治理体系和治理能力现代化若干重大问题的决定》,《人民日报》2019 年 11 月 6 日。

1. 以释放数据价值为目标

以智慧校园建设为核心的智慧思政通过收集海量数据,开展智能分析、分类整理、定向推送、重点预警等方式有效赋能思想政治教育的方方面面,在充分释放数据价值的同时进一步提升了高校思想政治教育的针对性和实效性。而高校思想政治教育智慧化治理的重点就是建构智慧校园环境,以智慧化校园工作、学习、生活一体化环境建设为目标实现师生、生生和高校资源的有效交互,充分释放数据价值。第一,高校思想政治教育数据治理集合各业务单位建设实施的各系统平台数据,整合系统内学生字段设置、数据资料统计、信息深度挖掘等功能,实时获取学生学习、生活、实践、娱乐等各方面数据信息,整体开展统计及关联智能分析,全面掌握学生实时思想动态。第二,高校思想政治教育数据治理实现了全面数据、过程数据、实时数据的集中收集,在智能分析之余易发现异常数据或失真数据集中所呈现的个人或群体性异常情况,并通过数据预警系统重点报警,提醒高校思想政治教育工作者及时开展排查工作,掌握学生真实动态,有针对性采取应对措施。第三,高校思想政治教育数据治理通过分类收集和管理高校思想政治教育的素材内容、图文资料等,结合学生个性特点、兴趣爱好等有针对性地进行定向推送,变学生被动吸收为主动传播。以登录、阅读、转发、点赞、讨论等实时数据掌握学生日常关切和学习重心,以搭建自主学习智慧化社区的形式,引导学生主动拓展学习。

2. 以确立数据资产地位为基础

高校思想政治教育数据治理向智慧治理迈进的一个重要标志就是数据资产都打上了"智慧"的烙印。首先,智慧思政营造了全景全域沉浸式技术化教学环境,采取虚拟现实、翻转课堂等多种技术相结合的手段,重构了高校思想政治理论课教学环节、教学内容、教学载体。结合数据资产的地位和作用有针对性地呈现不同学习场景,提升学生学习兴趣,增强课堂教学实效。其次,数据资产为高校思想政治理论课教学收集、存储了海量教学资料和实践案例。高校思想政治教育智慧化治理借助大数据、云计算以及人工智能等技术收集、加工、处理、整合各种教育资源,搭建种类繁多、内容丰富的数字化教学资源库，为师生随时取用教学资料和实践案例提供平台支撑。最后，高校思想政治教育智慧化治理借助数据资产提供的数据参考依据进一步完善智能化评估与反馈。根据人才培养质量评价体系和课堂教学评估体系等指标与要求抓取师生活动数据，利用算法建模统计、分析，形成更加科学有效的量化评价、动态评价和过程评价，进而助力高校人才培养、教育教学质量提升。

3. 以制定数据管理体制机制为核心

为加快教育现代化和教育强国建设，推进新时代教育信息化发展，教育部先后印发了《教育信息化2.0行动计划》《关于加强新时代教育管理信息化工作的通知》《2021年教育信息化和网络安全工作要点》等政策文件，指导高校推进智慧校园建设的同时为高校思想政治教育智慧化治理提供了政策支持。智慧校园平台、体系、环境建设是高校思想政治教育智慧化治理有效开展的重要前提，而形成多部门协同全员参与，涵盖理论教学、实践探索、岗位实习和课外活动的第一课堂和第二课堂兼具的全方位、全过程的高校思想政治教育智慧化治理机制才是高校思想政治教育守正创新的核心。运用智慧校园服务高校思想政治教育是构建机制的初衷也是检验机制成功运行的重要标志。以建设智慧平台为基础，输出数据信息为重点，运用大数据、云计算以及人工智能等新兴技术手段，制定并遵循数据管理机制、数据应用机制、数据保障机制等，确保高校思想政治教育数据资源的有效管理和合理应用。

4. 以实现数据共享开放为重点

新一代信息技术革命引发了新时代高校思想政治教育形态和维度的深层变革，新时代高校思想政治工作在现实维度之外又增加了虚拟维度的网络思想政治教育，两种维度在日常实践中愈发呈现出相互融合、相互借鉴、协同联动的发展态势。以大数据和新兴信息技术为内生动力来驱动高校思想政治教育智慧化治理，实现数据开放共享是新时代高校思想政治教育智慧化治理的重中之重。高校积极开展开放数据集建设，营造更好的数据汇聚与应用的环境，避免出现"信息孤岛"或信息不对称而引发的教育盲点。高校内部的数据共享应进一步统一标准，采取数据集成和数据管理等方式进一步规范数据共享的流程和范式，满足各职能部门对开放数据的需求。实现数据共享开放是高校思想政治教育数据治理的关键环节，通过制定数据共享开放标准，结合实操技术和数据库资源，分类指导各职能部门搭建数据共享体系，支撑各类业务流程，打破职能部门间的数据壁垒，加强高校数据资源共享开放的开发利用，才能有效推进高校思想政治教育智慧化治理进程。

5. 以确保数据安全与隐私保护为底线

高校思想政治教育智慧化治理是新时代大数据与高校思想政治教育融合发展的大势所趋。当前，推进大数据与思想政治教育融合发展，既要保持"技术敏感"又要避免"技术迷信"，既要把握"理论可行"又要注重"实际可行"。一方面要深刻认识到高校思想政治教育数据应用的特殊性，对于人的评价应该是多维立体动态的，仅仅依靠大数据收集、处理和分析的结果做出判断较为单一，具有一定的局限性。另一方面，新兴信息技术的运用应遵循技术伦理，加强对可靠性、可用性大数据的鉴定和筛选，在保障数据安全的同时保护师生隐私信息，促进和保障高校思想政治教育持续健康发展。结合高校思想政治教育数据泄露、窃取等实际案例，切实制定行之有效的数据安全保障制度，确保师生及各职能部门的数据安全。同时，加强高校思想政治教育工作者的数据安全意识和专业技术培训，规范参与主题、共享方式、监督与审查机制等各环节流程，确保建立起多维度、多层面较为完善的闭环式数据安全与隐私保护体系，更好推进高校思想政治教育数据治理朝更健康更安全的方向发展。

（三）多学科交叉视域下的高校思想政治教育智慧化治理

我国社会主义现代化事业进入新的历史阶段，国家治理现代化的提出也为新时代高校思想政治教育数据治理指明了前进方向。"治理现代化的理念要求渗透于经济社会发展的各个领域，为不同领域的创新发展提供了思想智慧与实践思路。"新时代高校思想政治教育数据治理不仅仅是大数据与高校思想政治教育在技术层面的有机融合，更应从法学、经济学、管理学、计算机科学与技术等多学科视域出发探索数据治理的客观规律、价值意蕴、发展进路。一方面,从理论层面加强多学科领域对于数据治理的研究,并给予新时代高校思想政治教育数据治理实践以科学指导。另一方面,解决新时代高校思想政治教育数据治理的复杂关系和现实问题,亟须多学科知识体系支撑,以综合性、交叉性的跨学科视域和方法取长补短,才能切实解决新时代高校思想政治教育数据治理进程中的矛盾和问题,推动构建和完善一体化融合的智慧校园环境。由此,多学科视域下的新时代高校思想政治教育数据治理的理论研究和实践探索任重而道远,探索空间广阔。在梳理与整合不同学科对于高校思想政治教育数据治理的基本认知和理论阐释差异过程中,要进一步探索数据治理的本质内涵、客观规律和价值指向,促进和保障新时代高校思想政治教育数据治理向纵深发展。

二、实现高校思想政治教育知识图谱应用转化智慧升级

大数据、云计算、人工智能等新兴信息技术为新时代高校思想政治教育数据采集、处理与应用提供了强有力的支撑。推进高校思想政治教育数据转化为信息再上升为知识的过程,离不开知识图谱技术的合理应用。知识图谱是一种新兴的数据转化与知识化表达技术,可以将各种不同来源与类型的知识连接在一个能体现出各种关系的网络中,从而既表达出所要展示的知识内涵,又揭示了它们之间的各种联系。运用知识图谱可视化知识表达功能,深度挖掘新时代高校思想政治教育数据治理智慧化升级的核心要义,有助于推进高校思想政治教育内涵式发展。

(一)实现智能数据质量把关

结合国家"互联网+"、大数据、新一代人工智能等重大战略的任务安排,进一步加强和完善新时代高校思想政治教育数据治理的制度体系,有力推进智慧校园建设和教育信息化转型升级。构建新时代高校思想政治教育知识图谱,以统一的三元组形式运用自然语言处理技术和机器学习方法,实现自动化、智能化知识表达与知识获取。在此过程中以规范的形式统一表示相关数据和知识,并对异构数据进行消歧和融合,实现智能数据的质量把关。通过大数据及其他新兴技术手段实现大规模、跨学科、全覆盖的

知识采集、存储与使用，帮助高校思想政治教育工作者进一步认识、理解并运用相关知识创新方式方法，改革路径载体，科学决策部署。在指导新时代高校思想政治教育数据治理日常实践的同时，发展数据思维能力，为高校思想政治教育学科发展和科学研究提供理论支撑。

（二）实现以技术带动应用

新时代高校思想政治教育智慧治理作为推进"互联网＋教育"发展的高级形态，是推进高校思想政治教育现代化的必然选择。面对数据资源开发与服务能力、信息化学习环境建设水平、信息化教学应用能力等与新时代高校思想政治教育发展不适配的情况，进一步扩大信息技术的影响力，以技术带动应用加快智慧校园建设是有效解决途径之一。一方面，要加快课堂教学信息化建设。响应国家在《新时代高校思想政治理论课教学工作基本要求》《关于深化新时代学校思想政治理论课改革创新的若干意见》等制度文件中的要求，推进大数据、人工智能等新兴信息技术在课堂教学中的应用，实现传统教学方式与新兴信息技术的有机融合。开展校企合作、各部门协同建设，推进智慧教师、数字教材、网络课程、名师资源等建设，以技术支持和设施准备为基础，确保新兴信息技术的有效应用。另一方面，要加强人机协同的有效运用。通过建设智慧校园搭建人性化、网络化、智能化的高校学习、生活、工作场景，帮助师生适应人机协同新常态，挖掘深度学习的数字化、智能化资源。同时，增强师生"屏对屏"网上交流互动能力，在拒绝"技术至上"的误区和摆脱"技术迷信"的依赖过程中，更加细致、动态、积极地了解、关注、识别学生思想、情感、心理等各层面的变化，将高校思想政治工作做小做细做实。

（三）实现从"经验型"向"法治型"转变

高校思想政治教育数据资源在协同育人领域的广泛应用给新时代高校思想政治教育数据治理带来了新的赋能，也给构建新时代高校思想政治教育治理体系提出了新的机遇和挑战。新时代高校思想政治教育数据治理以立德树人为主要目标，在促进和保障高校思想政治工作有序、规范开展的同时兼顾防范和化解育人过程中的各种风险。一方面，新时代高校思想政治教育数据治理强调对数据资产的法治，实现高校思想政治教育体系建构从"经验型"到"法治型"的转变。高校思想政治教育相关大数据生成的客观性、真实性和有效性不能单单依靠教育工作者的经验判断，更需要制定相关法律制度来保障大数据的有效筛选和鉴别。避免出现无效信息、失真数据、碎片数据、垃圾数据等干扰正常的数据治理过程，防止因经验性预判导致高校思想政治教育的调查与研究走向歧途，进而得出与事实完全不符的错误结论，影响高校思想政治工作者的正确决策。同时，高校思想政治教育相关大数据的处理与使用也应加强法治监管，教育工作者依法依规使用数据信息，确保数据安全，加强对师生隐私信息的保护。避免出现因经验性认识、工作惯性等随意处理数据信息，谨防出现数据泄露、数据窃取等易造成数据监管与治理漏洞的严重问题出现。另一方面，高校思想政治教育数据治理强调对算法的规制，实现高校思想政治教育体检建构从"经验型"到"法治型"的转变。数据分析算法在智慧校园建设中的广泛应用也引发了高校对于算法黑箱、算法偏见、算法安全、算法滥用与误用等问题的担忧。尤其是在智慧校园建设过程中，各职能部门根据工作需要引进的第三方公司提供的相应平台、数据分析服务等，更不能仅凭合作年限和运行结果来做出经验性判断，应要求第三方公司在可控范围内公开算法，开展算法审计等，对于出现数据泄露、数据遗失等严重后果的需推进算法问责等措施。新时代高校思想政治教育数据治理要坚守法治的理念，推进治理制度和模式创新，制定数据流转的基本原则和规范，促进大数据有效应用，使大数据技术真正服务于高校人才培养、教育教学等各个环节。

三、以搭建高校思想政治教育智慧化平台建立规范秩序

伴随着时代发展和技术进步，搭建高校思想政治教育智慧化平台，推进智慧校园建设，建立新时代高校思想政治教育数据治理的规范秩序为实现智慧思政提供了现实基础和有效保障。以物联网为基础建设智慧化校园平台，构建高校学习、生活、工作一体化拟态环境，实现师生对校园资源

的实时使用，最大限度地实现智慧化校园管理和服务的全时段、全覆盖。将教育、管理、服务、科研、教学等各职能与相应智慧化应用平台整合对接的过程中，进一步梳理大数据采集、使用、分析、处理的规范，制定数据共享开放与安全保护的制度流程，努力推进高校思想政治教育智慧化发展，着力提升新时代高校思想政治教育数据治理的育人功效。

（一）基本形成部门协同的高校思想政治教育数据共享共用格局

新时代高校思想政治教育数据治理的一大重要目标就在于整合各职能部门现有的数据系统或平台，构建多部门协同的高校思想政治教育数据共享共用大格局。大数据的积累需要持续较长时段、获取海量样本，在此基础上的数据处理与分析才能释放出大数据的有效价值。而实际上师生相关数据并非集中在同一平台，高校各部门结合部门职责与分工开发并使用的大数据平台大多只面向师生部分数据展开收集，同时部门间的数据流通存在壁垒，互为"数据孤岛"，整合数据信息存在较大困难。而同样属性的数据集因收集标准和要求不统一，存在重复统计和统计结果不一致的情况。耗时耗力耗财缺容易采集到虚假数据和无效数据，更无法满足新时代高校思想政治工作的需要。因此，整合建构各部门协同的高校思想政治教育数据共享共建的技术、平台和工作格局势在必行。一方面，要引导各部门工作者树立正确的大数据观，在科学掌握大数据及新兴信息技术的同时，充分发挥大数据服务高校思想政治工作的效能。有规划、有重点、有周期地开展多部门间的数据流转，加强部门间网上网下互动交流，促进数据共建共享共用机制体制的建构，从各部门多视域为数据信息的识别、筛选、分析提供支持，为师生完成精准全面个人画像提供支撑。另一方面，要加强高校大数据中心建设，以统一标准统筹规划，确保数据信息的采集真实有效。以智慧校园建设为契机，积极探索校内自建网络平台与付费商业网络平台间数据共享共用的模式。在保障数据安全和个人隐私的前提下，从多维度多视域采集学生数据轨迹，通过数据挖掘和数据清洗进一步确定数据标准，从而为后期数据分析、处理和决策提供支撑，为新时代高校思想政治教育数据治理提供可靠依据。

（二）探索实现高校思想政治教育开放数据集建设

高校思想政治教育数据来源具有复杂性、动态性和延续性。运用知识图谱呈现学生个人画像的关联分析可见学生有效数据的来源不仅仅来自高校，同时也来源于社会环境、家庭背景、成长经历等。新时代高校思想政治教育数据治理探索开放数据集建设，汇聚社会—家庭—学校大数据信息，更好地服务于大数据的汇聚与应用，进而助力学生的成长成才。一方面，高校思想政治教育开放数据集建设有助于汇聚更多数据资源，更加精准全面完整地完成学生个人画像，了解学生思想动态、行为举止和心理变化的本质原因，更好地开展思想政治教育或实施其他帮扶措施。另一方面，高校思想政治教育开放数据集建设有助于社会—家庭—学校协同联动机制，整合学生全生命周期成长数据，提升数据挖掘、加工、处理的精确性和有效性，为学生成长和发展提供更为精准、全面地预测性分析，引导学生发挥主观能动性，结合自身实际特点做好生涯规划，实现自我价值。

（三）试点应用校党委主导的高校思想政治教育智慧平台

2022年教育部继推动实施了慕课建设、国家一流课程建设、虚拟教研室建设等系列计划后，正式启动了教育数字化战略行动，推出了国家智慧教育平台。新时代高校思想政治教育数据治理助力推进试点应用国家智慧教育平台及校党委主导自建的校内智慧教育平台。一方面，应用国家智慧教育平台及校党委主导自建的校内智慧教育平台能通过更加高效、便捷、统一的接入口，实现好课、优课一站式服务。师生不必再费时耗力自主检索各平台优质资源，也无须在广告等待中消耗分散精力。国家智慧教育平台和校内智慧教育平台有效整合、汇聚了优质师资与内容，实现了各高校名师、优课资源的在线实时共享，为学生开展深度学习、高质量学习提供平台支撑。另一方面，应用国家智慧教育平台及校党委主导自建的校内智慧教育平台有助于推进教学模式创新和改进教育评价方式。智慧教育平台的应用支持跨年级、跨班级、跨学科开展自主学习，借助智能化教学辅助和支持服务实现个性化、差异化教学。并通过全程无感式、伴随式数据信息采集,形成动态过程评价,帮助师生及时调整学习进程,提高学习质量。由此,试点应用国家智慧教育平台和校党委主导的校内智慧教育平台为变革高校教育教学范式、数据治理范式提供了新动能,进而推进高校思想政治教育高质量、内涵式发展。

(四)着力加强高校思想政治教育数据安全与师生隐私保护

随着高校思想政治教育数字化进程的推进,高校思想政治教育数据资产地位的确立,数据安全与隐私保护成为新时代高校思想政治教育数据治理进程中的一大隐患。2021年第十三届全国人民代表大会常务委员会第二十九次会议通过《中华人民共和国数据安全法》,从立法层面为加强高校思想政治教育数据安全与师生隐私保护提供了法律支撑。针对大规模的数据泄露、数据监听、数据窃取所引发的数据安全与隐私保护等问题,积极构建新时代高校思想政治教育大数据安全体系迫在眉睫。

第一,要建立高校思想政治教育大数据运行安全体系,强化对各职能部门相关数据采集、流通等全过程的监控,确保大数据传输、流转的安全可控。规范各部门数据使用、分析、处理流程,做好应急响应和数据备份等预案,有效规避各环节可能出现的数据安全风险,保护师生个人隐私。

第二,要建立高校思想政治教育大数据技术安全体系,采取加密技术、融合技术、脱敏技术和溯源技术等解决高校思想政治教育大数据应用层面的安全问题。从身份识别、数据管控、流程管理等方面夯实本部门数据采集、开放及应用维度的安全基础,从入侵检测、病毒防护等方面警惕部门之间、校企之间等在合作过程中安全隐患,做好师生隐私保护。

第三,要建立高校思想政治教育大数据安全过程管理体系,采用PDCA循环(计划—执行—检查—处理)的方法对大数据安全防护对象进行全生命周期的安全防护管理,以确保安全风险得到控制。从数据分布、数据存储、数据清洗与分析、数据使用的各个环节建立全生命周期的数据隐私保护流程,在各个环节加强数据管理者的安全责任意识,对于不同类别的数据管理者进行分开授权,限制一定范围内的数据访问,进一步确保数据内容安全、数据操作安全、数据隐私安全。加强第三方数据监管,形成闭环式数据安全管理流程，做好全员、全过程、全方位数据监管和安全保护，全面保护师生隐私。

新时代高校思想政治教育数据治理积极建构大数据管理体制机制，搭建大数据共享开放平台，积极建设开放数据集，确保数据安全与隐私保护。在坚持应用大数据、云计算、人工智能等新兴信息技术与高校思想政治教育深度融合的理念，建立健全新时代高校思想政治教育数据治理体制机制，构建网络化、数字化、智能化的教育教学体系，推进新时代高校思想政治教育高质量、内涵式发展。

第三章
高校思想政治教育数据治理的理论基础与思想资源

习近平总书记指出:"这是一个需要理论而且一定能够产生理论的时代,这是一个需要思想而且一定能够产生思想的时代。"[①] 时代的前行为理论的孕育提供丰富滋养,理论的形成反过来有力推动着实践的创新。高校思想政治教育治理作为国家治理现代化的应有之义,是新时代思想政治教育守正创新的重要方向,大数据作为高校思想政治教育治理的构成要件,是推动思想政治教育实现守正创新的重要力量。当前推进大数据与高校思想政治教育的深度融合既要注重"实际可行",又要注重"理论可行",既需要以马克思主义技术哲学和习近平新时代中国特色社会主义思想,特别是习近平有关国家治理现代化、思想政治教育和网络强国战略重要论述作为理论基础,也需要以信息哲学、大数据理论等其他学科的相关成果作为思想资源,建构起高校思想政治教育数据治理的理论体系,从而为高校思想政治教育数据治理的实践探索提供学理支撑和理论指导。

第一节 高校思想政治教育数据治理的理论基础

高校思想政治教育数据治理的理论创新和实践探索首先离不开基础理论的支撑与指导,高校思想政治教育数据治理的理论基础包括马克思主义

[①] 习近平:《在哲学社会科学工作座谈会上的讲话》,《人民日报》2016年5月19日。

技术哲学和习近平新时代中国特色社会主义思想，尤其是习近平有关国家治理体系和治理能力现代化、思想政治教育和网络强国战略重要论述。马克思主义技术哲学是立论之源，为高校思想政治教育数据治理提供价值遵循和审视向度等。习近平新时代中国特色社会主义思想，尤其是习近平有关国家治理体系和治理能力现代化、思想政治教育和网络强国战略重要论述是立论之基，为高校思想政治教育数据治理提供目标原则和路径指向等。

一、马克思主义技术哲学为立论奠基

马克思恩格斯虽然没有明确使用"技术哲学"这一概念，但是关于科学技术的哲学之思却分布在大量的经典文章之中，散发着理性的光辉，是其为后世留下的宝贵思想遗产。实际上，马克思恩格斯对技术的思考本身就是历史唯物主义的重要内容。"马克思不仅有非常丰富的技术哲学思想，而且他关于技术的哲学认识，构成其全部哲学思想的核心和关节点之一，换句话说，他的极其丰富而深刻的哲学思想，是以他对技术、工业和以技术为基础的现代生产活动的深刻认识为前提的。"[①] 高校思想政治教育数据治理作为一种运用信息技术、大数据技术进行思想政治教育治理的实践活动，技术无疑是其基本范畴之一。虽然大数据、云计算、人工智能等是新兴技术，与马克思恩格斯所处时代的机器技术有着很大差别，但也遵循着马克思主义技术哲学揭示的基本发展规律以及对社会和人的作用规律。因此，高校思想政治教育数据治理的理论建构与实践发展需要从马克思主义技术哲学中汲取养分。具体来看，马克思主义技术哲学主要从技术与社会和技术与人两大方面提供了重要的理论资源，为高校思想政治教育数据治理提供了立论之源。

（一）技术与社会的关系

就技术与社会的关系而言，马克思主义坚持历史辩证法，既看到科学技术对人类社会发展和社会结构的重要作用，也看到社会环境对科学技术

[①] 乔瑞金：《马克思技术哲学纲要》，人民出版社2002年版，第20页。

发展的反作用，既反对忽视科学这种革命力量的唯心主义，也反对忽视技术的社会性的"抽象的自然科学唯物主义"，为我们分析、运用大数据技术提供了基本立场和重要方法论。

第一，科学技术是第一生产力，科学回答时代之问就必须充分认识、深刻理解代表生产力水平的科学技术的性质和特征。马克思主义揭示了生产力决定生产关系，生产力是人类社会发展的最终决定力量，它从归根结底的意义上决定着社会的性质、面貌和发展趋势。而在生产力结构中，科学技术处在首要地位。马克思指出"随着新生产力的获得，人们改变自己的生产方式，随着生产方式即谋生的方式的改变，人们也就会改变自己的一切社会关系"①，所以"手推磨产生的是封建主的社会，蒸汽磨产生的是工业资本家的社会"②。这启发我们，要正确把握时代性质，科学回答时代之问就必须充分认识、深刻理解代表生产力水平的科学技术的性质、特征等。马克思本人非常关注自然科学研究及其最新成果，特别重视自然科学在生产中的应用研究。"在马克思看来，科学是一种在历史上起推动作用的、革命的力量。任何一门理论科学中的每一个新发现，即使它的实际应用甚至还无法预见，都使马克思感到衷心喜悦，但是当有了立即会对工业、对一般历史发展产生革命影响的发现的时候，他的喜悦就完全不同了。"③正是在深入考察了力学、化学、生物学等自然科学最新成果及其在生产中的应用，在科学分析了由动力机、传动机和工具机构建而成的大机器体系的本质和运行规律的基础之上，马克思深刻揭示了19世纪新生产力的性质以及资本主义社会经济运行的规律和趋势。多年前，马克思指出，"作为我们19世纪特征的伟大事实"是现代资本主义社会出现了以往任何时代都难以想象的科学技术和工业力量，强调这是一件"任何政党都不敢否认的事实"。④以马克思主义为指导思想的中国共产党始终代表先进生产力，一直高度重视和大力推动科学技术的发展，密切关注和全面把握科学技术发展的事实对各项工作的重大意义，及时把握科学技术的发展特征，主动适应生产力

---

① 《马克思恩格斯文集（第1卷）》，人民出版社2009年版，第602页。
② 《马克思恩格斯文集（第1卷）》，人民出版社2009年版，第602页。
③ 《马克思恩格斯全集（第19卷）》，人民出版社1963年版，第375页。
④ 《马克思恩格斯选集（第1卷）》，人民出版社2012年版，第775页。

的发展趋势。习近平总书记强调指出,在实现中国梦的关键时期,"我们比以往任何时候都更加需要强大的科技创新力量","科技创新是提高社会生产力和综合国力的战略支撑,必须摆在国家发展全局的核心位置"①。高校思想政治教育在新时代的改革创新同样不能忽视信息时代、大数据时代的到来带来的机遇和挑战,必须给予这一事实与思想政治教育的关系足够的重视和全面的研究。

第二,要区分科学技术运用的社会性质及其带来的不同结果,要坚持以人为本、以人民为中心的技术发展和使用原则。在"抽象的自然科学唯物主义"看来,技术只是某种物质形态,而在历史唯物主义视域中,技术不仅表现为一种生产力、劳动资料,而且体现了人和人之间的社会关系,因此不能忽视技术的"历史因素"和"社会因素",即不能脱离特定的历史性和社会形式来考察现代技术。"透过机器技术或技术的'物质形态'来揭示其历史性质和社会形式,把社会关系作为技术的内在规定性,把技术归诸社会范畴,这是马克思追问技术的本质的独特视角,也是马克思思想的深刻之处,体现了马克思对现代技术之思的创造性。"②马克思主义技术哲学的这一创造性思路充分体现在《资本论》中。在《资本论》中,马克思解决了资产阶级经济学家未能解决的一个问题:为什么机器的发明和应用,并没有减轻工人的劳动强度,相反成为工人受压迫更严重的原因?他强调指出,要区分机器的使用和机器的资本主义使用。受资本主义私有制条件的束缚,机器的使用不但不是工人解放的手段,相反使工人的异化、被剥削程度加深。换言之,资本主义社会技术运用的原则是以资本为本,以提高利润率为发展目的。而在社会主义制度下,技术的运用坚持以人为本的价值原则,即以促进人的全面发展为目的。列宁曾指出:"无产阶级的或苏维埃的民主则不是把重心放在宣布全体人民的权利和自由上,而是着重于实际保证那些曾受资本压迫和剥削的劳动群众能实际参与国家管理,实际使用最好的集会场所、最好的印刷所和最大的纸库(储备)来教育那些被资本主义弄得愚昧无知的人们,实际保证这些群众有真正的(实际的)可

---

① 《习近平谈治国理政》,外文出版社 2014 年版,第 119 页。
② 刘日明:《马克思的现代技术之思》,《学术月刊》2020 年第 4 期。

能来逐渐摆脱宗教偏见等等的束缚。"①列宁提到的印刷所、纸库等传统媒介技术和载体在社会主义国家用来教育人们摆脱资产阶级意识形态的欺骗和宗教偏见的束缚，即运用这些技术工具完成马克思主义大众化，对人民启智润心。今天，媒介技术已经发展到互联网、新媒介阶段，我们依然要坚持技术运用的人民立场。习近平总书记在网络安全和信息化工作座谈会上明确指出："网信事业要发展，必须贯彻以人民为中心的发展思想。"②坚持科学技术的社会主义运用，内蕴坚持党的统一领导，因为中国共产党的领导是中国特色社会主义最本质的特征，只有坚持党的集中统一领导，才能确保技术的社会主义应用，因此，"要加强党中央对网信工作的集中统一领导，确保网信事业始终沿着正确方向前进"。③

第三，社会环境，特别是制度环境对科技发展起着反作用，科学技术必须同社会发展相结合。恩格斯在致瓦·博尔吉乌斯的信中对社会需求对技术的推动作用做出了深刻阐述："如果像您所断言的，技术在很大程度上依赖于科学状况，那末科学却在更大的程度上依赖于技术的状况和需要。社会一旦有技术上的需要，则这种需要就会比十所大学更能把科学向前推进。"④习近平总书记曾用清朝政府组织传教士绘制中国地图但只作为密件收藏内府的例子来说明"科学技术必须同社会发展相结合"必要性和重要性，否则学得再多，发明的东西再先进，如果束之高阁，就只是一种猎奇、雅兴，把科技当奇技淫巧，不可能对现实社会产生应有的促进作用。换言之，科技成果要向现实生产力及时转化。习近平总书记指出："多年来，我国一直存在着科技成果向现实生产力转化不力、不顺、不畅的痼疾，其中一个重要症结就在于科技创新链条上存在着诸多体制机制关卡。"⑤为此，必须要深化科技体制改革，破除一切制约科技创新发展的思想障碍和制度藩篱，打通从科技强到产业强、经济强、国家强的通道。同理，现代信息技术、

---

① 《列宁全集（第36卷）》，人民出版社1985年版，第85-86页。
② 习近平：《在网络安全和信息化工作座谈会上的讲话》，《人民日报》2016年4月26日。
③ 习近平：《习近平在全国网络安全和信息化工作会议上强调 敏锐抓住信息化发展历史机遇 自主创新推进网络强国建设》，《人民日报》2018年4月22日。
④ 《马克思恩格斯全集（第39卷）》，人民出版社1974年版，第198页。
⑤ 《习近平谈治国理政》，外文出版社2014年版，第125页。

大数据技术要与思想政治教育深度融合,推动思想政治教育理论生产力和育人效能的提升,就需要建构思想政治教育数据治理的治理体系,破除制约思想政治教育数据治理的思想障碍和机制藩篱。

(二)技术与人的关系

就技术与人的关系而言,马克思主义坚持辩证分析的基本态度,既看到技术进步对人存在方式的深刻改变,对人解放的重要价值,又揭示了技术发展对人的异化的问题,既反对拒绝技术进步的浪漫主义,又反对技术发展无反思批判的实证主义,为我们全面把握大数据技术的意义和运用界限提供了价值评价原则和反思的向度。

第一,技术的本质是人本质力量的延伸,借助于"技术—工业"人把自在自然变为人类学自然界,为自身的解放创造条件。马克思指出:"自然科学却通过工业日益在实践上进入人的生活,改造人的生活,并为人的解放作准备。"[1] 即技术革新和产业变革是密切相连的,技术存在的特点是(技术)群的存在方式和(技术—产业)链的作用方式。当马克思说"工业的历史和工业的已经产生的对象性的存在,是一本打开了的关于人的本质力量的书,是感性地摆在我们面前的人的心理学"[2] 时,也是在说技术是一本关于人本质力量的书。换言之,技术具有属人性,是人特有的存在方式和存在优势,技术在将自在自然变为人类学自然的同时,将人从自然存在物变为人的自然存在物,所以技术发展是人不断获得解放的基本条件。但在马克思主义之前,"对这种心理学人们至今还没有从它同人的本质的联系上,而总是仅仅从外表的效用来理解,因为在异化范围内活动的人们仅仅把人的普遍存在,宗教或者具有抽象普遍本质的历史,如政治、艺术和文学等等,理解为人的本质力量的现实性和人的类活动"[3]。正如以色列当代历史学家尤瓦尔·赫拉利(Yuval Noah Harari)所言,马克思"了解新的科技现实及人类的新体验,因此能够针对工业社会的新问题提出切中要点的答案,也

---

[1] 《马克思恩格斯全集(第42卷)》,人民出版社1979年版,第128页。
[2] 《马克思恩格斯全集(第42卷)》,人民出版社1979年版,第127页。
[3] 《马克思恩格斯全集(第42卷)》,人民出版社1979年版,第127页。

能提出原创的想法，告诉人如何从前所未有的机会中得利"①，马克思主义开辟了从技术入手分析社会结构、人的存在方式的思维路径，这对我们加深思想政治教育数据治理的规律性研究有着重要的方法论意义。

第二，科学技术不仅改变人们的生活方式和交往方式，而且推动人的世界观和思维方式发生深刻变革。马克思认为，预告资产阶级社会到来的三大技术——火药、指南针和印刷术，也是"对精神发展创造必要前提的最强大的杠杆"②。恩格斯指出："甚至随着自然科学领域中每一个划时代的发现，唯物主义也必然要改变自己的形式"③，"每一个时代的理论思维，包括我们这个时代的理论思维，都是一种历史的产物，它在不同的时代具有完全不同的形式，同时具有完全不同的内容。因此，关于思维的科学，也和其他各门科学一样，是一种历史的科学，是关于人的思维的历史发展的科学。这一点对于思维在经验领域中的实际运用也是重要的。"④和历史上曾经出现过的重大科技创新一样，大数据技术群不仅带来大利润、大发展，也会带来大知识、大科学。习近平总书记指出："当今世界，信息技术革命日新月异，对国际政治、经济、文化、社会、军事等领域发展产生了深刻影响。信息化和经济全球化相互促进，互联网已经融入社会生活方方面面，深刻改变了人们的生产和生活方式。"⑤互联网技术对人们生产生活方式的改变集中体现在数字经济的出现和快速发展，虚拟交往的出现和深入发展，尤其是对当代青年来说，网络不仅仅是他们学习娱乐的工具、获取资讯的渠道，更重要的是他们的日常生活。如果说互联网的出现给现代人在物理空间之外开辟了一个崭新的生活空间，二者一开始是相对分立的，那么随着现实增强技术、物联网等技术的发展、成熟和普及，分立的两个生活空间将日益交叉叠合。不仅如此，"互联网是一个社会信息大平台，亿万网民在上面获得信息、交流信息，这会对他们的求知途径、思维方式、价值观

---

① ［以］赫拉利：《未来简史》，林俊宏译，中信出版社集团2017年版，第245页。
② 《马克思恩格斯全集（第47卷）》，人民出版社1979年版，第427页。
③ 《马克思恩格斯选集（第4卷）》，人民出版社2012年版，第234页。
④ 《马克思恩格斯选集（第3卷）》，人民出版社2012年版，第873—874页。
⑤ 《习近平主持召开中央网络安全和信息化领导小组第一次会议强调　总体布局统筹各方创新发展　努力把我国建设成为网络强国》，《人民日报》2014年2月28日。

第三章　高校思想政治教育数据治理的理论基础与思想资源

念产生重要影响,特别是会对他们对国家、对社会、对工作、对人生的看法产生重要影响。"① 新时代高校思想政治教育必须要主动适应信息技术的新发展,思想政治教育工作者不仅要有在网络空间开辟阵地的主动意识,还要形成适应互联网特点的跨界思维方式和教育方式的自觉行动,才能掌握网络领域的话语权,提高网络领域的思想引领力,提高对网络意识形态治理的贡献度,完成维护网络意识形态安全的职责。

第三,要辩证地看待技术对人的解放发展的影响,既要看到技术进步的重大意义,也要反思技术异化问题。马克思主义技术哲学本质上是技术批判哲学,对技术的反思审视的维度构成马克思主义技术哲学的重要特质。马克思主义对技术的反思,是对其给人的存在方式、生活世界带来的变革,尤其是引发的问题或者说其使用的边界、有效性的反思,避免人使用技术异化为技术使用人。马克思主义反对技术决定论、唯技术主义,认为不能无视技术的历史性、时代性,抽离社会形式、经济基础、文化背景、伦理原则等来看待和使用新兴技术,对新兴技术完全采取无批判的态度。也不能拒绝技术发展,采用倒退的浪漫主义眼光看待技术的发展和竞争。"马克思对现代技术本质的追问,揭示了技术的历史性质和社会形式,阐明了技术与人类生活世界以及未来社会的关系,划定了两条原则界限,既划定了与在技术批判问题上完全无批判的实证主义的界限,又划定了与在技术批判问题上完全否定技术的浪漫主义的界限。"② 中国共产党坚持马克思主义的基本立场观点和方法,辩证地对待技术的发展,把坚持促进创新与防范风险相统一,把科技伦理贯穿到科学研究、技术开发等科技活动的全过程,覆盖科技创新的各领域。习近平总书记强调指出:"科技伦理是科技活动必须遵守的价值准则,要坚持增进人类福祉、尊重生命权利、公平公正、合理控制风险、保持公开透明的原则,健全多方参与、协同共治的治理体制机制,塑造科技向善的文化理念和保障机制。"③ 党的十八大以来,党中央组建国家科技伦理委员会,完善治理体制机制,推动科技伦理治理取得积极

---

① 习近平:《在网络安全和信息化工作座谈会上的讲话》,《人民日报》2016年4月26日。
② 刘日明:《马克思的现代技术之思》,《学术月刊》2020年第4期。
③ 习近平主持召开中央全面深化改革委员会第二十三次会议强调　加快建设全国统一大市场提高政府监管效能　深入推进世界一流大学和一流学科建设》,《人民日报》2021年12月18日。

进展。这启发我们，高校思想政治教育数据治理需要坚持底线思维和风险意识，把科技伦理要求贯穿到理论研究和实践运用的各方面全过程，既要充分发掘大数据对高校思想政治教育治理的价值，也要全面把握其可能带来的风险，厘清使用的合理界限，努力实现高校思想政治教育数据治理的高质量发展与高水平安全的良性互动。

值得指出的是，马克思主义理论为我们分析大数据、互联网、人工智能等新信息技术提供了强大的理论工具，但要充分提高马克思主义理论的指导力，需要运用这些基本观点与时俱进地对数据治理实践中出现的新情况、新问题进行研究，建构数据治理的理论体系，包括大数据对生产生活方式、思维方式的变革，对意识形态安全的挑战等进行深入研究。即把大数据等新技术置于马克思主义理论视域内进行考察，将技术改变生产生活的一般规律发展到大数据技术改变生产生活的具体规律，在解释和解决数据治理的实践问题中彰显马克思主义理论生命力和时代价值，丰富高校思想政治教育数据治理的范畴体系和理论体系。

二、习近平新时代中国特色社会主义思想为立论引导

"习近平新时代中国特色社会主义思想是当代中国马克思主义、二十一世纪马克思主义，是中华文化和中国精神的时代精华，实现了马克思主义中国化新的飞跃。"[①] 习近平新时代中国特色社会主义思想，是对马克思列宁主义、毛泽东思想、邓小平理论、"三个代表"重要思想、科学发展观的继承和发展，是我们党必须长期坚持的指导思想，具有丰富的内涵，是指导新时代中国特色社会主义各项事业的科学指南，为包括高校思想政治教育创新发展在内的各项改革提供了根本遵循。高校思想政治教育数据治理涉及到思想政治教育与治理、大数据的交叉融合，所以习近平国家治理现代化思想、习近平有关思想政治教育和网络强国战略重要论述分别为高校思想政治教育数据治理提供了具体的目标指向、内容指向和路径指向等，构成了高校思想政治教育数据治理的立论之基。

---

① 《中共中央关于党的百年奋斗重大成就和历史经验的决议》，《人民日报》2021年11月17日。

第三章　高校思想政治教育数据治理的理论基础与思想资源

(一) 习近平关于国家治理体系治理能力现代化重要论述

党的十八大以来，以习近平同志为核心的党中央高度重视国家治理现代化的整体布局、系统推进和全面建设。2013年，党的十八届三中全会通过了《中共中央关于全面深化改革若干重大问题决定》，明确提出："全面深化改革的总目标是完善和发展中国特色社会主义制度，推进国家治理体系和治理能力现代化。"①2017年，习近平总书记在党的十九大报告中强调指出："必须坚持和完善中国特色社会主义制度，不断推进国家治理体系和治理能力现代化，坚决破除一切不合时宜的思想观念和体制机制弊端，突破利益固化的藩篱，吸收人类文明有益成果，构建系统完备、科学规范、运行有效的制度体系，充分发挥我国社会主义制度优越性。"②2019年，党的十九届四中全会通过了《中共中央关于坚持和完善中国特色社会主义制度、推进国家治理体系和治理能力现代化若干重大问题的决定》(以下简称《决定》)，再次强调："坚持和完善中国特色社会主义制度、推进国家治理体系和治理能力现代化，是全党的一项重大战略任务"，将坚持马克思主义在意识形态领域占主导地位确立为我国的根本制度，明确提出要"加强制度理论研究和宣传教育"，"加强和改进学校思想政治教育，建立全员、全程、全方位育人体制机制"。③习近平总书记围绕推进国家治理现代化这一重大问题作出的一系列重要论述，内涵丰富，立意高远，对高校思想政治教育数据治理的理论建构和实践探索提供了根本遵循。

第一，我国国家治理一切工作和活动都要依照中国特色社会主义制度展开。习近平总书记强调指出："必须完整理解和把握全面深化改革的总目标，这是两句话组成的一个整体，即完善和发展中国特色社会主义制度、推进国家治理体系和治理能力现代化。我们的方向就是中国特色社会主义道路。"④这告诉我们推进国家治理现代化是为了完善和发展中国特色社会主

---

① 《中共中央关于全面深化改革若干重大问题决定》，《人民日报》2013年11月16日。
② 习近平：《决胜全面建成小康社会　夺取新时代中国特色社会主义伟大胜利——在中国共产党第十九次全国代表大会上的报告》，《人民日报》2017年10月19日。
③ 《中共中央关于坚持和完善中国特色社会主义制度　推进国家治理体系和治理能力现代化若干重大问题的决定》，《人民日报》2019年11月6日。
④ 《习近平谈治国理政》，外文出版社2014年版，第105页。

义制度。"中国特色社会主义制度是党和人民在长期实践探索中形成的科学制度体系,我国国家治理一切工作和活动都依照中国特色社会主义制度展开。"① 换言之,"我们思想上必须十分明确,推进国家治理体系和治理能力现代化,绝不是西方化、资本主义化!"② 思想政治教育治理也必须要依照中国特色社会主义制度展开,推进思想政治教育治理的现代化是"使各级各类思想政治教育的治理在中国特色社会主义制度支持和保障下,实现思想政治教育顶层设计、政策执行、机制构建、评价质量等方面的治理体系现代化发展,构建和完善新时代中国特色思想政治教育制度体系"③。

第二,我国治国理政的本根,就是中国共产党领导和社会主义制度。习近平总书记明确指出:"一个国家选择什么样的治理体系,是由这个国家的历史传承、文化传统、经济社会发展水平决定的,是由这个国家的人民决定的。我国今天的国家治理体系,是在我国历史传承、文化传统、经济社会发展的基础上长期发展、渐进改进、内生性演化的结果。"④ 党带领全国中国各族人民经过艰苦奋斗,走过了通过社会主义救中国的道路,走出了通过中国特色社会主义发展中国的道路,取得了世所罕见的历史性成就。这条正确的道路来之不易,经得起历史的检验,必须坚持。中国共产党领导是中国特色社会主义最本质的特征,是中国特色社会主义制度的最大优势,党是最高政治领导力量。所以坚持党的集中统一领导是坚持中国特色社会主义制度的题中应有之义。2014 年,习近平总书记在省部级主要领导干部学习贯彻十八届三中全会精神全面深化改革专题研讨班上明确指出:"我们治国理政的本根,就是中国共产党领导和社会主义制度。"⑤ 相应地,高校思想政治教育治理也必须坚持扎根中国大地,体现中国特色,始终坚持党的集中统一领导。习近平总书记在学校思想政治理论课教师座谈会上

---

① 《中共中央关于坚持和完善中国特色社会主义制度 推进国家治理体系和治理能力现代化若干重大问题的决定》,《人民日报》2019 年 11 月 6 日。
② 中共中央文献研究室编:《习近平关于社会主义政治建设论述摘编》,中央文献出版社 2017 年版,第 8 页。
③ 冯刚:《推进新时代思想政治教育治理体系现代化》,《中国教育报》2012 年 9 月 13 日。
④ 《习近平谈治国理政》,外文出版社 2014 年版,第 105 页。
⑤ 中共中央文献研究室编:《习近平关于社会主义政治建设论述摘编》,中央文献出版社 2017 年版,第 8 页。

第三章　高校思想政治教育数据治理的理论基础与思想资源

强调指出:"办好中国的事情,关键在党。各级党委要把思政课建设摆上重要议程,抓住制约思政课建设的突出问题,在工作格局、队伍建设、支持保障等方面采取有效措施。"①

第三,治理体系和和治理能力相辅相成。习近平总书记指出:"国家治理体系和治理能力是一个国家制度和制度执行能力的集中体现。国家治理体系是在党领导下管理国家的制度体系,包括经济、政治、文化、社会、生态文明和党的建设等各领域体制机制、法律法规安排,也就是一整套紧密相连、相互协调的国家制度","国家治理能力则是运用国家制度管理社会各方面事务的能力,包括改革发展稳定、内政外交国防、治党治国治军等各个方面。国家治理体系和治理能力是一个有机整体,相辅相成,有了好的国家治理体系才能提高治理能力,提高国家治理能力才能充分发挥国家治理体系的效能"。②可见,国家治理过程是国家治理体系不断顺利运转的动态过程,也是各类治理主体有效履行自身功能的实践过程。习近平总书记强调指出:"各项制度制定了,就要立说立行、严格执行,不能说在嘴上,挂在墙上,写在纸上,把制度当'稻草人'摆设,而应落实到实际行动上,体现在具体工作中。"③这说明"制度执行力、治理能力已经成为影响我国社会主义制度优势充分发挥、党和国家事业顺利发展的重要因素"④。治理体系现代化是国家治理现代化的基础和前提,治理能力是治理体系的效能得以发挥的关键因素。没有科学合理的治理体系,治理能力就得不到彰显,没有与之相匹配的治理能力,治理体系的优势就无从显现。相应地,高校思想政治教育数据治理需要从治理体系和治理能力两方面着力,建构高校思想政治教育数据治理的政策体系、运行机制,并进行相应的能力建设。

第四,推进国家治理体系和治理能力现代化,就是要实现党、国家、社会各项事务治理制度化、规范化、程序化。习近平总书记指出"治理和

---

① 习近平:《思政课是落实立德树人根本任务的关键课程》,《求是》2020年第17期。
② 《习近平谈治国理政》,外文出版社2014年版,第91页。
③ 习近平:《之江新语》,浙江人民出版社2007年版,第71页。
④ 中共中央文献研究室编:《习近平关于全面深化改革论述摘编》,中央文献出版社2014年版,第29页。

管理一字之差，体现的是系统治理、依法治理、源头治理、综合施策"①，"推进国家治理体系和治理能力现代化，就是要适应时代变化，既改革不适应实践发展要求的体制机制、法律法规，又不断构建新的体制机制、法律法规，使各方面制度更加科学、更加完善，实现党、国家、社会各项事务治理制度化、规范化、程序化"②。由是推之，高校思想政治教育治理更加注重治理实践的系统性、规范化、预见性、协同性。"思想政治教育工作是一项复杂的系统工程，既包括思想政治理论课这一主渠道，又包括日常思想政治教育这一主阵地；既包括思想政治教育专职力量，又包括思想政治教育的兼职力量；既包括思想政治教育的实施者，又包括接受思想政治教育的学生对象。思想政治教育致力于人才培养，同时人才培养中的各个环节又都需要加强思想政治教育。大中小学校思想政治教育一体化建设，以及家庭、学校、社会、政府的协同等，都深刻地体现出思想政治教育治理过程中的复杂性、系统性和综合性。因此，新时代思想政治教育治理需要立足时代特征、中国国情和教育发展实际，深刻把握教育对象思想热点和变化规律，着眼不断发展着的思想政治教育丰富内涵和内在结构，统筹世界眼光、中国情怀和时代特征三个维度，进一步增强治理实践的系统性和综合性。"③十八届三中全会通过的《中共中央关于全面深化改革若干重大问题的决定》指出："到二〇二〇年，在重要领域和关键环节改革上取得决定性成果……形成系统完备、科学规范、运行有效的制度体系。"④系统完备、科学规范、运行有效是对治理体系现代化特点的高度概括，而要提高政策体系的科学化水平，提高体制机制运行的有效性，大数据技术大有可为。大数据技术与治理的整体性、预见性、动态性、互动性、精准化相契合。数据量的增加，信息源的多元化，数据收集、分析、解释、评估技术的发展，将为国家治理注入更多的技术含量，有助于提高决策的科学化水平，实现精准治理，提高治理效率。

---

① 中共中央宣传部编：《习近平总书记系列重要讲话读本》，学习出版社、人民出版社2016年版，第224页。
② 《习近平谈治国理政》，外文出版社2014年版，第92页。
③ 冯刚：《推进新时代思想政治教育治理体系现代化》，《中国教育报》2020年3月19日。
④ 《中共中央关于全面深化改革若干重大问题决定》，《人民日报》2013年11月16日。

由上可见，推进国家治理体系和治理能力现代化既为高校思想政治教育改革发展提出了更高要求，也为高校思想政治教育创新发展提供了新的空间，我们必须厘清高校思想政治教育在推进国家治理现代化过程中的职责定位，同时将治理理念和方法引入高校思想政治教育，坚持改革推进到哪一步，思想政治工作就跟进到哪一步的思想政治教育发展规律。

（二）习近平关于思想政治教育重要论述

党的十八大以来，习近平总书记高度重视思想政治教育工作，对新时代思想政治教育的改革发展提出了一系列新观点、新思路，是高校思想政治教育数据治理的科学指南。

第一，立德树人是高校思想政治教育数据治理的根本任务。习近平总书记在全国高校思想政治工作会议上指出："高校思想政治工作关系高校培养什么样的人、如何培养人以及为谁培养人这个根本问题。要坚持把立德树人作为中心环节，把思想政治工作贯穿教育教学全过程，实现全程育人、全方位育人，努力开创我国高等教育事业发展新局面。"[①] 高校是大学生接受思想政治教育的重要场域，高校思想政治教育工作肩负着为党和国家培养理想信念坚定、政治觉悟强、道德素质高的时代新人的重要使命。高校思想政治教育工作的顺利开展事关我国社会主义现代化建设的成败，事关我国教育事业的向好发展，因此必须要明确高校思想政治教育工作的根本任务，并以此为逻辑起点和实践基点。将立德树人作为高校思想政治教育的根本任务，体现了马克思主义人学思想和中国特色社会主义事业发展的高度统一：坚持以人为本，将促进人的自由而全面发展视为最高目的，通过思想政治教育引导大学生形成符合自身成长需要与社会发展要求相一致的世界观、价值观和人生观，激励其为实现中华民族伟大复兴的中国梦而砥砺前行、接续奋斗，在国家的发展中获得个体的进步，在"大我"的带动下创造"小我"的价值。新时代，高校思想政治教育工作要以立德树人这一根本任务为前提，因事而化、因时而进、因势而新，结合时代背景对立

---

① 《习近平在全国高校思想政治工作会议上强调把思想政治工作贯穿教育教学全过程 开创我国高等教育事业发展新局面》，《人民日报》2016年12月9日。

德树人进行更为深入、全面、科学的思考与阐释。"培育担当民族复兴大任的时代新人体现了中华人民共和国成立70多年来党的教育方针发展演进的价值内涵,体现了传统文化中关于个人德行与社会责任相统一的思想,体现了中国共产党百年来对道德教育规律的深刻把握,体现了新中国成立以来教育方针价值取向的变迁,更是在新的历史方位下立德树人深刻内涵的时代表达。"进言之,培育时代新人不仅是立德树人内涵的时代表达,同时也突出了"新在哪"的问题意识,更是内含了对"如何培育"的路径思考,对于高校思想政治教育数据治理技术手段的选择和运用指明了根本方向。

第二,"三全育人"是高校思想政治教育数据治理的实践方向。"三全育人"是指全员育人、全过程育人和全方位育人,是贯彻落实立德树人根本任务的有力举措,是培育时代新人的基本要求,是新时代高校思想政治教育工作的重要环节,对我国高等教育现代化具有突出意义。全员育人意味着除了高校思想政治理论课教师需要对大学生进行思想政治教育以外,高校的其他教职工,例如党委干部、团委老师、其他授课教师、辅导员、行政人员、后勤人员等都应当参与到思想政治教育的过程之中,起到良好的协同作用。全过程育人注重不同学段之间思想政治教育的连续性,主要体现在育人目标的高度统一、教材内容的有效衔接等方面,具有连贯性、系统性、长效性,让思想政治教育在从小学到大学的全过程之中不缺位,让思想政治理论课教师在各个学段的教育过程之中不失语,为高校思想政治教育的顺利进行提供保障。全方位育人要求高校思想政治教育工作一要利用好烈士纪念馆、革命博物馆等社会资源,让思想政治理论课"走出去",积极拓展"第二课堂",将先进的技术、优秀的人才"请进来",丰富课程内容,拓展课程广度;二要利用好线上线下两个时空,推进高校思想政治理论课和信息技术的深度融合;三要加强高校思想政治教育工作同其他各系统、各部门之间的联系与合作,构建大思政格局,形成育人合力。从中可见,"新时代高校思想政治教育治理,从人力上讲,强调全员育人,打造育人合力;从时间上讲,强调全程育人,建构进阶式的育人时序;从空间上讲,强调全方位育人,满足人全面发展的需要,这就集中呈现了高校思想政治教育资源配置的时效度统一。以时效度统一打造'三全育人'的立

第三章　高校思想政治教育数据治理的理论基础与思想资源

体化资源配置格局，有助于最大限度地改善资源配置过程中的资源衔接和整合问题，进一步节约时间成本，提升资源利用效率，实现资源的合理调度，为解决思想政治教育治理的实践问题提供更多可选方案。同时，针对物质资源，可以合理应用大数据技术，促进物质资源信息的自动化、智能化、智慧化处理，进一步提升资源利用和配置的效度。"①总之，"三全育人"从人员组织与配置、课程统筹与衔接、资源规划与整合三个方面为高校思想政治教育数据治理指明了具体的实施目标，对其实践路径的融合以及运用评价机制的构建具有重要意义。

第三，高校思想政治理论课内涵式建设是高校思想政治教育数据治理的重要环节。高校思想政治教育如何解答好大学生在社会生活中不断产生的种种困扰和疑惑，如何应对国外各类社会思潮的侵袭与干扰，如何在错综复杂的世界局势中完成自身使命和任务，关键在于守正创新。守正是指高校思想政治教育要坚持以马克思主义为根本指导，以思想政治教育的基本规律和宝贵经验为重要依循，创新则是要具备不断与时俱进的精神，推动高校思想政治教育的改革。思想政治理论课是高校思想政治教育的主渠道，是落实立德树人根本任务的重要课程，也是"三全育人"建设实施的关键一环。高校思想政治教育理论课的改革是高校思想政治教育改革的核心部分，在很大程度上决定了高校思想政治教育改革的成败。"改革创新是时代精神，青少年是最活跃的群体，思政课建设要向改革创新要活力。"②习近平总书记在学校思想政治理论课教师座谈会的讲话中，就如何推进思想政治理论课改革创新做出了重要指示，提出了"八个统一"，即坚持政治性和学理性相统一；坚持价值性和知识性相统一；坚持建设性和批判性相统一；坚持理论性和实践性相统一；坚持统一性和多样性相统一；坚持主导性和主体性相统一；坚持灌输性和启发性相统一；坚持显性教育和隐性教育相统一的系统要求。这"八个统一"对高校思想政治教育数据治理具有重要的指导意义，例如统一性和多样性相统一就给高校思想政治教育数据治理提供了统一的目标设定和根据具体情况进行灵活调整的思路，又比

---

① 冯刚：《构建新时代高校思想政治教育治理体系》，《中国教育报》2021年9月13日。
② 习近平：《思政课是落实立德树人根本任务的关键课程》，《求是》2020年第17期。

如坚持主导性和主体性相统一的观点从促进思想政治理论课教师主导性同学生的主体性相结合的角度为高校思想政治教育数据治理中的课程建设提供了具体指标的设定思路。

（三）习近平关于网络强国战略主要论述

党的十八大以来，以习近平同志为核心的党中央高度重视互联网、发展互联网、治理互联网，推动网信事业取得了历史性成就，对我国实施大数据国家战略和数字中国建设进行了前瞻性布局，多次就大数据对经济发展、国家管理、社会治理、人民生活等方面的重大影响提出了一系列新思想新观点新论断。比如，2014年3月，大数据首次写入中国政府工作报告；2015年8月，国务院常务会议通过《促进大数据发展行动纲要》；2015年10月，党的十八届五中全会正式提出"实施国家大数据战略，推进数据资源开放共享"；2015年12月，习近平总书记在第二届世界互联网大会上指出："中国将大力实施网络强国战略、国家大数据战略、'互联网+'行动计划，发展积极向上 的网络文化，拓展网络经济空间，促进互联网和经济社会融合发展"[①]，等等。如果说马克思主义技术哲学是对技术发展一般规律的揭示，那么习近平关于网络强国战略重要论述可以说对技术发展具体规律的阐释，是马克思主义技术哲学的时代化和中国化。

高校思想政治教育数据治理要放在我国实施网络强国战略和国家大数据战略、加强网络空间治理的大背景大趋势中找准自身定位并有所担当作为，既要发挥数据治理在高校思想政治教育创新发展过程中的应有价值，也要发挥高校思想政治教育对我国治理网络空间、建设网络强国的应有功能，所以习近平关于网络强国战略重要论述，特别是2013年以来围绕大数据先后发表的系列重要讲话，为推动高校思想政治教育数据治理的理论研究和实践探索提供了理论指导和行动指南。

第一，网信事业代表着新的生产力和新的发展方向，信息化为中华民族带来了千载难逢的机遇。"科学技术是世界性的、时代性的。"[②] 今天，"网

---

① 习近平：《在第二届世界互联网大会开幕式上的讲话》，《人民日报》2015年12月17日。
② 《习近平谈治国理政》，外文出版社2014年版，第123页。

第三章　高校思想政治教育数据治理的理论基础与思想资源

信事业代表着新的生产力和新的发展方向"①，而"大数据是信息化发展的新阶段"。2013年，习近平总书记在视察中国科学研究院时形象地说明了大数据在当代社会经济发展中的战略价值："浩瀚的数据海洋就如同工业社会的石油资源。"②并高瞻远瞩地指出："谁掌握了大数据技术，谁就掌握了发展的资源和主动权。"③"历史的机遇往往稍纵即逝，我们正面对着推进科技创新的重要历史机遇，机不可失，时不再来，必须紧紧抓住。"④而挑战总是与机遇并存，机会稍纵即逝，抓住了就是机遇，抓不住就是挑战，应对不好就是风险。正是立足世界科技前沿，深刻认识大数据时代的到来给我国带来的机遇和挑战，以习近平同志为核心的党中央审时度势提出了"实施国家大数据战略"和"加快建设数字中国"的奋斗目标，提出了"要推动大数据技术产业创新发展""要构建以数据为关键要素的数字经济""要运用大数据提升国家治理现代化水平""要运用大数据提升国家治理现代化水平""要运用大数据促进保障和改善民生""要切实保障国家数据安全"的五项要求。总之，我们必须清醒地认识到，信息技术、大数据技术是当前历史阶段推动现代化纵深发展的引擎，通过加快信息化发展，不仅能整体带动和提升新型工业化、农业现代化发展，而且能深刻推动文化现代化、教育现代化的发展。所以，我们要用好信息化、大数据技术这个新动能推动新时代高校思想政治教育的新发展，通过数据治理提高高校思想政治教育全要素的育人效能，释放大数据对思想政治教育发展的倍增作用，实现新时代思想政治教育数字化、网络化、智能化发展。习近平总书记为制定和实施国家大数据战略提出的十六字方针，即"审时度势、精心谋划、超前布局、力争主动"，也为我们推动高校思想政治教育数据治理的发展提供了思路指导。

第二，网络强国建设要以先进技术为支撑、内容建设为根本。

---

① 习近平：《在网络安全和信息化工作座谈会上的讲话》，《人民日报》2016年4月26日。
② 中共中央文献研究室编：《习近平关于科技创新论述摘编》，中央文献出版社2016年版，第76页。
③ 中共中央文献研究室编：《习近平关于科技创新论述摘编》，中央文献出版社2016年版，第76页。
④ 《习近平谈治国理政》，外文出版社2014年版，第122页。

我们正处于建成社会主义现代化强国的新征程上，现代化强国必然是网络强国，必须要自主创新推进网络强国建设。网络强国不仅体现在技术的先进自主，而且体现在内容的先进繁荣，所以自主创新推进网络强国建设不仅要一面推动信息领域核心技术突破，而且要加强网络文化建设，牢牢掌握网络空间意识形态的领导权、管理权和话语权。2014年，习近平总书记提出要坚持先进技术为支撑、内容建设为根本，推动传统媒体和新兴媒体在内容、渠道、平台、经营、管理等方面的深度融合。提出了网络治理不光是技术博弈，也是理念博弈，还是话语权博弈。换言之，网络强国的建设内蕴网络空间的治理，网络空间的治理必然包含网络意识形态的治理，包括加强正面宣传、预判网络舆情、引导网络舆论、净化网络空间、塑造健康的网络文化。"要加强网上正面宣传，旗帜鲜明坚持正确政治方向、舆论导向、价值取向，用新时代中国特色社会主义思想和党的十九大精神团结、凝聚亿万网民，深入开展理想信念教育，深化新时代中国特色社会主义和中国梦宣传教育，积极培育和践行社会主义核心价值观，推进网上宣传理念、内容、形式、方法、手段等创新，把握好时度效，构建网上网下同心圆，更好凝聚社会共识，巩固全党全国人民团结奋斗的共同思想基础。"①高校一直是思想政治教育的重要阵地，当代大学生是网络原住民，所以高校思想政治教育数据治理是网络意识形态治理的重要环节，必须适应时代和技术的发展，推动网络思想政治教育再上一个新台阶，从"思想政治教育＋互联网"（平台、形式的创新）发展到"互联网＋思想政治教育"（二者的深度融合）。

第三，信息化为中华民族带来千载难逢的机遇，也带来复杂的挑战，必须高度重视网络安全问题。大机遇也意味着大挑战。对于正行进在实现第二个百年奋斗目标新征程，处在实现民族复兴关键时期的中国来说，在抓住信息化、大数据这一千载难逢同时又稍纵即逝的发展机遇的同时，也不得不面对其带来的诸多新挑战，主要包括以下几方面：一是大数据发展带来的国家竞争和国家安全问题。具体地说，今天大数据领域的全球化竞

---

① 《习近平在全国网络安全和信息化工作会议上强调　敏锐抓住信息化发展历史机遇　自主创新推进网络强国》，《人民日报》2018年4月22日。

第三章　高校思想政治教育数据治理的理论基础与思想资源

争和安全问题与国家竞争力和总体安全息息相关。网络空间是继路、海、空之后又一新的主权空间，数字主权是继路权、海权、空权之后又一新的国家主权。"网络信息是跨国界流动的，信息流引领技术流、资金流、人才流。"在这种流动中，一些西方发达资本主义国家凭借其在一些关键领域和核心技术上掌握控制权，不仅对我国科技创新采取抑制的政策以达到对我国经济发展形成遏制的态势，而且借网络空间采用新媒体技术以更加隐蔽的方式对我国进行意识形态渗透和攻击，严重威胁我国主流意识形态安全。习近平总书记在中央网络安全和信息化领导小组第一次会议上指出："没有网络安全就没有国家安全，没有信息化就没有现代化"，强调网络安全和信息化是一体之两翼、驱动之双轮，处理好发展和安全的关系。信息时代的网络安全牵一发而动全局，需要将网络安全的重要性上升到国家安全层面来看待，网络安全成为国家总体安全观的重要范畴之一。二是大数据发展对人的异化风险加大。正如马克思主义技术哲学所揭示的，技术对人的发展重视具有两面性。大数据作为当代先进科学技术，在促进人的发展的同时，也带来人的异化问题包括网络诈骗、网络暴力现象的层出不穷，谣言和极端言论的滋生蔓延，数据垄断、数据泄露对人合法权益的侵害，数据思维对人思维碎片化的型构，用数据说话变为唯数据主义等，而这些问题靠大数据技术本身无法得到解决，必须依靠加强思想道德教育、法治建设、文化建设等来予以引导和规制，这就对思想政治教育提出了新任务和更高的要求。2021 年，习近平总书记在主持十九届中央政治局第三十四次集体学习时提出"要提高全民全社会数字素养和技能"[①]。可以说，全面提高高校师生的信息素养是新时代高校思想政治教育数据治理的重要内容。

综上所述，高校思想政治教育思想治理和大数据技术相互需要。一方面，高校思想政治教育需要借助大数据技术实现自身的守正创新。网络思想政治教育的发展，微课、慕课等网络思想政治理论课的出现是思想政治教育与信息技术融合的结果。另一方面，大数据技术、信息技术的发展需要与

---

① 习近平：《不断做强做优做大我国数字经济》，《求是》2022 年第 2 期。

思想政治教育深度融合，才能健康发展。网络空间成为陆地、海洋、天空、太空之后各国竞争激烈的新领域，各国意识形态较量的新阵地，各种社会思潮积极发声的新场地，一些敌对势力意识形态渗透的新路径。维护网络空间安全、参与网络空间治理、营造清朗网络精神家园是高校思政教育的重要任务。

第二节　高校思想政治教育数据治理的思想资源

　　高校思想政治教育数据治理不仅是一个理论难题，也是一个实践难题，需要在坚持马克思主义为指导的前提下，积极合理地借鉴其他思想资源。习近平总书记在哲学社会科学座谈会上对加快构建中国特色哲学社会科学指出："要按照立足中国、借鉴国外、挖掘历史、把握当代，关怀人类、面向未来的思路，着力构建中国特色哲学社会科学，在指导思想、学科体系、学术体系、话语体系等方面充分体现中国特色、中国风格、中国气派。"① 高校思想政治教育数据治理在坚持以马克思主义技术哲学和习近平新时代中国特色社会主义思想为理论基础的同时，需要吸收借鉴其他学科的相关研究成果。其中，信息哲学、大数据理论和西方马克思主义的反实证主义为我们把握信息、数据的本质，反思数据治理的合理边界提供了有益的参考。

一、信息哲学

　　随着人类科学技术的不断发展，以计算机技术和通信技术为代表的信息技术改变了人们的生活方式，重塑了社会的集体意识，开创了人类历史上的一个新的技术纪元——信息时代。随着信息在人类社会中扮演着愈来愈重要的作用，这也引发了哲学界的高度关注，意识到需要建立一门对一般信息现象进行研究的哲学门类，需要从哲学的角度对信息进行认识与把握。如果从二十世纪八十年代末信息哲学被哲学界普遍承认算起，信息哲

---

① 习近平：《在哲学社会科学工作座谈会上的讲话》，《人民日报》2016年5月19日。

第三章　高校思想政治教育数据治理的理论基础与思想资源

学已经经历了三十余年的发展，不过这相对于其他具有悠久历史的应用哲学来说仍处于"幼年阶段"。"信息哲学被视为处于许多问题的交叉点上，其中既有技术问题，也有理论问题，还有应用问题，以及有待成为所有人专业的概念分析问题等等，这种情况一直持续到信息社会最新的发展。"①关于信息哲学的一些基本问题的研究呈现出百家争鸣的现象，这些观点虽然未能达成一致，但却从客观上推动了信息哲学的向前发展，其中，哲学界关于信息本质的讨论、信息价值的探析以及信息技术的思考为高校思想政治教育数据治理提供了可资借鉴的理论成果。

（一）信息的本质

关于信息的本质以及对信息的概念界定是信息哲学需要回答的第一个问题。哲学界关于信息本质的讨论由来已久，对于信息的界定主要形成了两种基本思路，一种是从本体论上进行定义，另一种则是从认识论上进行界定。

当前大部分学者主张将信息归结为物质。有学者指出，从本体论上看，"信息，是泛指以任何形式表现的事物运动的状态和方式，包括它的内部结构的状态和方式，以及外部联系的状态和方式。"信息来源于物质，是物质最普遍的性质，"没有物质，没有物质的运动，就没有'事物运动的状态和方式'，就没有信息。"从认识论上看，"信息，是关于事物运动状态和方式的表述，或者，等效地说，是关于事物运动状态和方式的广义化知识。"不过，认识论层面的定义是从在本体论定义的基础上通过增加一个预设条件，即观察者的入场引申出来的，也因此"在本体论意义上的信息与认识论意义上的信息之间，前者是最根本的，后者是最实用的；前者是源，后者是流。在实在信息与实得信息之间，前者是本，后者是末。"②有学者认为，信息只能从认识论的角度去加以阐释。至于人之外存在于客观事物中的所谓"信息"并非信息，而只是属性。说到底，信息是"我们"看出来、听出来和想出来的东西，而不是"本来就有"的东西，对信息只能做认识论的解读

---

① 弗洛里迪，刘钢：《什么是信息哲学？》，《世界哲学》2002 年第 4 期。
② 钟义信：《论信息：它的定义和测度》，《自然辩证法研究》1986 年第 5 期。

而不能做本体论的解读。① 这种观点强调"认识论的"和"属人的"是信息的两个重要特征，二者具有内在关联。信息离不开人的认识，现象之所以能够成为信息并不是因为其本身就是信息，其只有被人认识，也就是只有经过人的接受和解读才能成为信息。换言之，客观事物本身并不是信息，也不具有信息，人的认识才能为其赋予含义和价值，才能使其"显现"出来。可见，从认识论角度看待信息的本质实际上更加侧重于对人的认识能力的思考，更加看重信息对人的价值。

（二）信息的价值

学者们对信息的价值从不同的角度进行了阐释。从经济上看，信息是一种利用信息差获取收益的商品，在经济体系的运行中具有重要的价值；从人的角度上看，信息对于个体的行动提供了判断依据；从"熵"的角度上看，信息分为了无用信息和有用信息两种，信息的熵值越大就代表着信息越混乱，对于人的价值也就越低，甚至会干扰正常信息的接受，反之，信息的熵值越小则意味着信息越具有系统和秩序，人能够更好地对其进行认识。

在正确评估信息的价值过程中，学者们提出了对信息主义的反思。自人类存在以来，任何一个人工事物都存在着信息价值与物质价值，具有不同的有用性，并且所占的比重也是不同的。例如飞机、机床的物质价值远远高于其信息价值，而文物、纪念钞的信息价值又大大超过了其物质价值。对于人工事物的认识可能会导致两种倾向，一种是过分重视物质价值而轻视信息价值，片面夸大物质或者物质利益的功能和作用，主张物质利益的极端重要性。另一种则是过分重视信息价值而轻视物质价值，在对信息价值的认识上，不分一切语境认为信息价值优于物质价值，则走向价值论上的一种信息主义，称为价值论信息主义（第一类）。价值论信息主义还可以进一步细分为"价值观上的信息主义"和"信息主义的价值观"，前者是重视信息的价值观，后者则是强调信息及其手段的状况的变迁对价值观的影响乃至决定作用。价值信息和事实信息相对应。如果认为事实信息总是为

---

① 肖峰：《重勘信息的哲学含义》，《中国社会科学》2010年第4期。

价值信息所覆盖，那么任何事实本身就都会具有观点和立场，都含有价值判断，从而走向另一种信息主义，即价值论信息主义（第二类）。① 这种价值论信息主义总是会为事实预设一个前提，将其放置在特定的文化和语境之中，这种现象存在于多种日常场合之中。总之，上述两类价值论信息主义均干扰了我们对于信息价值的正确认识。

（三）信息技术与人的关系

随着科学技术的不断发展，以计算机、大数据、智能算法为代表的信息技术在一定程度上改变了人的认知思维，也推动了人的信息化在场的出现，而这些变化也引发了哲学界对信息技术的认识和反思。

第一，信息技术与人的认知：解蔽和遮蔽的共在。"一般地说，没有信息就没有认识，认识可视为一种信息的摄取、加工和表达活动，以信息为核心概念几乎可以说明认识的全部过程乃至全部机制，由此形成了所谓的'信息认识论'。"② 从理论上看，信息认识论是认知主义的信息加工理论的一种扩展。信息加工理论的形成源于计算机的发明与运用，计算机对于信息的处理原理和认识模式推动了人的认知方式的深化研究，从行为水平上将人脑与计算机进行类比，借助计算机的相关理论研究人脑是如何对信息进行处理和加工，推动了对人的知觉、记忆、语言等方面的研究。信息认识论不仅可以对认知过程进行解释，而且还可以对认知的主体、对象等要素进行解释。在信息认识论的框架下，认识的过程可以被表述为"摄取信息——加工处理信息——输出信息"的流动，认识系统则可以看做是"信源——信道——信宿"的集合。

信息技术改变了人的认知方式，将人和技术联系到了一起，技术不仅是人在认知过程中的认识工具、认识中介，而且对认识主体也进行了的重构，形成了有人和技术共同组成的信宿。信息哲学指出，这些技术性成分一方面对对象可以有更多的"解蔽"，使以前不能在人面前显现的对象显现出来；另一方面也造成了新的遮蔽，使"对象"日益成为多重技术作用和转化后

---

① 肖峰：《信息的价值问题与价值论信息主义》，《学术界》2010年第2期。
② 肖峰：《信息、信息技术与信息认识论》，《长沙理工大学学报（社会科学版）》2013年第1期。

的产物，从而离开"对象的本来面目"可能更加遥远。借助技术，虽然我们能够认识到更为复杂的事物，解释以往无法理解的现象，不过，我们的思维模式逐渐发生着改变，灵活的、辩证的、抽象的思考习惯逐渐被固定的、程序化的计算机式思维所取代，技术渗透到了我们的认知过程之中，在一定程度上限制了人的自由的精神活动。

第二，信息技术与人的存在方式：人的信息化在场。在场（Anwesenheit）是海德格尔常用的重要术语之一，曾用来对柏拉图的形而上学进行概括，将其命名为在场形而上学。"海德格尔从其现象学的视角出发，把人的意识中显现出来的、现成存在着的东西或'外观'理解为'在场'，并把以在场及在场形式作为自己研究对象的哲学理论视为在场形而上学。"[①]在海德格尔看来，在场意味着事物的展现、表现或显现，是事物存在的状态。

在场是在场者的显现，而显现必须要有其他的接受或感知对象，也可以称之为受显现者，若显现者没有被观察到、被感知到，那么这种在场也就变为了不在场，只有存在着显现者对周围其他在场者（人或物）的作用的感知和应对，才能建立起相应的单向式的"人—物"或交互式的"人—人"的关系。这说明，"就在场过程、活动或现象而言，不仅在场者本身，而且观察者也是在场活动的主体，也是对在场的性质起着决定作用的因素。正因为如此，人的信息化在场才成为可能。"[②]可见，在场离不开"人的因素"，换言之，人的在场具有重要的意义。随着信息技术的发展，人的在场的形式也发生了改变，传统认知上的人必须身临其境才称得上是人的在场的观念逐渐瓦解，一种人以符号、影像等信息方式展现出来的虚拟在场，即人的信息化在场逐渐走入了人们的视线之内。

人的信息化在场具有以下两种特征。首先是单向性和双向性共存。借助信息技术，人可以通过电视、电影等传统媒介进行显现，不过这种显现是单向的，显现者是一种虚拟存在，而观察者是物理存在。而互联网技术的发展，使得显现者和观察者都可以通过例如微信、QQ、Facetime 等视频

---

① 俞吾金：《形而上学发展史上的三次翻转》，《中国社会科学》2009 年第 6 期。
② 肖峰：《论人的信息化在场》，《中国人民大学学报》2005 年第 4 期。

交互软件实现信息化在场,进行动态的角色转换,实现交互。其次是总体在场和具体在场的同质化趋向。借助信息技术人可以同时以实体的方式和非实体的方式同时在场,改变了具体性在场的含义。

由上推之,大数据作为一项近些年得到广泛应用的热门信息技术,具有信息哲学视域下的前述两种性质。首先,大数据改变了人的认知方式和认知习惯,通过大数据的收集汇总和总结分析能够得出以往通过人工无法得到的结论,有助于我们清晰掌握社会与人的发展的最新动向。其次,大数据成为了人的信息化在场的新形式,通过数据实现了显现,这种"人的数据化在场"使得人的各种信息均可被数据所表征出来,并且呈现出全时、全程的特征。对于高校思想政治教育数据治理来说,治理主体如何正确运用信息技术,如何恰当"在场",寻求信息化在场和现实在场的平衡,是理论探究过程中必须要思考的问题。

二、大数据理论

以维克托·迈尔-舍恩伯格维克为代表的当代数据科学家们围绕大数据的内涵、应用前景以及对人类社会的深远影响等问题提出了创新性观点。他们的研究成果为高校思想政治教育数据治理的理论建构提供了重要的思想资源。

大数据的大规模生产、分享与应用为人类开启了一个全新时代。大数据从字面意思上的"数据之大"逐渐成为"人们获得新的认知,创造新的价值源泉;大数据还是改变市场、组织机构,以及政府与公民关系的方法"。[①] 概念内涵的演变映射出科学技术的变迁轨迹,并对一些传统思维模式提出了挑战。具体来看,大数据的出现不仅赋予在传统认知中意义不大的历史数据以重要价值,也打破了传统意义上的历史数据与即时数据之间的技术隔阂与时空局限,在推动统计学和实证研究发展的过程中带来了深刻的思维变革。

---

① [英]维克托·迈尔-舍恩伯格,[英]库克耶:《大数据时代》,浙江人民出版社2013年版,第9页。

首先,大数据改变了传统的抽样思维。抽样是统计学中的重要研究方法,能够在很好地节省调查成本的前提下获得可靠性较高的调查结果。大数据的出现与应用改变了传统的抽样统计方式,推动着统计思维的变革。在传统的统计学思维中,样本和总体之间呈现出一种包含关系,受技术手段和人力财力的限制,调查者总是希望借助一定的样本对总体进行整体把握。大量数据库的建立和信道的创设大大降低了数据的获取难度与成本,并且大数据所具有的强大的计算能力与广泛的覆盖范围使得调查者能够在统计中轻松实现对全要素的全过程跟踪、统计与分析,实现了样本即总体的转变。

其次,大数据改变了传统的统计标准。在传统统计学中,统计结果的精确性是衡量一项调查活动是否可靠的重要标准。不过在"全要素观察"的视域下,随着海量数据被纳入到统计分析之中,就必然会出现统计结果精确度下降的情况,但是这也正是大数据被应用到统计学中所需要付出的代价。进言之,解决精确度下降的问题不能将大量数据从统计分析的过程中排除出去,而是要"允许不精确",通过积极地进行数据筛选降低大数据带来的错误率与混乱程度。此外,统计标准的改变蕴含着更为深刻的含义,大规模的数据分析在牺牲了精确度的同时也能够为调查提供大致的发展趋势情况,帮助研究人员更好地挖掘出调查背后的深层次价值。

最后,大数据改变了传统的逻辑思维。一般的社会科学研究往往追求对事件或现象背后的因果关系的探究,以期能够提出对其进行合理解释。在信息时代,不同事件之间关系的复杂化以及发生频率和次数的几何倍数式增长的态势在给事件的追因溯源方面带来了极大的困难与挑战的同时也逐渐暴露出经典因果逻辑在可解释性方面的缺陷。[1] 大数据的应用正在逐渐改变着人们的逻辑思维,其不再一味追求因果关系,而是将更多的精力放在了对相关关系的研究之上。"相关关系的核心是量化两个数据值之间的数理关系",[2] 通过对数据值之间关系的分析往往能够分析出某些事件之间的非线性关系以及相关关系的强弱。借助大数据,研究人员能够快速、准确

---

[1] 廖备水:《论新一代人工智能与逻辑学的交叉研究》,《中国社会科学》2022 年第 3 期。
[2] [英]维克托·迈尔-舍恩伯格,[英]库克耶:《大数据时代》,浙江人民出版社 2013 年版,第 71 页。

地梳理出事件之间的关联，为决策提供科学、有效支撑。

总之，如何用好大数据这一先进技术是高校思想政治教育数据治理的核心议题，也是推进信息时代下高校思想政治教育治理现代化的关键抓手。大数据在高校思想政治教育治理中的应用不仅带来了技术维度的支撑，也带来了思维层面上的深刻变革，不仅增加了思想政治教育的技术手段、丰富了载体路径，更重要的是带来理念的更新，推动思想政治教育研究范式的拓展。

三、反实证主义

如前所述，马克思主义技术哲学内蕴对技术运用的合理性、合法性的反思，反对唯技术主义。习近平总书记指出："当然，要脚踏实地、因企制宜，不能为数字化而数字化。"[①] 这提示我们在探索高校思想政治教育数据治理的过程中，也要注意不能为数字化而数字化，要立足大数据技术特征，既看到大数据应用的优势，也要认清大数据应用的局限。"实践中，大数据与思想政治教育的不断融合，已成为思想政治教育创新发展的重要趋势。然而，无论是大数据本身的技术特征，还是思想政治教育作用于人的鲜明特征，都深刻影响到大数据在思想政治教育领域的实际应用，一味强调大数据的优势和作用，甚至过分依赖大数据的技术应用或许并不能完全适应思想政治教育健康发展的需要。因此，面对大数据发展的热潮，客观冷静地分析大数据应用于思想政治教育的优势和局限，以充分发挥优势，突破局限，进而提升大数据应用于思想政治教育的针对性和实效性，对于思想政治教育的长效健康发展具有重要意义。"[②] 这方面，西方马克思主义的反实证主义为我们提供了思想资源。

诞生于十九世纪三四十年代的实证主义是近现代社会科学的主要学派，在整个西方社会科学的发展史中具有重要地位。实证主义主张用知识论代替认识论，抛弃以主体即人为中心的认识论基本原则转而确立物的核心地位，

---

① 习近平：《不断做强做优做大我国数字经济》，《求是》2022年第2期。
② 冯刚：《大数据应用于思想政治教育的局限与突破》，《重庆大学学报（社会科学版）》2021年第2期。

推崇用自然科学作为自己观察世界、验证假设、发现规律的手段与工具。随着科学技术的逐渐发展，实证主义成为研究社会现象、解决社会问题、探析社会发展规律的重要范式，对人类科学的进步起到了重要的推动作用。诚然，实证主义对社会发展带来了不可磨灭的功绩，但是也受到了来自西方马克思主义、后结构主义、诠释学等的批判。法兰克福学派的主要代表人物哈贝马斯在《认识与兴趣》一书中对实证主义进行了系统分析和深刻批判，对高校思想政治教育数据治理反思数据治理的有效性范围具有借鉴意义。

第一，实证主义用知识学代替认识论的做法意味着主体不再成为科学建构的基点。"任何历史，它所记载的都是主体的活动和遭遇，即主体赖以成为主体的活动和遭遇。但知识学却放弃认识着的主体的问题，把注意力直接集中在科学上，即集中在作为命题和处理问题的方法体系，也可以说作为理论赖以建立和检验的全部规则的诸种科学上。"[1] 换言之，知识学成为了认识主体的唯一方法论，将一切关涉到人的问题局限在经验的范围之内，自行与哲学上的认识论隔绝开来，建立以形式逻辑和数学的有效性为前提的所谓的、为实证主义所特有的"认识论"。根据哈贝马斯的观点，这种以方法论为基础的认识论并非是严格意义上的认识论，而是一种非理性的、被降格的为反映论的认识论，通过这种方式为自身的合法性进行辩护。

第二，实证主义将科学与形而上学相对立，让人失却了追求意义、超越的维度。在孔德看来，所谓"实证"就是与纯粹属于想象的、尚未确定的、无用的东西相对立的真正实在的、具有确定性的、有用的东西，而这也成为了区分科学与形而上学的标准。进言之，实证主义论域下的科学和形而上学所认为的科学是两个截然不同的概念，前者是一种强调感性可靠性和方法可靠性的经验科学，注重科学的有用性，即在科学与技术的不断结合从而促进个人和集体生活条件的改善，而后者则更加注重于对事物最初起因和最终规定的揭示。"假若可靠性、精确性和有用性是衡量陈述的科学性的标准，那么，由此得出的推论则是：我们的认识，原则上是不完善的和相对的，它同'实证精神的相对性'是一致的。"[2] 换言之，哈贝马斯认为

---

[1] ［德］尤尔根·哈贝马斯：《认识与兴趣》，学林出版社1999年版，第67页。
[2] ［德］尤尔根·哈贝马斯：《认识与兴趣》，学林出版社1999年版，第75页。

第三章　高校思想政治教育数据治理的理论基础与思想资源

实证主义放弃了对事物进行绝对的、本质上的认识，仅仅是满足于对事物的状况进行相对的了解与研究，用关系概念代替了实体概念，用因果关系取代了反映全部存在物的理论，让人这种形而上学的动物失去了重要的人之为人的维度。

第三，对实证主义视域中的事实的批判性分析。实证主义者所谓的事实是指存在于经验中的东西,而马赫的"要素说"则将这一论断进一步深化,"把世界说成是事实的总和，同时又把事实说成是现实的本质"，[①]并且提出了"事实是由要素构成的"观点，将要素看作是连接物理世界和心理世界的桥梁，试图确立一种"要素一元论"的世界观。[②]在哈贝马斯看来，马赫的"要素一元论"虽然在表面上能够解决实证主义所面临的问题，即基于平庸的唯物主义的立场将主观条件抛除于认识过程以外，进而用事实的本体论这种实质上并不具有真正本体论价值的本体论对客观主义地加以理解的科学进行论证。哈贝马斯进一步指出："马赫为科学概念的构成所提出的普遍的范畴框架，包含着禁止对科学本身提出问题。认识的客观性不能从认识着的主体的视野中来理解，而只能产生于客观领域。要素说所作的论证是科学优先于反思;反思只有当它否认自己时才有意义。"[③]一句话，科学只有经过反思才能成为真正的科学，而这一过程必须有主体的参与才能过得以实现。

[①] ［德］尤尔根·哈贝马斯：《认识与兴趣》，学林出版社1999年版，第79页。
[②] 江怡：《重新认识马赫的"要素一元论"》，《文史哲》2006年第2期。
[③] ［德］尤尔根·哈贝马斯：《认识与兴趣》，学林出版社1999年版，第84页。

第四章
高校思想政治教育数据治理的主要涵义与本质属性

党的十八大以来，以习近平同志为核心的党中央高度重视大数据技术的运用，强调"要建立健全大数据辅助科学决策和社会治理的机制，推进政府管理和社会治理模式创新"，"要加强学习，懂得大数据，用好大数据，增强利用数据推进各项工作的本领"。系统阐述了运用大数据推进新时代国家治理体系与治理能力提升的总体思路。尤其提出"要运用新媒体新技术使工作活起来，推动思想政治工作传统优势同信息技术高度融合，增强时代感和吸引力"[1]，就思想政治教育治理领域运用大数据做了进一步明确。根据这一要求，2017年《关于加强和改进新形势下高校思想政治工作的意见》要求"树立互联网思维，推动思想政治工作传统优势与信息技术高度融合，使互联网成为开展思想政治教育的新平台。"[2] 同年，《国家教育事业发展"十三五"规划》也提出了"支持各级各类学校建设智慧校园，综合利用互联网、大数据、人工智能和虚拟现实技术探索未来教育教学新模式"。[3] 2018年《教育信息化2.0行动计划》提出"充分利用云计算、大数据、人工智能等新技术，构建全方位、全过程、全天候的支撑体系，助力教育教学、管理和服务的改革发展"[4]，进一步明确了大数据与思想政治教育融合发展的

---

[1] 《习近平谈治国理政（第二卷）》，外文出版社2017年版，第378页。
[2] 《十八大以来重要文献选编》下，中央文献出版社2018年版，第488页。
[3] 《"十三五"国家级专项规划汇编》下，人民出版社2017年版，第431页。
[4] 《教育部关于印发〈教育信息化2.0行动计划〉的通知》，中华人民共和国教育部公报2018年第4期。

价值意蕴与目标指向。2019年《关于深化新时代学校思想政治理论课改革创新的若干意见》要求"大力推进思政课教学方法改革,提升思政课教师信息化能力素养,推动人工智能等现代信息技术在思政课教学中应用,建设一批国家级虚拟仿真思政课体验教学中心。"①同年召开的十九届四中全会提出了"发挥网络教育和人工智能优势,创新教育和学习方式,加快发展面向每个人、适合每个人、更加开放灵活的教育体系,建设学习型社会"②,是对以大数据为代表的现代信息技术与思想政治教育结合的进一步细化和规划。2021年"十四五规划"更提出"以数字化转型整体驱动生产方式、生活方式和治理方式变革。"③描绘了数字化生存的理想图景,进一步从国家整体战略高度整体推进思想政治教育数据化转型和数据化演进。2021年7月在建党100周年之际,中央颁发《关于新时代加强和改进思想政治工作的意见》提出"推动思想政治工作传统优势与信息技术深度融合",对实现以大数据为代表的现代信息技术与思想政治教育治理融合做了再强化,是新发展阶段实践大数据赋能高校思想政治教育治理的现实动力和革新指南。习近平总书记关于运用大数据推进国家治理创新的论述,以及中央系列部署,吹响了以大数据赋能新时代高校思想政治教育治理体系和治理能力现代化的号角,是开展相关研究的现实驱动力。

第一节 高校思想政治教育数据治理的主要含义

思想政治工作是高校一切工作的生命线,关于为谁培养人、培养什么样的人以及怎样培养人的根本问题。思想政治教育治理涉及顶层设计、生态构建、运行机制等关键因素,是思想政治工作的基础。站在大数据时代背景下审视,人类社会呈现技术化、网络化、信息化、数据化发展的整体

---

① 《关于深化新时代学校思想政治理论课改革创新的若干意见》,人民出版社2019年版,第13页。
② 《中国共产党第十九届中央委员会第四次全体会议文件汇编》,人民出版社2019年版,第47页。
③ 《中华人民共和国国民经济和社会发展第十四个五年规划和2035年远景目标纲要》,人民出版社2021年版,第46页。

趋向。高校思想政治教育数据治理植根于这一整体趋势之中，根本指向在于满足大数据时代学生对更加平衡、更加充分的思想政治教育需要，是思想政治教育的一次重大思维革新、技术更新和范式创新。不言而喻，掌握和开展思想政治教育数据治理的前提，在于准确界定其概念，了解其内在意涵。

一、治理的内涵解析

对治理的认知，既要着眼于理解其概念本身的含义，追溯其发展的历史流变，又要通过与相近、相似的概念的横向对比，把握其本质特征和属性，唯有如此才能明晰其独特和独到之处。

（一）治理的概念界定

一般而言，治理是指多种利益主体在既定范围之中，通过对话、协商、合作等多种形式，对公共事务进行安排、处置，维系公共秩序，实现公共利益的过程。作为逐群而居的生物种属，一直以来人类因共同的生产和生活实践形成了社会，组成了各种的团体组织，也因此产生了纷繁复杂的公共事务。由此可见，治理是人类社会特有的活动。治理始终与人类社会的发展相伴而生，并发生在人类生存的每一天，只要人类存在着，就需要对各种事务进行治理。一定程度上甚至可以说，整个人类社会的发展史，就是治理的发展史。

西方文化语境中的治理（governance）一词源于希腊语，其词根含有操舵、方向盘的意思，意味着治理主体应当将自身定位为一个掌舵者、协调人的角色，在特定的范围内行使权威。因此，西方学术语境下的"治理"概念原为控制、引导和操纵之意。西方公共管理视域下"治理"的概念的提出，可追溯到二十世纪七八十年代波及英美等主要国家的经济衰退。20世纪80年代以来，治理概念在政治学和公共管理领域初步呈现，试图形成与传统"管理"理念相互抗衡的价值理念。90年代开始，学者们根据不同国家的治理实践归纳出不同的治理类型，试图在政治合法性基础上寻求治理类型的正统性，进而呈现不同的治理目标。20世纪末，西方学者赋予"治理"以新

第四章　高校思想政治教育数据治理的主要涵义与本质属性

的含义，主张政府放权和向社会授权，实现多主体、多中心治理等政治和治理多元化，强调弱化政治权力。当前，尽管西方学者对"治理"的概念有着诸多争议，也试图从不同角度对其进行再定义，但整体而言，治理的概念主要包括以下三个方面的含义。第一，治理体系是一个多中心的系统，其中不存在一个占绝对主导地位的中心组织。由于社会组织自我管理的能力不断加强，政府无法居高临下地对社会和社会发展进行管理。治理的概念意味着作为传统治理主体的政府对社会组织、社会公民有自我管理的能力的认可和许可。第二，在治理体系中，组织内部和组织之间的"网络"扮演着重要的角色。就当前而言，尽管自上而下的等级体系或一元化的领导在治理体系的网络中依然可能存在，但并不是唯一存在，而是并行存在，或者说作为传统治理主体的政府只是多个行为者中的一员。第三，治理的过程主要通过谈判、协商和合作来实现，是怀着不同的利益和观点的社会主体和行为者为了达成共同目标而进行的协作。因此，传统的强制命令尽管依然存在，但其发挥作用的空间已经微乎其微，或者说作为一项后备权力予以保留。

在中文语境中，"治"具有统治、管治、惩治、医治及从事研究等意思，"理"则意味着有事物的规律及是非得失的标准。在现代汉语词典中，"治理"表示统治和管理之意。我国对"治理"一词的使用早已有之。据《孔子家语·贤君》记载，宋君在见孔子的时候问道："吾欲使官府治理，为之奈何？"孔子回答曰："任能黜否，则官府治理。"这里的"官府"就是国家，"官府治理"即国家治理。孔子认为，国家治理者要任用能人，罢黜庸才，国家自然就会治理得好。当然，古代的"治理"一词的内在含义与今天不可同日而语。现代汉语语境下的治理理念萌芽和实践于近现代社会，随着20世纪90年代后西方治理理论的引入和传播，我国开始对社会治理开展系统性研究。尤其在2013年中国共产党第十八届三中全会提出"创新社会治理"后，国内对社会治理的研究热度迅速上升，有关社会治理的论文数量迅猛增加。[①]这一现象的出现不仅受到了东西方思想交流的影响，而且也反映了中国政

[①] 周巍，沈其新：《社会治理研究的文献计量学分析》，《求索》2016年第4期。

府和学术界对于社会发展和公民政治参与的新认识。

就学术界而言，当"治理"一词被引介到中国，学者们就开始不断质疑其本土适用性。俞可平较早关注治理理论，界定了"治理"与"统治"在权利主体、强制力使用、权力运行向度等方面存在着几点主要区别。① 郭苏建提出新的社会治理必须逐步以社会自主管理为核心，围绕社区组织展开，政府应当运用法律法规、民主协商的方式来引导社会自治，而不是代替社会去包办一切事务。② 党的十八大以来，中国国家治理能力和治理体系现代化在学术讨论中受到越来越多的关注，如何理解中国治理成为国内外学界共同关注的一个热点话题。随着政府提出"国家治理体系和治理能力的现代化"之后，与中国官方思路的转变相对应，"治理"一词被赋予了更为浓厚的本土化蕴意，与其概念的"原貌"存在着较大的差异。传统治理研究在价值和实践两个层面的意识形态色彩也被逐步削弱。国内一些知名学者的介绍性文章对治理概念在中国的普及也起到了很大的促进作用，③ 治理正在从20世纪相对陌生或仅仅限于学术讨论中的概念，逐渐延展成为当前社会学界、政治学界、管理学界和传播学界广泛使用的词语。

（二）治理的内在意涵

时至今日，存在于中国改革实践和发展语境下的"治理"，不是单纯地强调政府放权和弱化政治权力，而是更加凸显了党和政府的核心地位，以及在此种地位的确保下引导国家、政府、社会三者之间协调有效运行。不难看出，和西方的治理概念相类似，中国语境下对治理的讨论也强调治理主体和治理机制的转变。对治理概念的认识和把握，应当从以下几个方面着手。

从主体来看，治理主要是由政府的一元治理转变为政府、社会组织和公民之间的多元合作治理。一方面，治理意味着各种主体将参与决策的过

---

① 俞可平：《推进国家治理体系和治理能力现代化》，《理论参考》2014年第2期。
② 郭苏建：《中国国家治理现代化视角下的社会治理模式转型》，《学海》2016年第4期。
③ 寿龙：《公共事物的治理之道》，《江苏行政学院学报》2010年第1期；陈振明：《评西方的"新公共管理"范式》，《中国社会科学》2000年第6期；卢汉龙：《民间组织与社会治理》，《探索与争鸣》2006年第5期。

程：国家已不再是唯一的掌舵人。而要从内外的角度考虑其他主体的存在。这些主体将以各种方式正式或非正式地参与具体的决策制定过程。因此，治理要求消除公私之间的隔膜以及消除不同层次主体（国际、地区、国内、地方）之间的界限。另一方面，治理意味着不同行为主体之间要在一致认同的基础上达成解决问题的方案。最终决策的选择应是谈判和妥协的结果，并充分考虑参与各方的观点；国家不应当再将其观点凌驾于其他主体之上而是要在平等的基础上与其他主体进行对话集体商讨决策。

从机制来看，治理强调自上而下的政府治理与自下而上的社会自治之间的良性互动。其一，治理的突出特点就是不同主体之间的横向互动形式。虽然这些主体之间的利益相矛盾，但是各个主体的独立性却能够使任何单一主体不能单方地将其决策凌驾于其他主体，而主体之间的相互依赖性却会在没有达成解决方案时使各方均会成为输家。其二，治理是一种集体行为的多元化和互动性的方法，治理主体的任何一方都无法也不可以单独控制决策过程。鉴于问题的复杂性、多个主体的共生性和多种权力的共存性，治理要求不同主体、不同界域、不同层级之间要相互协作。

（三）治理与管理的区别

明晰治理的概念，还要区分其与管理的区别。一般而言，管理是指通过计划、组织、控制、激励和领导这五个环节来协调人力、物力和财力资源，以期更好地达成组织目标的过程。治理与管理的区别主要表现在四个方面。

其一，主体不同。管理的主体是单一的，主要指政府，或者说政府在管理活动中占绝对优势地位。而治理的主体是多元的，包括党、政府、社会组织、各单位、人民团体等，提倡多元主体间的合作共治。

其二，权源不同。政府的管理权来自于权力机关的授权。尽管权力机关授权从根本上说是人民授权，但人民授权毕竟是间接的。而治理权当中的相当一部分由人民直接行使，这便是所谓的自治、共治。

其三，运作不同。管理是政府依靠自身的权力对社会事务进行部署、控制，其运作模式是单向的、强制的、刚性的，带有强烈的行政命令的色彩。治理是多元主体间的合作，有对话、协商、互动等多种方式，其运作模式是复合的、合作的、包容的,其主要作用是引导、宏观规划。

其四,目标不同。管理强调效率和效益、维持秩序,而治理的目标是"善治",即实现公共利益的最大化。强调在一定社会条件下或特定范围内不特定多数主体,在利益一致的条件下,保证利益的共享性、长远性。

总而言之,治理是对国家的超越。治理技术的推行或者被看作国家形式必然削弱的标志,或者被认为是为适应新的社会大背景国家运行方式调节的指标。它表明国家只不过是国际社会中的一个行为主体。通过重新定义国家的任务和加强国家的地位治理将会推动国家的重建。通过组织再造与倡导新型管理治理将会推动国家进一步适应社会的大发展。

二、数据治理含义

近年来,以现代信息技术为驱动的新一轮科技革命和产业革命蓬勃兴起,人类文明经历农业经济和工业经济之后,进入一种新的社会经济发展形态——数据经济。在这一时代,数据就像农业时代的土地、工业时代的能源一样成为核心资源,是数字政府的业务要素、数字经济的生产要素、数字社会的基础设施要素和数字国家的竞争力要素。"依靠数据决策、依靠数据管理、依靠数据创新成为'新常态'。"[①]

(一)数据治理的内涵解析

作为对"数据管理"概念的替换和超越,数据治理不仅仅停留在对"数据"的静态关注上,而是进一步将视角聚焦到更大范围的"数据世界"上。如此,必须全面地呈现数据治理的概念谱系。就当前学术界研究成果而言,数据治理一般包含了对数据治理和依数据治理双重内涵。

一是对数据的治理[②]。这一概念源于企业对数据资产的治理,也是数据治理最初的内涵。是指通过制定和实施一系列政策、程序和标准以保证组织的结构化和非结构化数据资产能有效应用的实践,其主要任务在于通过

[①] 大数据战略重点实验室:《块数据5.0——数据社会学的理论与方法》,中信出版集团社2019年版,第157页。

[②] 张康之:《数据治理:认识与建构的向度》,《电子政务》2018年第1期。

第四章　高校思想政治教育数据治理的主要涵义与本质属性

对组织中相应职责、决策权以及角色的分配来保证数据资产的完整性、准确性、可访问性和可利用性，最终实现数据价值最大化和成本、风险最小化的治理目标。对数据的治理对象是明确的，即数据。从分类上看又包括政府数据和企业数据。因此，又衍生了"政府数据的治理"和"企业数据的治理"两个概念。政府数据治理"不仅是政府机构内部数据的治理，更是政府为履行社会公共事务治理职能，对自身、市场和社会中的数据资源和数据行为的治理"。企业数据治理更强调对企业数据静态和动态的管理，均是立足于"数据"谈治理，归属于治理技术层面。随着大数据在各个行业领域产生巨大的社会价值和产业空间，数据治理的概念逐渐延伸到政府、医院、科研单位等不同的组织机构和领域场景中，并衍生出了政府数据治理、科研数据治理等理念和概念。需要指出的是，对数据治理是当前学术界对数据治理概念界定的主流观点，包括思想政治教育学科在内的研究成果大部分都围绕这一观点展开。

二是依数据的治理。依数据治理又可称按数据治理、用数据治理。强调数据为治理构造了一个新的治理场域，推动治理主体以一种新的观念和视角去重新审视社会治理，依循数据分析所呈现的结果制定治理方案、供给治理内容、采用治理方法、评价治理结果，从属于治理理念层面。"依据数据的治理"可以导向社会治理的新形态。依数据治理深刻体现了新时代以人为本、以实践为绳、以效能为度和以未来为向的治理的价值取向。这将重塑国家与人民、理论与实践、投入与产出以及当前与长远的关系，进一步放大中国特色社会主义的道路优势和制度优势，并向发展优势进一步转化。大数据信息的深度开发与大数据技术的广泛运用，推动国家治理、社会治理和教育治理数据化转型。依数据治理将逐渐成为数据治理的主流概念，其理念将被广泛认可和推广应用。

必须指出，对数据治理与依数据治理并不是截然对立或分开的。实现依数据治理的前提在于占有海量、可靠、全样本的数据，这有赖于对数据进行有效治理。因此在一定意义上可以认为，对数据治理是依数据治理的基础。另一方面，对数据治理最终是要发挥数据的治理价值，让数据支撑治理，因此有可以认为依数据治理是对数据治理的最终价值旨归。

另一方面，对数据治理与依数据治理又有着显著差别。一是所述领域不同。对数据的治理虽然也会构成社会治理的一项内容，但在社会治理体系以及总的过程中，对数据的治理更多地应当属于技术问题，或者说，更多地反映在技术的层面上。即便反映在技术上，也应当将其看作是对数据这一新的现象的治理。而依数据治理则数据"用数据"，数据政治学、社会学、管理学等领域，属于数据开发问题。二是变革程度不同。对数据的治理，可以在既有的社会治理框架中进行，既有的社会治理框架、工具以及规则等，都可以根据适应性状况而被用于对数据的治理。即把数据这一新的现象纳入到旧的治理体系及其框架之中，以旧的方法、思维方式等去对数据加以治理。而依数据治理则充分认识到"数据化"正在造就一个新的技术和社会领域，并根据这一新领域的特征去探索新的治理方式和路径。因此，依数据治理必将引发一系列的变革。甚至会要求整个社会治理体系做出调整，以适应或配合对这一新领域的治理。如果根据数据化造就的这种新领域而提出的客观要求去开展数据治理的的话，就会为社会治理带来新的理念和方法，就会把对数据的治理转化为社会治理变革进程的自觉行动。其实，一旦认识到对数据的治理是一个全新的社会治理问题，也就会自觉地通过研究和创新去寻求适应新要求的方式方法，就会使得创新成果迅速地向社会治理各领域扩散。即便这一进程是渐进的和缓慢的，也必将会最终扩散到社会治理的各个方面。

（二）数据治理与数字治理的多维比较

厘清数据治理的概念，尤其需要关注其与数字治理的区别。从数字到数据，意味着思维方式上的一场变革。数字更多地是认识工具，反映在认识过程中，从属于认识的需要；数据则会引导实践的方向，是从属于建构需要的。因此，数据治理与数字治理的区别也表征为三个方面。

其一，在概念建构方面，数字治理侧重于"治理行为的抽象性"。数字治理其背后暗含的逻辑是以"0"或"1"表示的二进制信号组成的一串符号序列，通过字符序列所蕴含的信息来实现政府与社会的互动以及政府内部的运行。因此，数字治理是从治理行为的内在抽象形式出发，准确抓

第四章 高校思想政治教育数据治理的主要涵义与本质属性

住了数字治理的数字化特征。数据治理侧重于"治理对象的数据性"。数据治理是由于计算机技术和现代通信技术的普及，使得数据开始走向在线化、集聚化和应用化，数据已经改变了其客观存在的静态属性、原料属性，开始成为一种多源、多维、多位的，高度浓缩信息集成。这种集成能够呈现事物的客观状态、客观规律和客观发展趋势，能够比较容易被人们解读和认知，从而为决策提供参考和指向。简而言之，数字是原材料，而数据则是加工后的成品。数字治理是完成治理从线下转向线上，而数据治理则是在数字治理的基础上，让数据"动起来""用起来"，成为决策指引。

其二，在概念建构的依据方面。数字治理产生的背景是网络化的深度推进，驱动传统电子政务不断创新发展，使得电子政务信息和服务的提供从"单一无序"向"全面系统"转变；公民意识的提高促使电子政务从"提供信息和服务"向"增强公民监督和参与"转变；新公共管理和公共服务思想的崛起促使电子政务从"以政府为中心"向"以公民为中心"转变。从发展源流来看，"数据治理"是在"数据管理"的基础上的理念的迭代升级，是伴随着数据科学的发展，大量高价值多结构的海量数据集不断产生，数据已经成为一种可以影响组织发展的宝贵资源和组织决策之"向""度""能"的战略资产。与此同时，传统的政府管理和社会管理手段和方法已经难以满足人们日益增长的多元化需求和发展诉求，依靠数据进行治理的重要性和紧迫性摆在了大多数组织的面前。

其三，在治理活动的具体内容方面。数字治理主要关注通过信息技术的运用来解决国家和社会管理碎片化、低效化的现象，进而提升管理的效率、效力和效能。因此，数字治理主要关注政府的治理方式和治理行为。而数据治理则关注信息技术如何扩展政府与社会其他主体的相互沟通和互动机制，推进社会共治，提高民主化程度。因此，数据治理关注的是治理主体与治理对象之间的互动过程，关注治理活动本身的科学性、精准性和有效性。与此同时，数字治理更多从面上对治理对象进行关注，强调整体性。而数据治理则倡导将治理触角尽可能延伸到治理对象个体，注重对单个事件、单个事物的应对。总而言之，数字治理更侧重于实现治理模式的转变，而数据治理则侧重从理念、制度、方法、系统等全方位实现对治理体系的再造和重塑。

三、思想政治教育数据治理

在对治理、数据治理等基本概念进行充分探讨的基础上，我们认为，高校思想政治教育数据治理中的数据治理，应当采用以"依数据治理"为主，"对数据治理"为辅的逻辑理路。因此，我们将思想政治教育数据治理的概念界定为，以大数据思维贯穿始终，以大数据信息为决策基础和来源，以智能算法推荐等大数据技术应用为关键特征和支撑，设计制度、重构机制、优化过程、建立生态、强化保障，推进思想政治教育治理体系和治理能力现代化的模式。高校思想政治教育数据治理是"思想政治教育工作在现有基础上通过结构性创新实现内涵式发展"，"是在思想政治教育延续性基础上的发展性和创新性"[1]。高校思想政治教育数据治理植根于互联网信息技术的深度发展与大数据技术的广泛普及和应用，根本指向在于满足大数据时代更加平衡、更加充分的思想政治教育需要，是思想政治教育的一次重大思维革新、技术更新和范式创新。思想政治教育数据治理的内在意涵为：

其一，高校思想政治教育数据治理以大数据信息作为辨知来源和决策依据。从本质上讲，大数据首先是一种信息资源，是蕴含着思想政治教育治理价值的"原矿"。一方面，数据治理通过对这些"原矿"进行萃取、提炼、组合、加工，获取治理的痛点、重点、难点等信息，力求最为精确的掌握治理所面临的现实状态，作为思想政治教育治理决策基础和方案依据。另一方面，高校思想政治教育数据治理还运用数据分析、数据解读、数据阐释、数据表达、数据评价等方法，将思想政治教育治理需求植入数据之中进行可视化、可量化、可参与化、可互动化的呈现，完成治理需求、诉求和要求内烁的过程，最终实现"一人一策、一事一策、一时一策、一地一策"制定治理方案，量化性把握重心与方向、资源配置的重点与数量、治理评价的反馈与改进等要素。

---

[1] 冯刚，徐先艳：《现代性视域中思想政治教育治理的生成逻辑、基本内涵及时代价值》，《教学与研究》2021年第5期。

第四章　高校思想政治教育数据治理的主要涵义与本质属性

其二，高校思想政治教育数据治理以大数据思维重构思想政治教育治理理念。高校思想政治教育治理依循国家治理制度体系有序展开，以有效服务于高校思想政治工作为重要任务，围绕立德树人根本任务，以培养国家发展所需的时代新人为价值目标，以推进思想政治教育治理体系与治理能力现代化为方向路径。大数据同时表征为一种全新的思维方式，与这一思维方式融合将产生新的思想政治教育治理理念，即"精准化引领导向，沉浸式、参与式、对话式、互动式验证模式，共享、协同、联动机制。"①因此，高校思想政治教育数据治理的基本理念包括：一是整体治理理念。数据治理通过关联性思维发掘思想政治教育的源头性问题，不再局限一时一事、一局一域，强调从整体着眼解决思想政治教育治理根本性问题。二是精准治理理念。包括"教育教学活动信息的精细管理、教育目标的精准识别与定位、任务解决的精确定向与定制、教育过程的定时施教和教育成果的精准评价"。②三是主动治理理念。通过大数据的预测功能，预知教育对象思想和行为发展趋向，预测可能出现的风险，预制治理方案，使思想政治教育由"被动应对式"转变为"主动介入式"。四是协同治理理念。数据治理将推动思想政治教育多元主体之间一体联动，推进思想政治教育治理从碎片化向"联勤化"转变，真正实现"大思政"的工作格局。

其三，思想政治教育数据治理以大数据技术重组思想政治教育治理的实践结构。在思想政治教育数据治理中，大数据还将以技术身份融入，以数字化方式完成思想政治教育的方式转换，建构思想政治教育崭新的应用性框架，包括主体构成、内容呈现、话语逻辑、动力来源、发生机制、互动过程，形成思想政治教育共建共治共享的机制，生动化表达的话语机制，以问题为导向、系统治理的发生机制，以及互动内容向思想政治教育内容转化机制。数据爬虫技术、清洗技术、存储技术、云计算技术、加工技术、可视化技术、识别感知技术以及算法分发技术将全时、全域、全息、全向发力，敏锐、精准、及时、动态感知和识别思想共鸣点、情感触发点、学习兴趣

---

① 王欣玥，吴满意：《新时代推进大数据与思想政治教育融合的五维思考》，《教育探索》2019 年第 6 期。
② 吴满意，景星维：《精准思政：内涵生成与结构演化》，《学术论坛》，2019 年第 42 期。

点和兴奋点、生活挫折点和冲突点的，自动生成个性化、时效化、关联化思想政治教育治理方案，供治理主体决策参考和运用。因此，在思想政治教育数据治理中，大数据技术是硬核，赋予了思想政治教育以新的驱动力，作为数据治理的生产力要素，是实现数据治理从理论走向实践的关键环节。

第二节　高校思想政治教育数据治理的本质属性

属性是事物必然的、不可奋力的本性，又是事物的某个方面质的表现。一般而言，客观事物千差万别，它们各自所具有的不同的性质、特征。就同一事物而言，也有着许多的属性，包括本质属性与非本质属性、固有属性与偶有属性、共有属性与特有属性等。在其诸多属性中，有些是某个或某类事物所特有的、排他性的属性，决定着该事物的本质，使某一事物之所以成为它自己的最低限度，并把这种事物与其他事物区别开来。① 这种最低限度所包含的性质就是事物的本质属性。要深刻认知高校思想政治教育数据治理，就必须揭示和把握其本质属性。高校思想政治教育数据治理的本质属性既要服从于思想政治教育的本质属性，又要遵循国家治理的本质规定，因此从目标属性、过程属性与结果属性三个层次对高校思想政治教育数据治理进行界定，有助于精准揭示其本质。

一、高校思想政治教育数据治理的目标属性

党的十九届四中全会提出了要"构建系统完备、科学规范、运行有效的制度体系，加强系统治理、依法治理、综合治理、源头治理，把我国制度优势更好转化为国家治理效能"②。大数据技术作为一种生产力工具，其深度发展和广泛应用极大提高了人们认识世界、改造世界的能力，推动着高校思想政治教育治理体系和治理能力向现代化演进，也催动着以科学化、

---

① 彭漪涟，马钦荣：《逻辑学大辞典》，上海辞书出版社2004年版，第300页。
② 《中共中央关于坚持和完善中国特色社会主义制度　推进国家治理体系和治理能力现代化若干重大问题的决定》，人民出版社2019年版，第5页。

精准化、智慧化为核心的思想政治教育治理属性更加鲜明。

（一）基于海量数据分析与情势预判推进思政教育决策科学化

决策科学化是现代治理体系和治理能力审视的首要维度。互联网信息化时代社会诉求更加多元、事物发展更加多向、人们选择项更加多，加之社会生产力的发展促进社会利益格局更加复杂、新生事物层出不穷，决策的风险势必不断加大，要求高校思想政治教育治理决策必须以更加充足的事实为依据，满足师生美好生活需求为目标。数据治理按照科学的程序，通过对海量的相关数据、历史数据和相似数据的类比、分析与计算，寻找事物内在联系与发展规律，进行严谨的数字化演绎模拟，从而更加充分、广泛、深入、精细的论证。首先，通过数据治理优化决策思路。在大数据技术的介入下，思想政治教育决策可以依据数据分析优化思路，治理主体的决策行为也更有可能摆脱经验主义、教条主义、形式主义的束缚，形成"循数明理、循数决策、循数管理、循数创新"的治理机制。其次，通过数据治理优化决策参与。大数据冲破碎片化、孤岛化的价值和功能还将强化横向上的整合和纵向上的责任，使传统高校内部条块分割、责权林立的管理体制得以革新，形成整体性治理，从而提高治理的统筹性和系统性；人们将通过积极贡献数据影响决策的偏向和比重。再次，通过数据治理优化决策过程。在大数据技术的支持下，高校思想政治教育的决策将更加慎重、理性和严谨，在数据分析结果的基础上推进决策程序、启动治理机制、运用决策权力。决策的动态反馈将会更加适时、立体、全面、精准，高校思想政治教育治理将在这一过程中完成治理模式的自我超越、自我优化和自我完善。

（二）基于全样本分析与针对性施策推进思政教育治理精准化

决策方式、决策实施与决策评估的改变是数据治理的主要战略价值与意义。尤其从决策制定与施行来看，大数据将从思维、过程、内容到方法等方面极大促进高校思想政治教育治理的精准定策和科学施策。

首先，高校思想政治教育数据治理将实现精准定策。大数据实现了全样本、全要素分析。作为治理主体的高校，可以通过大数据技术挖掘和收集海量治理对象的数据,并通过数据清洗和提炼等数据处理技术,将上述数据转化为有用的治理信息,进行智能对比、智能模拟政策运行等智慧应用,精准把握主要矛盾、关键症结,再通过智慧决策系统匹配相应的、最优化的治理策略,从而实现重点识别、风险分析和社会监管的一步到位。让高校思想政治教育治理决策更有"靶子",更有底气选择合适的"箭矢",一击即中。

其次,高校思想政治教育数据治理将实现精准施策。我国社会主义市场经济的发展和社会结构的调整优化,尤其是互联网信息技术时代的到来,使社会人口要素、生产要素、生活要素、行为要素均呈现流动性、多变性、易变性的特点。传统明显带有静态、滞后特性的方式,以一策应万变的思维再也难以达到重点识别的精准化。数据治理将对高校师生精准画像、实时画像,对治理事件全景画像、全程画像,准确有效识别治理对象,动态调整治理方案,提升治理针对性、实效性。

再次,高校思想政治教育数据治理将实现精准评策。数据治理所具有的历时性与共时性的鲜明特征,通过与物联网、政府智慧大脑等现代信息技术结合,高度整合各级政府、各类行业、各个个体之间的信息系统,组建思想政治教育治理云脑,形成信息共建共治共享的基本格局,思想政治教育治理决策记录、追溯、监测与预测功能的同步同频呈现,甚至可以动态的对比和监测决策实施的之前、现在、之后的状态,实现过程管理、动态调整,提升思想政治教育治理的精准施策水平,从而实现对以往"撒胡椒面""大水漫灌""政策制定反复推敲,政策落实两眼一抹黑"等模式的超越。

(三)基于自激活运行与动态化调整推进思政教育治理智能化

习近平总书记指出,"要善用科技,加快建设智慧城市,以大数据等信息化技术推进政府管理和社会治理模式创新,不断促进政府决策科学化、社会治理精准化、公共服务高效化。"①"十四五规划"也提出了要"分级分类推进新型智慧城市建设,将物联网感知设施、通信系统等纳入公共基础

---

① 《习近平谈治国理政(第三卷)》,外文出版社2020年版,第415页。

第四章　高校思想政治教育数据治理的主要涵义与本质属性

设施统一规划建设,推进市政公用设施、建筑等物联网应用和智能化改造。"①智慧国家和智慧政府是互联网信息技术高度发展和发达,并与国家治理深度融合下的产物,是数字政府、智能政府发展的高阶形态,是大数据时代国家治理体系与治理能力现代化的解决方案。如何适应这一发展趋势,是高校思想政治教育亟待面对的现实问题。建立在大数据基础上思想政治教育数据治理将通过广泛收集数据资源,以云存储等现代网络渠道实现对数据的存储,以人工智能、云计算等手段实现对数据处理和信息变现从而实现数据价值。数据治理将赋予思想政治教育人格化的"感知、识别、治理、反馈、进化"五位一体的治理模式,实现了政府、高校、社会职能与公民诉求的"共情、共鸣、共治、共享"过程。事实上,推进现代信息技术与教育融合已经成为世界各国共识。早在2005年,应该就提出建立协调合作系统,提高教育效力和效益等目标。澳大利亚在2009年启动"数字教育革命",不同层次的学校都可以通过这个项目使用相关的数据资源和工具,推进世界一流教育体系建设。2010年,欧盟发布"欧洲数字化议程"五年计划,关注云计算技术支撑的资源服务平台建设,提出提高数字素养、数字技能和全纳教育,并致力于推动教育的数字化和移动学习。日本也于2010年发布《教育信息化指南》,启动"未来学校推进项目",从国家战略层面推进师生信息技术能力提升,完善教学环境,消除数字鸿沟。新加坡自1997年以来先后发布三期教育信息化计划,提出"促进教育行政管理能力提升""学校有效利用信息技术促进自身发展"等目标。②从本质上讲,思想政治教育治理是教育治理的重要组成部分。思想政治教育数据治理的智能化,其最根本的目标就是自觉顺应网络化、信息化、智能化的历史大势,将大数据采集处理和智能决策体系纳入决策系统和治理系统,构建人工辅助智能决策系统,实现思想政治教育治理自启动、自运行、自调适、自评价。同时,大数据强大的数据整合和分析能力可以将分散储存在不同部门、行业的数据进行整体规划、系统的战略化管理,形成思想政治教育治理云脑,简化

---

① 《中华人民共和国国民经济和社会发展第十四个五年规划和2035年远景目标纲要》,人民出版社2021年版,第3页。

② 王正青:《信息化、"互联网+"与大数据:当前美国基础教育变革理念与实践》,人民出版社2018年版,第40—42页。

了治理的程序性事项，提高了治理效能。总体而言，思想政治教育数据治理将推进思想政治教育治理体系与治理能力向高敏感感知、高速度反应、高效率决策和高人性服务等方向进化，不断提高服务师生、思想素质进步和教育发展的能力与水平。

二、高校思想政治教育数据治理的过程属性

从过程来看，思想政治教育治理包含了治理启动、方案治理、过程运行和效果评价等基本环节，如何将大数据嵌入其中，发挥优势，提升效果，是数据治理的基本议题。结合大数据应用特征以治理体系与治理能力现代化要求，以数据分析作为治理起点、依托数据支持治理方案、数据动态监控贯穿治理过程以及按照数据反馈来评价治理效度是思想政治教育数据治理的基本应用场景。

（一）高校思想政治教育数据治理在数据分析中动议治理程序

一般而言，传统治理按照"出现问题——集中治理——评估总结"的回应式模式展开，一方面割裂了治理的系统性，产生"头痛医头脚痛医脚""拆东墙补西墙"等效果，形成碎片化治理；另一方面，由于治理的启动程序发生在问题出现之后，形成了被动式治理。与此不同，数据治理则按照"分析数据——发现异常/规律——寻找关联——量化指标——形成方案——解决问题"的步骤演进，并具备两大特征。一方面发现问题的起点在数据的分析，往往在问题爆发之前。通过对全样本思想政治教育数据的分析，发现其中的奇异点，从而形成治理的关注点。另一方面解决问题的起点在数据的分析。按照数据分析结果，把握治理规律，进而形成治理方案。治理程序启动于三类情况之中。一是通过对汇集的数据进行分析处理，发现思想政治教育的异常性、集中性、苗头性、倾向性问题，针对性制定治理方案。二是在治理过程中，根据思想政治教育的各类情景预置大量治理方案。通过对监测实时产生的数据，发现新现象、新趋势、新动态，适时启动、动态调整治理方案和治理程序。三是对历时和现时数据综合分析，预测未来思想政治教育治理的可能性情境，主动介入、提前介入、从根源介入，

化解治理风险。总而言之，数据治理将思想政治教育治理起点更加有的放矢、有条不紊、有凭有据，是一种因数据而"生"，又因数据而"死"的治理范式。

（二）高校思想政治教育数据治理在数据支持中制订治理方案

治理方案的制订方面，数据治理将改变以往凭经验决策和依据上级文件"画瓢"等模式，遵循"数据怎么说"的思维路向，严格循数决策。数据将从三个层面支持思想政治教育治理方案。一是方案的产生由数据支持。方案制定的依据是数据所呈现出来的问题、规律，本质上具有实践导向。因此，数据收集和分析将成为决策的前置程序，决策前必须广泛搜集学生学习、消费、娱乐、出行、休闲等全样本数据，从而发现治理痛点，形成"无数据不决策，有决策必有数据，决策源于数据"的治理模式。二是方案的内容由数据支持。治理措施的每一项内容和决策都是针对数据分析结果所呈现的问题而制定的，均有切实可靠的数据进行论证。在技术成熟的情况下，决策甚至需要经过数据模型进行演绎和模拟，评估实施效果。三是方案的保障由数据支持，即所有具体实施步骤和方法是由数据来作为支撑的。具体而言，包括治理方向的瞄定、治理空间选用、治理时机选择、治理进度把控、治理程度掌握、治理的具体措施选用等要素，均通过大数据计算，精准开展，力求获得最大效能。总而言之，思想政治教育数据治理的方案依靠数据、依照数据、面向数据、解决数据，让决策不再处于"大概""大多数"等模糊状态，而是量化呈现、精确定位、投放到位，科学性得到极大提升。

（三）在数据监测中掌控治理过程

高校思想政治教育数据治理是一种"单粒度治理"，将全程、全域、全方位记录治理数据，在计算机网络系统中营造一个"数字孪生治理空间"，并通过万物互联、云计算、人工智能等互联网信息技术进行适时、动态调整。一方面表现为治理数据的历时性。即治理过程中，数据将全过程存在、贯穿始终。即包括治理过程本身数据，也包含治理过程开始前以及完成之后的数据；即包括治理的元数据，也包括治理过程中产生的衍生数据，是一个完整的数据链。与此同时，思想政治教育还将依托人工智能进行实时对比分析，随时发现治理异常点和风险点，修正、补充、调整、完善治理方案。另一方面表现为治理数据的共时性。在治理过程中，思想政治教育将编织密集的数据监测网络，全样本记录，所有涉及到的相关数据都包含其中、实时刷新。同时，思想政治教育还将通过高校与政府部门、企事业单位的信息共享机制，利用网络爬虫等技术全方位爬取关联数据，聚焦治理对象进行全方位透视。总而言之，治理过程的数据监测，既包括治理活动本身，也包含治理活动之外、具有关联性的数据，是一个完整的数据面，确保治理的可追溯性、可延续性和可共享性。

（四）在数据反馈中提升治理效度

大数据的关键是让数据发声。通过大数据对治理效果进行量化分析和量化呈现，并最终表征为图片、视频等数据产品。因此，由数据反馈治理效度的特征，首先需要对治理效果进行数据化呈现。通过将治理过程中搜集、存储和分析的数据进行重组和关联，形成新的思想政治教育观点，将数据具体效果进行量化，并以数据图表、视听等形式予以表达。其次对治理效果以数据评价。通过对全过程、全样本数据进行横向和纵向对比分析，以可量化、具象化形式展示效果，用数据话语逻辑对治理方案的每项内容进行精细化评价。再次对治理效果以数据反馈。在数据治理下，未来思想政治教育治理将可能变为类似于医院的报告单，治理主体将凭借报告单所呈现出来的效果，对决策效果进行评估和审视，确定未来治理的"向"和"度"。总而言之，在数据治理之下，思想政治教育方案的效果将不再以"大部分""基本上""很多"等话语逻辑进行反馈，而是转化为百分比和确凿的数字，使得治理方案中的无用、冗余、干扰内容无所遁形，真正使治理主体对效果做到"心中有数"。

三、高校思想政治教育数据治理的结果属性

依托大数据推进高校思想政治教育治理体系与治理能力提升，深刻体现了中国特色社会主义进入新的发展阶段，思想政治工作以人为本、以实践为绳、以效能为度和以未来为向的价值取向。这将重塑国家与高等教育、

理论与实践、投入与产出以及当前与长远的关系，进一步放大思想政治教育作为高校工作生命线的优势。

（一）强化了以人为本的思政教育理念

马克思指出："新唯物主义的立脚点则是人类社会或社会的人类"[①]，从而明确了马克思主义唯物史观的人本主义本质特征。长期以来，思想政治教育治理具有强烈的"政府主导""学校主导""教师主导"色彩，政府、高校和教师为单一主体，处于管控地位，依靠掌握的行政权力调控教育关系，分配教育资源，进而影响思想政治教育发展路向。这种治理主体主导思维能够发挥政府、高校和教师集中资源、统一调配、重点突破的优势。但是随着社会生产力的进步和生产关系的调整，尤其是互联网信息技术的加速发展和迭代升级，社会意识也发生着深刻变化，体现在大学生的诉求和需求多元化、多层次化、多变性的发展态势，发展不平衡加剧，利益格局也处于剧烈重塑中，这些动态极大的改变了大学生的思想观念、价值取向和行为方式，主体意识、参与意识前所未有的凸显出来。因此传统的思想政治教育治理模式显然已经不能完全满足大学生自我意识逐渐增强、主体地位诉求日益凸显的需求,适应新时代国家治理"以人为本"的价值取向。无论是政府、高校抑或教师，管得过宽、过严、过死均使得大学生参与治理的自组织能力受限，积极性难以在思想政治教育问题的解决过程中调动起来。以数据治理提高思想政治教育治理能力，将使这种状况得以彻底改善。首先，思想政治教育数据治理的决策启动是"根据人"。既从满足师生的需求出发，依据来源于学生的社会实践活动中产生的各种电子足迹，在分析学生的实践活动规律，有针对性的开展治理活动。其次，思想政治教育数据治理的决策目的是"为了人""满足人"，着重凸显不同师生群体之间、层次之间甚至个体之间的个性化需求，"以人为本"的决策指向将得以真正实现。再次，思想政治教育数据治理的主导力量是"师生"。"为人"及"人为"的国家治理的价值理念也将得以实实在在嵌入国家决策之中，使师生的主体感、参与感、获得感、幸福感大大提升，实现大数据技术赋权的人

[①] 《马克思恩格斯文集（第1卷）》，人民出版社2012年版，第136页。

本主义倾向。

（二）彰显了实践为绳的思政教育治理姿态

马克思指出："全部社会生活在本质上是实践的。"①，从而将实践的观点作为马克思主义同旧哲学的根本区别。邓小平在党的十一届三中全会上指出"只有解放思想，坚持实事求是，一切从实际出发，理论联系实际，我们的社会主义现代化建设才能顺利进行，我们党的马列主义、毛泽东思想的理论也才能顺利发展"②，将实事求是、坚持实践标准提高到党的思想路线的高度。从本质上讲，新时代推进思想政治教育数据治理是对"实践是检验真理唯一标准"的自然延伸。首先，从治理准备来看，思想政治教育通过处理庞杂的学习、生活、消费、社交、娱乐等业已存在的数据，实现了对师生思想诉求、行为数据化痕迹的识别，形成汇集了师生思想和行为的大数据库，为决策提供可量化支持。其次，从治理方法来看，思想政治教育通过对过往发生的事件进行搜集、整合、总结、归纳，发现规律，通过大数据技术对治理方案进行相关关系分析、演算甚至模拟，从而实现预测、判断，衡量施政的边际效应，从而对治理效应进行评估和预测，深刻的体现着"从实践中来，到实践中去"的实践观点和方法。再次，从治理过程来看，思想政治教育通过数据分析了解民心民意，汇聚民智民力，从学生的实际需求出发，制定符合现实预期的治理方案，满足学生多样化的思想政治教育需求，这一思路实际上就是以客观存在为依据，以实践需求为导向的治理思路。综上所述，思想政治教育数据治理深刻的体现着实践导向，从而在一定程度上破解了以往"唯上级、唯政策、唯教材、唯教师、唯教学"的思维，改变凭经验、靠感觉、拍脑袋的决策方式，实现了"人应该在实践中证明自己思维的真理性，即自己思维的现实性和力量，自己思维的此岸性"③的要求。

---

① 《马克思恩格斯文集（第1卷）》，人民出版社2009年版，第501页。
② 《邓小平文选（第2卷）》，人民出版社1994年版，第143页。
③ 《马克思恩格斯文集（第1卷）》，人民出版社2009年版，第504页。

（三）突出了面向未来的系统治理要求

舍恩伯格认为，预测是大数据的核心，它将"数学算法运用到海量的数据上来预测事情发生的可能性"。① 对于思想政治教育治理而言，大数据的思维、信息和技术将融汇到治理当中，通过相关性分析来寻找一定时期内师生行为的特征和变化规律，判断师生行为趋向，从而掌握未来态势，达到预测的目的。首先，准确把握决策的"向"。依靠数据深度挖掘技术可以对海量杂乱无章的师生思想和行为信息进行相关性分析，找出关联因素，进而决定政策的导向和进向。其次，精确把握决策的"度"。通过数据数据处理技术和可视化技术立体、直观、量化演示师生对决策的需求度以及决策实施对师生的满足度。甚至可以通过设定一定的时间条件，场景式呈现师生动向，提供更为精准的信息供决策参考，为科学预测和防范治理风险提供可信、可靠的依据，思想政治教育根据大数据仿真结果调配和部署资源，有效减少因应对不及时而造成的不必要损失。再次，提升决策的"稳"。思想政治教育通过大数据技术把握了事物发展变化规律，将注重更加系统、更加长远的"根治理"，大数据提供的海量信息为决策提供了更为可靠的支持，将有效避免政策论证不充分导致的"朝令夕改"，极大提升政策决策的前瞻性、长远性、稳定性。总而言之，思想政治教育数据治理将通过预测功能，精准识别师生需求、社会难题和治理风险，从而提供更加优质的思想政治教育产品与服务，增强了大数据的辅助治理功能，使思想政治教育治理从被动应付、事后响应转向提前预测、适时调整和主动应对的模式。

（四）适应了提高效能的治理诉求

提高治理效能是现代国家治理的基本价值取向。党的十八大以来，习近平在不同场合反复指出要提高政府治理效能，"在优化资源配置上下功夫，用制度来盘活资源、提高效能"。"要适应现代社会治理发展变化及其新要求，推进公共行政等制度改革，提高政府管治效能，促进治理体系和治理能力现代化。"② 在效能理念下，国家期待以较小的精力和资源投入、较少的

---

① ［英］维克托·迈尔－舍恩伯格，［英］肯尼思·库克耶：《大数据时代》，浙江人民出版社 2013 年版，第 7 页。

② 《习近平谈治国理政（第三卷）》，外文出版社 2020 年版，第 415 页。

时间成本获得更高和更好的治理效果，它包括经济效能、资源效能和社会效能的价值取向等方面。如何在资源配置上下功夫、如何适应现代社会治理发展变化与新要求，是提高思想政治教育治理效能的基本维度。首先，数据治理提升思想政治教育治理"宽度"。数据治理将形成"整体性思政""思想政治教育治理共同体"，减少治理内卷和内耗。"十四五"规划提出了"推进数据跨部门、跨层级、跨地区汇聚融合和深度利用""提升国家数据共享交换平台功能，深化国家人口、法人、空间地理等基础信息资源共享利用""扩大基础公共信息数据安全有序开放，探索将公共数据服务纳入公共服务体系，构建统一的国家公共数据开放平台和开发利用端口，优先推动企业登记监管、卫生、交通、气象等高价值数据集向社会开放"等重要措施，实质都是在推进社会有机体之间实现数据共建共享共治，减少治理的重复投入、过度投入、无序投入、粗放投入等现象。其次，提升思想政治教育治理"精度"。数据治理将运用大数据全员、全程、全方位搜集信息，通过关联度分析，探索和判断社会事件的动力和运行机制，准确定位思想政治教育治理领域出现的痛点和症结，以此定制治理方案，精准、有效调配治理资源，从而向"精确预判、精细管理、精准投入"式治理的转变。三是提升高校思想政治教育治理"效度"。在大数据的支持下，思想政治教育将能够精确把握治理的"轻"与"重"、"急"与"缓"，对治理事项量化诊断、量化审视、量化投入和量化评价，使思想政治教育所投放的资源能够最大限度得以利用，同时可将有限的资源投放到更多的治理领域，有效提高了资源的利用效率。四是提升思想政治教育治理"柔度"。在大数据技术的支持下，思想政治教育可以采用更灵活、更隐性的柔性治理方案，从而增强治理的可接受性。同时，数据治理以关联思维为主导，注重寻找涉及治理方案的关联关系，从关联因素着手开展治理，实现了治理手段的软着陆，从而避免了治理过于"生硬"。总之，大数据技术有利于提升思想政治教育的治理效力，释放思想政治教育治理精力和能力，从而以较少的成本有效的提高治理的效能。

第五章
高校思想政治教育数据治理体系的结构与功能

事物的结构与功能关系密切,是其存在与发展的前提和表现形态。高校思想政治教育数据治理体系的结构与功能在整个系统中占据十分重要的地位,发挥极大作用。深入分析和研究这一结构与功能对于整体把握高校思想政治教育数据治理活动具有突出的价值。

第一节 高校思想政治教育数据治理结构分析

作为一个时代性命题,学界对于高校思想政治教育数据治理问题鲜有涉及。因而,我们通过借鉴数据治理基础理论与数据治理体系的相关研究成果,针对高校思想政治教育数据治理进行相应的探讨和阐释,以期能够为高校思想政治教育数据治理体系的建构提供分析框架,为具体的治理实践提供依据和支撑。

一、高校思想政治教育数据治理的结构分析

结构是事物要素的搭配和排列。高校思想政治教育数据治理的结构主要就是指其中各要素的排列组合。在一般意义上讲,高校思想政治教育数据治理的基本结构大体涵盖了相应的几个部分的内容。

（一）一般性数据治理结构的主要内涵

在一般性数据治理活动中，其结构性要素大体包括了顶层设计、环境要素和治理域三个部分。

1. 数据治理的顶层设计

数据治理的顶层设计，一般涵盖数据治理的战略规划、组织构建和架构设计。这些主要元素是数据治理实施的前提和基础。一是战略规划的设计。在数据治理战略规划的指定过程中，一般要与治理组织的业务规划、信息技术规划保持一致，并明确战略规划实施的策略与方法。二是治理组织的架构。在治理组织的构建过程中，我们需要注重组织的责任主体及责权利的分配，通过完善组织机制，获得利益相关方的理解和支持，制订数据管理的流程和制度，支撑数据治理的实施。三是治理的框架设计。这种架构设计主要包含技术架构、应用架构和管理体系架构等，通过持续的评估、改进和优化，支撑数据的优化和管理。

2. 数据治理的环境

一般讲，数据治理的环境大体包括内外部环境和促进因素，这是数据治理实施的保障。在实际工作中，治理组织需要通过分析业务、时长、利益相关等方面的需求，确保组织的数据治理策略能够适应内外部环境的变化。同时，治理决策层对治理工作的支持度、数据治理相关人员的职业技能、内部治理文化等都是数据治理的促进因素，对数据治理起到支持作用。

3. 数据治理域

数据治理域，是数据治理过程的出发点、着力点和落脚点，其中包含数据管理体系和数据价值体系，这是数据治理实施的对象。在一般性的数据管理体系中，主要内容有数据标准、数据质量、数据安全、元数据管理、数据生存周期等五个治理域。而数据价值体系则大体包括数据流通、数据服务、数据洞察三个治理域。在实际的治理活动中，不同的治理组织和主体可以依据自身的实际情况，选择不同的数据治理域，以便于使治理活动本身更具有针对性，提升实效性。① 因而，分析与把握数据治理域，有助

---

① 朱扬勇：《数据自治》，人民邮电出版社2020年版，第54页。

于我们讲这正对问题的深入思考与高校思想政治教育活动有机结合与融合，探究高校思想政治教育数据治理的深层次话题。

（二）高校思想政治教育数据治理结构的基本涵义与架构步骤

按照一般数据治理结构的规定，我们认为，高校思想政治教育的数据治理结构大体也在物理技术层面与之相对应，基本上涵盖了战略规划、环境、治理域以及治理的演进过程。

1. 高校思想政治教育数据治理的战略性架构

在高校思想政治教育数据治理结构的组成要素中，战略性规划是较为重要的部分。包括顶层设计、数据治理环境、数据治理域和数据治理过程四大部分。[1] 作为高校思想政治教育数据治理基础的顶层设计包括高校思想政治教育数据相关的战略规划、组织构建和架构设计；作为高校思想政治教育数据治理实施保障的数据治理环境包括内外部环境和促成因素；作为高校思想政治教育数据治理实施对象的数据治理域包括数据管理体系和数据价值体系；作为高校思想政治教育数据治理实施方法的数据治理过程，包含统筹和规划、构建和运行、监控和评价以及改进和优化。

2. 高校思想政治教育数据治理工作要素

高校思想政治教育数据治理工作要素，一般包括组织、原则、政策、职能、衡量指标、技术工具等。对于高校思想政治教育数据治理，最重要的是落实数据责任，组织既责任和职责分配，是正式的、井然有序、层级结构分别的组织设计；原则是高校思想政治教育数据治理行文和应用的一般规则，比如数据一致性原则，相对保密性原则，协同性原则，风险管理对称原则等；政策也就是行之有效的制度保障，是原则落地实施的细则；思想政治教育数据治理要素的底线是需要思考和构建数据治理流程和职能，比如不同部门之间的职能如何分配协同，学生工作部门、各个学院、教务部门、人力资源部门、信息管理部门、风险管理部门等等；不同主体角色之间的职能如何分配协同等，学生、教师、辅导员、行政人员对不同数据的输入和输出如何保证真实有效等；衡量指标将把简单的数据收集汇总统计发展为对

---

[1] 用友平台与数据智能团队：《一本书讲透数据治理》，机械工业出版社2022年版，第29页。

所有数据结构的真正监控;数据工具是指高校思想政治教育数据治理不可或缺的治理路径,比如建立数据模型、搭建大数据库、数据字典等。[①] 显然,依据数据治理一般原理,结合技术发展实际,在高校思想政治教育数据治理过程中,厘清要素,有效归类,建构相应的机制和模型,能够为我们的实际操作提供支撑。

3. 高校思想政治教育数据治理体系的构建步骤

首先,第一阶段是思想政治教育数据治理的战略规划阶段。这一阶段在数据治理体系的三个阶段中处于核心地位。这个阶段的主要任务是制订战略规划、指导实践战略,包括数据治理的战略目标、战略步骤实施、实现思想政治教育数据治理战略的时间和策略的制订,以及与之相关的法律政策的支持与调控、数据治理概念的建构等。

其次,第二阶段是数据治理的价值构建阶段。这一阶段在数据治理体系的三个阶段中处于基础地位。这个阶段的主要任务是数据价值的挖掘与数据价值变现,包括数据治理的生产层、应用层和管理层的构建,使用的主要是大数据工具,包括大数据处理分析工具、大数据云存储与云共享工具、大数据系统管理工具等。在这一阶段种,主要通过对数据治理过程中的生产层、应用层、管理层三个层面的介入,保证思想政治教育数据治理价值的有效性和数据价值变现的时空不被限制。在数据治理的生产层,主要是对数据加工处理的流程质量安全效率等进行监控;在应用层,主要是基于数据加工处理及数据的科学管理等进行数据应用模式探索、应用领域拓展、应用创新、应用共享等;在管理层,主要是在生产层和应用层的基础上实现对数据智力的管理与服务。

再次,第三阶段是思想政治教育数据治理的治理体系泛化阶段。这一阶段在思想政治教育数据治理体系的三个阶段中处于辅助地位。这一阶段的显著特征是思想政治教育数据治理体系的构建已基本完成,而工作任务则是通过不断拓展思想政治教育数据治理体系的适用范围,不断对思想政治教育数据治理体系进行假设检验和改进从而不断提高高校思想政治教育

[①] [美] 约翰·拉德利:《数据治理:如何设计、开展和保持有效的数据治理计划》,清华大学出版社 2021 年版,第 29 页。

治理体系的泛化能力。①

二、高校思想政治教育数据治理结构的内部要素构成

把握高校思想政治教育数据治理结构的要素，有助于我们能够更加清晰地认知治理活动的过程，明了不同要素在结构系统中所占据的地位以及发挥的作用，并精准把握其演化进程。

（一）高校思想政治教育数据治理结构的主体要素

1. 思想政治教育数据治理的主体要素及其演进

首先，治理主体即从事治理活动的行为者。高校是一个由多部门组成的社会组织，每个部门在高校的运行和发展中具有不同的功能和作用，数据往往存在于多个部门的不同信息系统中。在实施思想政治教育数据治理的过程中，需要将不同教育信息系统中的各类数据资源进行整合、共享与利用，显然，在此过程中需要管理人员、教师、学生以及相关企业等多元利益共同参与和相互协作。②思想政治教育数据所具备的开放性和关联性，缘于每个人作为数据的生产者和使用者，这种状况打破了以往仅有少数群体参与思想政治教育数据治理的局面，为大思政活动的多元主体参与数据治理提供了广阔的平台。同时思想政治教育数据治理表现出来的整体主义打破了单一中心治理的弊端，扩大了教育活动参与主体的范围和领域。在高校，思想政治教育活动作为一项由政府、社会、高校、师生员工等多方群体参与的复杂性的社会系统，数据治理主体涵盖多元利益群体。多元主体通过共同参与、对话协商的形式参与高校思想政治教育的各项活动，推动实现思想政治教育数据治理的向上向善发展。信息技术促使思想政治教育数据的来源呈现多渠道化的特征，而这些数据则不断冲击和改变着数据治理主体的思维，以数据为支撑的理性思维更加符合思想政治教育改革创

---

① 刁生富，刁宏宇，吴选红：《重估：大数据与治理创新》，电子工业出版社2018年版，第14页。
② 董晓辉：《活动理论视角下高校教育数据治理体系构成要素研究》，《中国电化教育》2021年第3期。

新的需求和发展方向。理念是行动的先导。对于多元主体而言，我们就是要坚持理念先行，尊重规律，树立以数据为基础的理念和思维，倡导多元主体重视数据的分析与应用，培养以数据为基础的理性思维，遵循"依数治理"的原则，提升数据在高校思想政治教育发展中的地位。①

其次，推动高校思想政治教育数据治理主体多元化发展。大数据背景下的高校思想政治教育治理将发生重大变化，尤其是大数据的广泛应用将有效推动思想政治教育治理主体多元化发展。随着我国政治与经济改革的进一步深入，大数据的优越性逐渐凸显，其本身所具备的数据关联性与开放性为多元化主体参与思想政治教育治理搭建了重要平台；大数据思维的整体性与相关性，为多元化主体发展提供了有利条件；大数据的分步处理以及信息的高效性与开放性的特点，为不同治理主体及时获取高等教育信息提供了技术支撑。这些变化推动了我国高校思想政治教育治理主体开始由"一元"向"多元"转变，由政府开始拓展到高校、社会组织和民众。治理主体的多元化促使高校出现了不同的治理主体，各利益相关者以自身的利益诉求为目的，以各种方式开始参与到思想政治教育的管理中来，并在管理过程中体现其独特优势。其中，一是就政府而言，高校的建设与发展汇聚了诸多数据信息，如学校建设、资金投入、硬件配套等，这些数据被汇总成一个复杂的数据库，政府可以通过对这些数据的分析来合理规划与指导高校的建设与发展。二是就高校本身而言，在长期的办学过程中汇聚了大量的数据信息，如学生信息、教师信息、学校建设信息等，这些数据信息量大、种类复杂，需要大数据技术的分析与处理。目前，我国已有不少高校利用大数据来治理学校，如某高校利用大数据技术监测学生的校园一卡通消费情况，当学生的消费低于某一数值时，系统就会自动给学生打生活补助。此外，还有的高校通过学生的刷卡记录等了解学生的发展状况，如通过学生的图书借阅记录了解学生的思想发展动态。三是就社会组织和公众层面而言，可以通过查阅学校与政府部门发布的数据信息，对高校的建设、人才的培养等方面提出意见和建议，如市场需要什么样的人才，

---

① 代玉，王慧珍：《高等教育数据治理的逻辑框架与实施路径》，《黑龙江高级研究》2021年第10期。

第五章 高校思想政治教育数据治理体系的结构与功能

学校就应主动调整学科专业结构，优化人才培养规格与质量。

当然，在高校思想政治教育数据治理的多元主体种，主体结构要素主要还是以来与教育行政管理部门、教师员工及学生群体、家长等。

值得一提的是，我们应该深入研究青年学生群体。伴随着互联网成长起来的零零后大学生群体，是名副其实的"数字公民"，数字公民具备显著的身份多重性、工具依附性等特点。学生群体的身份多重性，主要体现在学生在校学习、科研、生活习惯等数据既是被记录的对象，同时学生群体也是创造和记录这些数据的主体。高校思想政治教育数据治理对管理和服务好学生群体而言任重道远，当下作为数字公民的大学生群体，除了身份证上的户籍身份和在校大学生的真实身份之外，还有QQ、微信、知乎、抖音、B站等新媒体社交主体身份、支付信用身份等多重身份。思想教育工作是做学生价值观引导的工作，而部分学生的价值观具有一定的隐蔽性，比如学生在校以真实身份出现的时候，通常是充满正能量，拥护主流意识形态的群体，为学习、科研而正向的"卷"。但是以社交身份出现在网络的时候，无意会流露出真实想法，因此"躺平、摆烂"等现象，更多地出现在互联网上。再如在高校思政实践工作中，在大学生心理普查的问卷调查中，不少实际患有不同抑郁程度的学生，会立足于不想被老师和同学特别关注的出发点，故意选非真实表达、干扰真实判断的选项，整体问卷表面呈现出向上向善、积极乐观的态度，而这种被刻意隐藏的数据容易给高校思想政治教育管理工作造成直接的危机和后患。同样在传统的大学生思想状况动态调查中，更是有不少学生故意迎合学校和老师希望大家表现的结果，隐藏真实的思想动态。因此如何打破公民个人、学生本人的校内身份孤岛数据信息，在充分保护学生隐私的前提下，实现以上多维度身份的关联，通过数字公民数据库，将各个软件中关乎个人信用、品格、爱好、能力、特长等相关的数据有效互联并收集汇总，形成一个多元立体的身份数据库，这个全程、全方位的"数据画像"不仅仅是校内画像，而是多个维度采集和呈现数字公民的生理、心理、社会等多方便的信息，从而克服传统在校生身份的单一性和不可交叉重复性，依然是高校思想政治教育数据治理的重难点之一。

而零零后大学生的工具依附性，主要体现在数字公民与互联网、物联网、大数据、云计算、人工智能等技术的强大依附，正是这些工具的支撑，才有了"数字公民"的身份，如果将工具与身份剥离，数字公民将成为空谈。数字公民的工具依附性特质，给当代大学生提供了非常便利的学习生活条件，使得校内的学习生活需求几乎可以"一站式"解决，不仅办事效率高，而且给数字公民带来了良好的学习生活体验。

零零后大学生主体作为数字公民，特有的以上几点特质，要求新时代的高校思想政治教育数据治理过程中，在原始数据的采集环节，依托新一代通信网络、云服务、传感器和普适计算、区块链等新技术，更加注重数据的时效性、连续性、全面性，分析研判更加复杂多远，处理应用更加全面深入。以大学生心理状况问卷调查和大学生思想动态调查为例，传统教育数据的采集常常分阶段进行，多在学生知情的前提下进行，多采用简单的统计和分析手段，侧重的是衡量和评价学生的共性特征。在大数据时代的背景下，将推动教育全过程的变革，可以在不影响师生教育教学活动的情况下同步、连续地收集更多教学的过程性数据，如学生的学习记录、在每个知识点上花费的时间、师生课堂互动的次数和质量等校园内数据，以及以互联网数字公民身份上网的社交数据、信用数据等等。

当代零零后大学生这样的"数字公民"作为高校思想政治教育数据治理最重要的参与主体之一，在数据治理过程中是重要的一环，高校应着重培养大学生的数据安全素养、数据技术素养、数据知识素养以及数据道德素养，引导当代大学生以真实世界中的自我作为虚拟世界中投射自我的典范。并在以上四个素养全方位提升的前提下，实现虚拟空间和现实空间价值观的统一，做到知行意统一，实现多重身份主体的合一。

2. 高校思政教育数据治理结构的观念要素

首先，高校思想政治教育数据治理结构的理念要素。众所周知，大数据与高等教育的结合，还促使高等教育治理主体思维模式发生转变。相比以前的高等教育治理思维模式，大数据带来的改变主要表现在以下两个方面：一是推进高等教育治理理念由"管理"向"治理"转变。思维的转变是技术的先导，而技术的革新与应用反过来又会促进思维的转变。大数据

第五章 高校思想政治教育数据治理体系的结构与功能

的核心技术在于"云计算"及 Map R educe，即分步数据处理及信息的开放与交流。这种数据思维方式，有利于促进教育治理主体思维由原来的"管理"理念——强调政府"从上至下"的一元控制与一家之言的管理思维——转变为政府、社会组织等相关利益主体共同管理的"治理"理念。不言而喻，在我国，长期以来的高校思想政治教育治理理念是在经验思维方式的支配下进行的，其思维方式是建立在事物固有的因果关系上分析评价事物，很少依靠数据和客观性的材料评价事物，定性多定量少，虽然有一定的成效，但不足之处也越来越明显：一方面，传统思维指引下的思想政治教育治理理念是经验式的管理，治理主体只追求最终结果，由于忽略了治理过程中的相关问题，错过了很多深化思想政治教育治理的机遇。另一方面，传统思维方式的思想政治教育治理模式缺少多元化主体的参与。但随着技术的介入，智联互通，数据共享，我国高校思想政治教育治理主体必然走向多元化。二是推动高等教育治理形式由"静态"向"动态"转变。高校思想政治教育治理形式正在由"静态"向"动态"转变。改革开放以前，思想政治教育的治理一直保持着静态发展。随着改革开放的深入，社会阶层和社会流动性的加强，使得思想政治教育治理问题变得越来越复杂，传统的静态治理模式已经不适应当今高校的动态性发展。在大数据时代，科学技术高速发展，高等教育信息表达与交换的成本越来越低，这为不同治理主体提供了快速性与动态性的治理方式。一方面，师生可以通过 QQ、微信、微博、论坛等交互平台，发表对思想政治教育的需求与看法，从而构成大量的"小数据"与"微数据"。但这些看似很微小的数据，将可能起到重要的作用。例如，教育行政主管部门可以通过对数据相关关系的分析，将这些来自不同数据源的模糊数据进行有序的关联因素分析，预测高校思想政治教育治理中的问题和危机，进而做出更加科学合理的教育决策。另一方面，由于网络信息的复杂性及混乱性，再加上网络传播的快捷性与扩散性，需要对高校思想政治教育数据的分析更加精细化。同时，教育行政管理部门不仅要分析大众对高校思想政治教育的意见和建议，也需要对施教主体、专家的微信或微博等数据进行追踪与分析，正确判断教育发展的状况及大众的诉求，最大限度地减少思想政治教育决策偏差，进而发现新问题、新观点并做出科学的高等教育治理决策。①

其次，高校思想政治教育数据治理结构的思维要素。高校思想政治教育数据治理不仅带来了教育方式和管理方式的变革，更是在很大程度上改变了高校师生的思维结构。这种数据思维结构完全区别于以往的经验治理占主导的地位，闭塞的有限数据对科学治理的阻碍，师生参与度不高的现状。以往的高校思想政治教育多依靠经验治理带有较为明显的主观色彩，不可避免地导致治理依据缺乏客观性；经验治理依据是局部数据的治理，而且在代表性上有待考量。而高校思想政治教育的大数据治理模式将"精准思政"的内核深嵌在师生的思维模式之中。

思想政治教育工作需要有整体思维、关联思维、动态思维、开放思维，而大数据治理模式可以有效地将开放性、规律性、关联性、连续性、容错性、动态性等特点润物无声地根植于高校管理者和广大师生的思维模式之中。其中，总体思维和全局大局思维对应大数据思维的整体特性；连接性、跨界性、关联性等对应大数据思维的相关性特征；学习趋势思维、创造性思维对应大数据思维的预测性特征。

譬如以往对高校教师的考核依靠的一年一度的考核结果，依据在于以往的教学、科研、学生评教等数据，而大数据治理模式下不仅可以总结高校教师以往的成长轨迹，更可以预测和判断高校教师未来的发展道路，为高校教师的未来职业发展和规划提供客观依据；再如以往学生的采集数据通常只有以下四类：教学活动过程中的数据，如课堂教学、教学考评和师生互动等；教育管理过程中的数据，如学生的家庭信息、学籍信息、在线课堂上课信息和课程考评等；科学研究活动中的数据，如学术成果、科研投入等；校园生活中的数据，如打卡签到、图书借阅、餐饮消费等。而在高校思想政治教育数据治理过程中如果可以在保护学生隐私，遵守网络道德和伦理的前提下，深度关联到学生以网络游客身份和社交身份的相关信息，可以提前预判学生的心理状况和未来发展趋势，帮助管理者以数据治理模式代替以往的经验治理模式，以动态思维模式代替以往的静态思维模

---

① 汤贝贝、薛彦华：《大数据背景下高等教育治理转型：机遇、挑战与应对策略》，《重庆高教研究》2019年第2期。

式，以群体治理思维模式代替个体治理思维模式，更好地引导学生成长成才。

综上所述，高校思想政治教育数据治理会从根本上影响治理主体的思维结构，促使治理主题的治理过程更加精准化、精细化、科学化和民主化。

（二）高校思想政治教育数据治理结构的客体要素

1. 高校思想政治教育数据治理的客体

客体指主体活动的对象，是主体追求的物质或精神产品，客体的产生、创造和转化都是为了使主体达到特定的活动目的。高校教育数据治理的对象包括高校教育数据及其事务。就高校教育数据而言，目前还未有学者或机构对高校教育数据做出明确的界定，但对教育数据（教育大数据）已有表述。可见，教育数据产生于教育活动过程的每一个环节，比如课堂教学、考试评测、教育管理等。另外，还有很多看似与教育无直接关联的、围绕教师和学生的工作、学习等相关活动产生的数据，如学生图书馆进出记录、食堂就餐频次等都可以称之为教育数据。综上，可以将高校教育数据理解为高等学校在履行职责过程中产生的以及根据高等教育需要采集到的，用于高等学校发展的数据集合。所谓高校教育数据事务归根结底是围绕数据生命周期的数据活动。数据生命周期是指数据从采集和获取到销毁的全过程，是一切数据活动的基础。传统的数据生命周期一般包括数据采集、存储、应用、归档与销毁等活动，注重在节省数据存储成本的基础上，保存有用的数据，而大数据是以挖掘和释放数据价值为导向，强调通过数据整合和关联为数据流转、统计、挖掘和分析等应用提供数据服务。[①]

2. 高校思想政治教育数据治理结构的客体类别

教育大数据按照不同的范畴，有以下几种分类方法：①按照地域分类，教育大数据主要可以分为四个层次，分别是国家教育大数据，区域大数据，学校教育大数据和个体教育大数据；②对应来自学习、教学、研究、管理、政策五个层面的需求，教育大数据包括六大类型，分别为基础数据、舆情数据管理数据、教学数据、服务数据和科研数据；③根据技术手段的差异，

[①] 董晓辉：《活动理论视角下高校教育数据治理体系构成要素研究》，《中国电化教育》2021年第3期。

教育大数据可以分为传统课堂教育教学数据和远程网络教育教学数据；④从数据结构化的程度来看，包括结构化数据、半结构化数据和非结构化数据；⑤从数据产生的环节来看，可以分为过程行数据和结果性数据。

此外，按照结构模型，教育大数据能够划分为基础层、状态层、资源层和行为层四个层次。其中基础层储存教育政策、教育行政管理、教育统计信息等；状态层储存各类教学科研设备、教学环境和教学任务的状态信息，如各类设备的运行状态，教学进度等；资源层储存在教育的全过程中产生的各类数字资源，如各类教学音视频、教学软件、阶段性教育成果等；行为层存储广大教育相关用户的行为数据，如学生的学习记录，教师的教学行为数据、教研员的教学指导行为数据以及管理员的系统维护行为数据等。①

3. 思想政治教育数据治理结构的目标要素

对海量复杂的高校思想政治教育数据进行治理，首先要厘清治理思路与目标。数据治理的目标是在对高校发展的内外部环境进行科学分析之后，依据自身发展诉求作出的下一步发展规划。通过充分发掘思想政治教育数据的价值，提升数据治理水平，来增强高校决策的科学性与合理性。思想政治教育的主要功能要释放在人才培养、科学研究和社会服务方面，体现全过程性和全方位性。其次，思想政治教育数据治理作为高等教育治理的重要工具和手段，其主要目的在于服务高校的发展需求，助力高校信息化建设，提升治理水平和治理能力，推动实现思想政治教育效果的根本性提升。治理目标作为数据治理的行动指南，指明了思想政治教育数据治理的方向，体现了思想政治教育发展的愿景与使命，具有前瞻性和全局性的特点。因此，思想政治教育数据治理目标既在高校信息化建设中发挥着统筹协调性的作用，是推进实现高等教育现代化的重要引领，发挥方向性引导作用。②

（三）高校思想政治教育数据治理的内容要素

1. 元数据

元数据是描述数据的数据，分为技术元数据和业务元数据。元数据在

---

① 王凤肆等：《教育大数据》，科学出版社2020年版，第8页。
② 代玉，王慧珍：《高等教育数据治理的逻辑框架与实施路径》，《黑龙江高教研究》，2021年第10期。

数据仓库中扮演着重要角色，其记录技术人员和业务人员需要的重要信息，是整个数据仓库顺利运行的重要基础之一，贯穿于整个数据仓库中。其涉及的范围主要包括数据来源、数据关系等"血缘"分析；使用状况、评价分析、改进建议等影响分析；主题、属性、内容、特点等资源描述；清洗规则、抽取规则、转换规则、汇总规则等业务规则；以及数据组织、数据定为等检索分析。对底层的数据集成来说，元数据定义了多源异构集成所必需的关键信息，对模型设计构建者来说，元数据提供了沟通上下层次的关键信息，对数据使用者来说，元数据提供了帮助理解数据的关键信息，对随着时间演变的数据来说，元数据有助于维护良好的数据质量。[①]

2. 主数据

主数据，也被成为核心数据，就是关于在思想政治教育实践活动种的数据。主数据是思想政治教育数据治理过程中最权威、最准确、价值最大的数据，用于建立治理闭环。实际工作中的这类数据，大体涵盖与主体、环境、媒介、规则、政策等关乎教与学关系的相关的信息资源。

（四）高校思想政治教育数据治理结构的方式要素

治理方式是治理活动中采取的各种方法、手段和举措。依据活动理论，治理方式主要表现为工具、规则和分工。其中，工具是客体转化为结果的过程中所用到的事物，在数据治理领域中包括数据获取、转换、处理、分析、开放等各类软件平台或系统。近年，随着数据变化更加迅速、类型更加多样、内容更加丰富以及数据体量的爆炸式增长，给数据治理工具的功能与性能提出了巨大挑战，治理工具能否满足主体的需要，在一定程度上决定着治理效果。在活动系统中，规则是主体与共同体进行互动的中介，通常表现为一系列的行为规范和行动准则。相应地，规则在数据治理体系中是多元利益主体相互协作的保障和解决争议与利益冲突的依据。高校教育数据来源于多个部门和渠道，不同领域的数据具有独特的业务规则和属性，各类业务数据之间相互交织，要实现数据有效整合、规范利用必然会牵涉到业

---

① 王宏志，李默涵：《大数据治理：理论与方法》，电子工业出版社2021年版，第29页、第32页。

务数据规范、业务系统、流程以及制度的建设和优化，在此过程中无疑会造成多元利益主体之间的利益冲突，这就需要制定一定的规则进行限制与约束，在利益与冲突之间寻找平衡。既是对多元利益主体的任务分配，又是对其权利和地位的设定，通常以组织架构的形式体现。组织架构的实质就是为实现组织战略目标而采取的一种分工协作体系。在数据治理体系中，不同的利益主体在实现客体转换过程中作用和功能不同，因而具有不同的分工。数据治理至少应该建立支撑数据战略的组织机构和组织机制，明确决策和实施机构，设立岗位并明确角色，确保责权利的一致。建立正式的组织架构有利于将数据治理制度化，建立明确的沟通机制，便于迅速解决问题。显然，根据学校数据战略建立相应的组织架构，有利于治理活动的有序进行。①

三、高校思想政治教育数据治理结构的外部要素

（一）政策环境要素

习近平总书记多次强调，"人在哪儿，宣传思想工作的重点就在哪儿，网络空间已经成为人们生产生活的新空间，那就也应该成为我们党凝聚共识的新空间。"在这个新空间中，"要坚持移动优先策略，建设好自己的移动传播平台，管好用好商业化、社会化的互联网平台，让主流媒体借助移动传播，牢牢占据舆论引导、思想引领、文化传承、服务人民的传播制高点。"针对思想政治教育工作，他还多次指出，"办好思想政治理论课，最根本的是要全面贯彻党的教育方针，解决好培养什么人、怎样培养人、为谁培养人这个根本问题。"2021年7月，中共中央、国务院印发了《关于新时代加强和改进思想政治工作的意见》，进一步将总书记的要求和党中央的部署落实。同月，教育部等六部门发布《关于推进教育新型基础设施建设构建高质量教育支撑体系的指导意见》。在2022年1月16日至17日的全国教育工作会议上，教育部长怀进鹏强调，要以改革创新注入教育发

---

① 董晓辉：《活动理论视角下高校教育数据治理体系构成要素研究》，《中国电化教育》2021年第3期。

展强大动力，实施教育数字化战略行动。在2022年2月18日教育部召开的"十四五"国家基础教育重大项目计划实施部署工作会议上，怀进鹏部长再次强调："实施基础教育数字化战略行动，打造中国优质教育资源网络学习空间，促进优质教育资源开放共享。"因而，高校思想政治教育数据治理应该围绕数据价值实现展开，以便技术的运用和数据价值的发挥达到最优。

（二）技术环境要素

高校思想政治教育数据化治理的技术环境，整个参考架构围绕两个价值链进行建构：横向为信息价值链，通过数据收集、集成、分析、应用分析结果创造价值；纵向为信息技术IT价值链，通过提供网络、基础设施、平台应用工具及其他服务创造价值。架构定义了五个逻辑角色：数据提供者、大数据应用提供者、大数据框架提供者、系统协调者和数据消费者，整个架构以大数据应用提供者为中心提供了连通其他四个角色的接口。价格包含两种服务和功能保障构建：安全与隐私和管理，分别对个借口和大数据框架提供者内部进行安全与隐私监管及对全系统各要素进行统一管理，从而构成大数据应用的完整体系。

（三）人文环境要素

高校人文环境是育人的重要组成部分，是高校师生员工在校学习和活动所处的境况。从广义层面上讲，这种环境是指高校影响多元主体发展的全部因素，包括课堂教学、课外活动以及学校的各种设施和校风。从狭义层面讲，则是指指除去教学、教育工作以外的一切无意识地影响师生员工等主体发展的因素。

1. 高校校园人文环境中的物质性要素

这种物质性要素其中主要包括校舍的布局，教室、实验室的布置，图书馆的布置和管理，运动场的设置，道路的布局，校园绿化，宿舍管理、技术设施建设的状况等。这种物质性要素是"十大育人"工作体系展开的承担者，在极大程度上也发挥着德润人心的功效。一个学校的物质环境的好坏是一所学校综合实力的标识。

2. 高校校园人文环境中的精神要素

这种精神性要素主要包括学校的政治舆论、学术气氛、校风学风等。学校精神环境对广大师生员工的身心发展有潜移默化的影响。整洁、优雅、团结、紧张的精神氛围和环境能使思想政治教育主体们积极向上；脏乱、粗俗、松散的环境容易使主体，特别是青年学生养成不良的思想品德和行为习惯。

总之，在大数据技术的影响下，高校思想政治教育的空间转向与场域演化的逻辑对治理产生巨大驱动。正确处理高校思想政治教育数据治理的外部结构，对于协同内部结构诸多要素，发挥出耦合效应，无疑是我们推进此项工作必须要关注的重要内容。

第二节 高校思想政治教育数据治理体系的功能分析

功能问题是高校思想政治教育数据治理的重要环节。如何在实际教育活动中将思想政治教育数据治理的功能发挥出来，直接制约和影响着思想政治教育数据治理的效果和效力。

一、高校思想政治教育数据治理体系功能研究的重要意义

高校思想政治教育是整个思想政治教育系统的重要组成部分，是思想政治教育宏观体系中的有机构成。就当下构筑大思政格局的视角讲，高校思想政治教育数据治理体系的建设，涵盖了数据化转型后高校思想政治教育治理活动的所有环节。因而，高校思想政治教育数据治理体系功能的发挥，不仅承继了传统工作的一系列优势，也在场域变化的条件下发挥出新的作用。

（一）研究高校思想政治教育数据治理体系功能的理论意义

一般讲，功能是事物运行过程中作用的体现。高校思想政治教育数据治理体系的功能，是指在高校整个思想政治教育数据化治理体系中，各个

要素与教育外部环境之间互动中所表现的正向作用。这种功能的释放，是整个系统或体系积极性的展示，是各种要素耦合集成的善治体现，具有十分重要的理论意义和实践价值。

1. 注重研究高校思想政治教育数据治理体系的内在机理

以大数据为代表的前沿技术迅猛发展，这在客观上对于助推整个国家的治理体系和治理能力的现代化提供最好的历史机遇。前沿技术对于高校思想政治教育创新发展而言，也是千载难逢的绝佳时期。从而，研究高校思想政治教育数据治理体系的功能，有助于我们进一步推进思想政治教育传统优势与网络信息技术的深度融合，并从中思考和概括这种"结合"所需要的条件、路径与方法，总结"结合"的经验与成就。特别是在崭新技术条件下，我们如何进一步挖掘和探索高校思想政治教育数据治理体系功能的时代内涵与未来走向，如何积极、主动地利用新技术介入后的高校思想政治教育来改造青年大学生的思想认识，提高他们的道德法治与科学文化素质，确保其思想筑基、理论强身、知识增智、能力升级，使高校思政教育与高等教育、国家发展有机融合，不断提高思想政治教育数据治理的有效性。同时，强化高校思想政治教育数据治理体系功能的强化，可以更好地完成高校思想政治教育治理的初心与使命，更好地促进高校学生的自由全面发展。因而，从更大视角、更广范围、更高展位上来讲，我们非常有必要讲高校思想政治教育数据治理体系功能的研究，放置在更大理论分析框架中，以便丰富高校思想政治教育数据治理功能研究的内容、进一步完善研究的理论体系，发挥其理论指导实践的效能。

2. 进一步丰富高校思想政治教育治理理论

研究高校思想政治教育数据治理体系的功能，有助于我们为高等教育治理现代化的实现提供有益的理论参考。从传统的管理理念转换到治理理念，是当代中国更加成熟的体现，也是在中国特色社会主义进入新时代后中国共产党的崭新执政理念，突出了治理活动对于"协调""互动"的重视，强化了人民中心的思想，关照了广大主体的积极参与。当然，在这一伟大进程中，社会主义主流意识形态发挥着引领作用。培养和造就时代新人，是国家发展、社会进步的必然要求。无疑，推进社会有效治理，提升高等教育的质量，离不开高校思想政治教育的发展。因为思想政治教育所能发挥的效能是其他任何方式和手段所不能替代的，"思想政治工作是其他一切工作的生命线"，是治党治国的重要方式。只有运用各类思想政治教育手段首先解决了人的思想问题，才能够进一步解决社会发展中的现实问题和矛盾，实现社会的良序运转和"善治"。可以说，用柔性的、开放性、互动性的思想政治教育手段来引导青年学生思想认识的提高、行为模式的改变来取代以往刚性的、管制性、单向性的行政管理模式，这是对传统教育管理思想的反思和超越，也是全面建构中国特色社会注意教育治理理论的重要内容。现阶段，中国社会治理面临的诸多矛盾主要都是人民内部矛盾，因此，从思想政治教育功能发挥的角度来研究社会的有效治理是丰富中国特色社会治理理论的必然选择。因而，在技术的促动下，高等教育的数据化是大趋势，高校思想政治教育数据治理也是根本方向，这种借助技术赋能到系统性重塑的高校思想政治教育数据治理，不仅有利于高等教育的进一步完善，也是对国家数字化战略的一种推动。

（二）研究高校思想政治教育数据治理体系功能的现实意义

理论的价值要以实践为验证。理性思考的成果终究要回到用于指导实践。从现实实践角度来看，高校思想政治教育数据治理功能研究，不仅能够为高校思想政治教育功能的研究提供重要的现实依据，也能够进一步提供思想政治教育数据治理体系发挥作用的效率。

1. 提供重要的现实依据

加强高校思想政治教育数据治理体系功能的研究，能够为思想政治教育治理体系合理化建构提供重要的现实依据。思想政治教育数据治理体系功能的研究不仅是个理论命题，更是一个重要的实践命题。随着时代的发展、社会的进步和技术的融入，高校思想政治教育治理功能研究的实践场域也随之拓展，"数据治理"作为成为高校思想政治教育治理功能研究新的、重要的实践场域。在互联网络大发展的时代，崭新技术的介入，自媒体风起云涌，社会思潮纷至沓来，舆论热点层出不穷等，这些变化的因素直接导致高校思想政治教育实践活动面临诸多新的冲突和矛盾，从而造成高校思想政治教育治理困境。回应社会问题，调节人际关系，协同推进高等教育现代化信息化，强化高校治理，构建大思政格局，实现思想政治教育的高质量发展，首先就要解决高校师生的思想问题。因而，思想引领、理论强身、价值重构就成为立德树人、铸魂育人根本任务实现的硬核。其中，借助技术支持系统，更加有效地需要提高广大青年学生的政治认同、理论认同、价值认同和情感认同，发挥历史主动精神，达成线上线下一致，共建晴朗的网络精神家园，无疑为高校思想政治教育数据治理体系功能的发挥提供了重要的现实依据。

2. 提高高校思想政治教育治理效率

深入研究高校思想政治教育数据治理体系的功能及其发挥问题，能够进一步增强师生的广泛参与，提高数据治理的效率。在"三全育人"中，只有全员参与才能保障高校思想政治教育活动的全程性和全方位性。因而，通过汇集各种数据，从中了解与分析把握师生思想动态与行为轨迹，着眼于技术的支持下的思想政治教育改革创新，借助数据化治理，强化主体的智联互通，协同参与，以提高治理效率。深入研究高校思想政治教育数据治理过程中的功能发挥问题，就应该从高校思想政治教育的实际出发，把握动态，集成数据，面对实际活动中存在的诸多问题，深入思考其中的原因，从中找到科学、合理的解决途径。

二、高校思想政治教育数据治理功能的基本指向

从一般意义上讲，功能是事物作用于他物的能力。事物的功能会随事物本身的变化而发生变化。高校思想政治教育活动从管理走向治理，特别是大数据等前沿技术的影响，高校思想政治教育的数据治理应运而生，作为一种新事物，自然需要我们深入研究与思考。

（一）高校思想政治教育数据治理理念的演进

1. 深入把握高校思想政治教育的功能

学界对思想政治教育的功能有不少研究成果。有的从个体和社会两个层面分析，也有专家从政治导向、社会维稳、思想保证、力量凝聚、社会

激励等层面来讨论，这无疑都为我们研究高校思想政治教育数据治理的功能提供了有益的启示。

从发展的视角来看，当和国家从来都非常重视思想政治教育功能的发挥。关照思想政治教育，特别是关注高校思想政治教育，用情用力推进高校思想政治教育的发展，是中华人民共和国成立以来高等教育发展中的重要内容，而且一直是治党治国的重要方式。应该说，高校思想政治教育功能的发挥效果直接体现在为中华人民共和国的发展提供了源源不断的高素质人才，充分展示了高校思想政治教育对于立德树人根本任务的实现所发挥的有益功效，充分体现了为党育人、为国育才的恒定初心与不变使命，充分体现了不同历史阶段高校思想政治教育功能发挥促动高等教育本身发展的实际成效。无论从凝聚共识还是思想引导，无论是政治保障还是维护社会稳定等等，这种功能定位与作用的发挥，同样规定着高校思想政治教育的数据治理的性质，这既是我们探讨数据治理功能的理论逻辑起点，也是我们分析数据治理功能发挥的实践起点。

2. 认真思考高校思想政治教育治理功能

纵观中华人民共和国成立以来党的思想政治教育史，我们会发现，思想政治教育治理功能是思想政治教育"生命线"地位的时代体现，是在不同历史阶段和时期推进国家治理现代化时代诉求的有力回应，彰显了高校思想政治教育服务于党、国家以及社会的实践自觉。国家的发展、高等教育的变革，社会进步，治理理念的变化和国家治理体系与功能的生成决定了高校思想政治教育治理功能的本质属性。

首先，更加突出了高校思想政治教育治理的意识形态性。意识形态性是高校思想政治教育的本质属性，这一特性规定了高校思想政治教育治理的本质。无论高校思想政治教育治理作用的场域发生何种变化，思想政治教育本身必须始终保持自身的意识形态性。在这种属性中，涵盖了马克思主义的原则、立场与方法的引领性，涵盖了社会主义意识形态的先进性，涵盖了广大人民的主体性与中心性。从而，高校思想政治教育治理应该恪守这一根本属性。把握了这一属性，有助于我们守正创新，正确处理好"变"与"不变"的关系，更加明确高校思想政治教育为谁培养人、怎样培养人的目标，全力激发治理主体参与思想政治教育治理的活力，凝聚治理共识。

其次，更加明确了高校思想政治教育治理的渐进性。高校思想政治教育治理是对受教育者精神层面的治理，直接指向社会成员的精神世界，是对广大青年学生的价值观念、理想信念等进行的转化与改造，带有较为突出的内隐性和隐蔽性，从而，在具体的治理活动中，一定要强化引导，循序渐进。思想的转变和态度与行为的转化具有点滴改变的特点，这就要求我们善做善成，久久为功。

3. 精准把握高校思想政治教育数据治理功能的基本意指

首先，理解与把握高校思想政治教育数据治理功能的基本含义。高校思想政治教育数据治理问题，是随着国家发展、技术的大规模融入而出现的。人类历史上的每一次教育大变革都与技术密切相关，而每次的变动又与治理功能的释放密不可分。在当今，大数据等前沿技术的社会化和教育化，无疑使得我国高等教育信息化提速，进而推进高校思想政治教育数据治理活动展开，尤其是2020年"停课不停教""停课不停学"，造就了当代中国在线教育的空前发展。高等教育的信息化基础设施建设的加快，又在客观上为高校思想政治教育数据治理提供了极大的便利。值得注意的是，过去高校信息化建设取得的成效，为我们积累了海量数据，但各校思想政治教育的应用系统产生的数据尚未发挥综合效益，整体应用效果未能通过数据手段进行统一集成，致使思想政治教育的数据治理功效不够明显。因此，高校思想政治教育数据治理的功能，是指高校借助各部门之间智联互通，共享思想政治教育数据以及共建技术平台，以实现思想政治教育活动的思想引领、理论强身、价值重构的育人作用。在这一界定中，涵盖了如下内容：一是高校思想政治教育数据治理功能，就是要求实现各部门之间数据的跨界流动共享。在以往的高校思想政治教育治理活动中，数据的共享程度低，部门之间的协同性不足，从而导致思想政治教育效果验证不充分，定性多定量少、全员参与规模不到位、全程诊治全时段把脉不精准，整体育人效果不理想。因此，借助数据治理，就是要凸显精准识别、全景绘制、全域介入，全面把握受教者状况，使思想政治教育有的放矢，切中要害。二是高校思想政治教育数据治理功能，就是要求在大思政理念的引导下，建好管好用好技术平台。高校思想政治教育数据集成系统，就是高校思想政治教育数据治理功能发挥的物理性底座和技术支持系统。强化思想政治教育数据治理，就要搞好平台建设，确保在技术的指导下，数据跨境流动，全天候适用，全面、便捷、共享、协同。三是高校思想政治教育数据治理作用的发挥直指育人。集成有效数据的最大目的就是要确保育人。无论我们是把握大数据还是小数据，无论我们清洗加工结构性数据还是半结构化数据，都必须围绕着数据育人的目的而展开。显而易见，只有完成思想政治教育数据的深度加工处理，我们才能将数据治理活动的功效发挥到极致。而其中这些数据的应用一定是有益于引领青年学生思想的进步，理论修养的提升，科学世界观、人生观和价值观的塑造，有助于学生坚定理想信念，争做时代新人。

其次，把握高校思想政治教育数据治理功能的基本内容。高校思想政治教育数据治理功能答题涵盖如下内容：一是思想价值引领功能。在互联网络、云计算、大数据等技术的带动下，社会生活发生了翻天覆地的变化，高校思想政治教育活动的展开以及数据化治理，需要在社会主义先进文化的引导下以保持正确的方向并选择合理的技术路径与育人方法。不言而喻，当今线上线下社会中，各种思潮与亚文化形态进行着大规模"圈地"，高校思想政治教育实践面临着诸多挑战，其中"新与旧""中与西"等多元文化价值系统中压力倍增，"躺平"与"躺赢"交织在一起，摆脱多重价值叠加中的角色，青春文化发展中的混杂，就是要借助数据治理完成社会主义主流价值的传播，让数据本身的思想意蕴释放出来，增强自信感和认同感，促成社会主义主流文化价值对高校网络信息多元文化生态的规训与育导，最终以文化价值的引流统摄思想政治教育数据治理。二是营造共识的功能。借助思想政治教育数据的加工处理，提炼其中思想精华，强化情景建构和场景化学习，促成价值铸魂的旨向与行动序列相关联的一种情境建构。在这种崭新的情境中，让高校思想政治教育数据治理凝聚共识，完成思想铸魂、价值重构、理论武装的数据化服务，实现思想政治教育数据化认同。三是多元主体共治的功能。在高校思想政治教育数据治理过程中，充分发挥"十大育人"体系的作用，强化多元主体联动互通。这既是治理主体间关系的重构，也是主体间共治情感能力与能量的积蓄。因此，不断挖掘数据增强思想政治教育实践水平，在深度的互动中建立教育治理主体之间的互惠、信任和团结合作，进而探寻更多的人生价值与合作共治的价值沉淀，对破解广大青年学生的信息茧房、消除信息界膜、提升数据思维能力具有重要意义。四是行动整合功能。高效、协同、互联、泛在情景的形成，是高校思想政治教育数据治理的目标，也是思想政治教育数据治理空间的秩序表征。校园网络网民的精神家园，不仅彰显多元主体之间彼此的中级关怀，也暗含着校园网络群体意识和文化理念的重要旨趣，智联互动、数据共享、责任共担、秩序共建等决定了高校思想政治教育数据治理的行为目标和价值取向，激发高校思想政治教育数据跨界流动的规则生成机制，深度矫正着精神文化的公众化需求与个体性满足之间不平衡，有利于发挥在传递主流价值理念、宣导行为规范、推进感化教化涵化，建构符合党和国家需求的价值规范和意义体系。

总之，从深刻解读思想政治教育功能到全面把握思想政治教育治理以及高校思想政治教育数据治理功能，我们应该勇于面对高校思想政治教育的巨大转型，全力全速推进提升高校思想政治教育数据治理的效能。

三、高校思想政治教育数据治理功能的主要特征与优化

高校思想政治教育数据治理体系发挥巨大作用，往往具有一般性特征和特殊性表现。思想政治教育数据治理强调协同性、整体性与局部性区域性，注重一般性与特殊性的统一，应该说这是高校思想政治教育数据治理功能释放的重要方式。因而，高校思想政治教育数据治理体系的建构和功能发挥，既要符合大思政格局的建构与高质量发展的要求，又要紧紧围绕高校信息化基础设施建设需求相统一。在一般层面讲，突出和关注高校思想政治教育数据治理的规范化、制度化、民主化、法治化和科学化，是推进思想政治教育治理体系和治理能力现代化的根本特征。而从高校思想政治教育数据治理的特殊层面来看，这种治理体系功能的释放则有自身独特的体现。

（一）高校思想政治教育数据治理功能的主要特征

1. 高校思想政治教育治理功能的数据公平性

"正义是社会制度的首要价值，就像真理是思想的首要价值一样。"① 从一般正义的视角讲，这一概念的核心理念强调与强化的就是公平。在现实生活中，消弭各种矛盾、消除各种歧视、打破各种差别待遇，以及消灭各种不平等的现象以便实现社会公正问题，已经成为推动人类社会发展优先关注与关切的重要话题。强化制度建设，应该说是高等教育治理体系功能释放的重要内容与环节，当然也是高校思想政治教育数据治理体系的功能必须要关注的部分。因为这种思想政治教育数据治理制度的供给是影响与决定该体系效能的前提与基础。在高校思想政治教育实践活动中，大量的数据实际分散在不同的单位与部门，怎样更好地借助数据挖掘技术和相应的分析处理技术，完成数据本身的高效集成，是确保数据认同的前提。其中，在众多数据的处理中，必须围绕数据能否体现教育公平性展开。挖掘数据的公平性，就是为了建构与绘制合乎教育目的与价值重构的权利分配。有效引导青年学生的健康成长，传递公平公正平等的理念是社会主义核心价值体系的要求。因为思想政治教育数据治理体系缺乏数据公平性的支撑和价值导向，思想政治教育数据治理本省也就没有存在的价值与意义。

2. 高校思想政治教育治理功能的数据开放包容性

思想政治教育数据治理体系本身是一个开放的系统，汇集了诸多思想政治教育的数据资料和资源。在技术的融入过程中，提高思想政治教育数据治理行为以便回应周围环境和场域的变化，就应该借助技术本身的优势完成对环境变动的挑战，适当适时地推进高校思想政治教育数据治理活动。习近平总书记指出："推进国家治理体系和治理能力现代化，就是要适应时代变化，既改革不适应实践发展要求的体制机制、法律法规，又不断构建新的体制机制、法律法规，使各方面制度更加科学、更加完善，实现党、国家、社会各项事务治理制度化、规范化、程序化。"② 为了保障高校思想

---

① ［美］罗尔斯：《正义论》，京华出版社 2000 年版，第 17 页。
② 习近平：《切实把思想统一到党的十八届三中全会精神上来》，《人民日报》2014 年 1 月 1 日。

政治教育与其他专业建设、课程建设以及教育活动的匹配和协同,更好地发挥思想政治教育数据治理的功能,就需要我们在这种体系的建构过程中,不断强化技术投入,壮大队伍建设,调整治理路径与方法,提升思想政治教育数据体系应对场域演化、环境变迁带来的诸多挑战,建构灵活开放的思想政治教育数据治理体系。

3. 高校思想政治教育治理功能的数据多样性

高校思想政治教育活动,与其他活动既相互依存的,又相对独立。因而,高校思想政治教育数据治理活动也应该是多样的。树立和具备数据的多元性理念,不仅反映在思想政治教育数据治理的主体层面,也反映在思想政治教育治理体系中的其他方面,涉及到师生在教与学、教与悟的相互关系中,数据的类别也是多种类多侧面的。把握这种功能释放的数据多样性,意味着我们在实际工作中要加强数据的收集整理,正确处理思想政治教育数据化与数据思想政治教育化的内在关系,围绕师生校园生活精准画像,精心识别,实现有效供给与需求增长之间的关系,最大程度提升多样化数据对于解决问题的有效性。

4. 高校思想政治教育治理功能的数据生态性

在高校思想政治教育数据治理体系功能释放的过程中,我们必须严格遵循生态规律的要求,正确处理思想政治教育数据生态,这样才能有效释放数据治理的功效。其中,涉及到关注和思考高校思想政治教育数据生态规律,如思想政治教育数据生的整体关联律、数据资源的动态平衡律、协同进化律等方面。高校思想政治教育数据治理体系功能的释放,不仅我们需要处理好校内不同部门、不同专业、不同课程的治理,也需要处理好不同区域、不同类别高校的思想政治教育数据治理,以便符合所属生态位的发展需求。否则,思想政治教育数据治理体系的功能就难以发挥。

(二)高校思想政治教育数据治理功能的优化

大数据技术为高校思想政治教育数据治理功能的发挥提供了基础条件,是推动治理活动从理论走向实践的根本支撑和重要驱动力,组合出思想政治教育数据治理全要素的多点发力,保障了功能的释放。

1. 优化高校思想政治教育数据治理功能助推精准到人

思想政治教育数据治理的重要任务之一就是要做到将自己的教育对象精准到"一个一个具体的人，有血有肉，有情感，有爱恨，有梦想，也有内心的冲突和挣扎"①的人，从而推进高校思想政治教育活动更加个性化、定制化，是治理真正见到成效。这里的"人"，是生活于一定的时空背景下从事社会实践活动的人，是一个细分群体甚至个体。一方面，推动教育方案从"一类一策""一班一策"甚至"一专业一策"向"一人一策"转变，增强了教育供给的针对性。通过大数据的"学生画像"，精准分析个体学习、生活、精神等状态，以及思想变化和行为特征，实现教育内容、方法、载体的精准定制与供给。另一方面，实现教育举措分层指导、分类引导、个性化传导，增强教育方式的针对性。思想政治工作者可以通过实时在线的数据信息精准追踪、精准感知、精准分析、精准定位，实现对学生个性化需求的深度掌握，有针对性地制定教育措施。显而易见，思想政治教育的数据治理功效就缘于此。没有数据的集成又校加工，我们很难做到精准把握、深度解析、有效治理。

2. 优化高校思想政治教育数据治理功能精准到事

"精准到事，因事而动"突出了对"事"的感知、掌握和应对，通过以"事"为据、对"事"发力实施针对性的思想教育与行为引导活动，让学生从一系列的事件、事情、事物中明事理、悟道理、求真理，实现"因事而化"的目标。二这一工作的全面展开，离不开思想政治教育各种数据资源的系统性支撑。首先，必须紧紧围绕学生遇到的、烦恼的、关注的、不懂的、疑惑的问题开展数据搜集与加工处理。针对青年学生生活类数据所反映与体现的问题进行甄别。其次，要密切跟踪学生的关注热点，不间断搜集、分析和加工数据，获取学生关注的事件，即时开展引导教育，强化舆情治理。最后，要发挥思想政治教育体系性、理论性、权威性特质，以扎扎实实的理论基础与形象生动的生活事例，对学生所遇之事进行有高度、有深度和有厚度的解析，强化场景治理，特别对于一些学生高度关注的社会负面事

---

① 《习近平谈治国理政（第二卷）》，外文出版社2017年版，第317页。

件和关心的热点事件要积极正面应对，通过大数据建模分析，预测事件发展趋向，根据学生思想变化主动设置议题，主动释疑解惑，巧妙正面引导，从整体上、源头上进行前瞻性处理，阻断实践发展情景链。

3. 优化高校思想政治教育数据治理功能精准到时

思想政治教育数据治理效果的好坏，与恰当的时机的选择。在治理过程中，思想政治教育数据治理要做到"精准到时，因时制宜"。其中包含宏观和微观两个层次。从宏观层面来看，每个社会个体一般都会经历童年、少年、青年、中年、老年等成长发展历程与人生阶段，每个阶段都有特殊的需求和不同的特征，需要有针对性地予以关注。从微观层面来看，即便是在某一天、某个小时等相对较短的时间段，人的思想都有可能处于变化之中，心理活动可能已经发生巨大变化。在海量信息下，大学生思想活动呈现出思想热点的流变性、思想节奏的快捷性、思想情绪的波动性以及思想观念的易变性等多变特征，[1]思想政治教育的治理时机可谓稍纵即逝。这就要求我们要分析大学生不同阶段、不同时段特点，精准捕捉有利时机甚至精准创造时机推进高校思想政治工作，实时动态调整教育供给。一方面，在某些特定时间节点，教育对象会在心理、精神和思想上形成预期、期待和准备，进而形成思想政治工作时机。教育者要充分利用大数据预测技术，科学预判趋势，提前准备方案，根据受教育者的身心渴望度、接受度及时供给，沁入心田。另一方面，时机也广泛存在于思想政治教育治理活动全过程，教育者需要通过大数据感知技术全程在线、全域在场、敏锐捕捉、随时准备，一旦时机成熟立即供给教育内容，达到最佳教育效果。

4. 优化高校思想政治教育数据治理功能精准到势

"势"即情势、情境，从本质上讲属于思想政治教育环境治理的一部分，是指在思想政治教育的治理具体过程中，能够被双方细致把握和感受到的微观环境。治理活动顺势方能有成效。情势作为高校思想政治教育乃至数据治理中不可或缺的有机组成部分，从载体来看一般包括课堂、学校和社会三种场景、三大类型；从性质来看，有政治情势、经济情势、文化情势

---

[1] 骆郁廷，唐丽敏：《网络空间大学生思想活动的多变性及其引导》，《思想教育研究》2019年第6期。

等。因此，首先，要利用大数据感知技术顺治理之势。深入分析具体场景，通过利用学生学习生活中的有利情势，构建差异化的思想政治教育治理"微环境"，选择更加适合教育对象的教育内容、载体与方法，开展思想政治教育数据治理。其次，要通过大数据分析技术借治理之势。大数据包含海量信息，思想政治教育数据治理的重要任务就是在其中发现相关连接点，并且对现实生活中的世界时事、国家大事、社会热事、个人趣事实现数据化表达，赋予其思想政治教育意义。最后，通过大数据加工技术造治理之势。随着 AR、VR、MR、XR 技术快速发展，高校思想政治教育数据治理活动要创建与教育对象良性、多维、立体互动的"数字化"治理环境，充分利用大数据技术，根据不同个体和不同群体的场景偏好、时间偏好、载体偏好等因素，精致匹配治理流程，确保治理效果优化。

第六章
高校思想政治教育数据治理的目标与原则

高校思想政治教育数据治理是对高校思想政治教育治理的进一步延伸和数字化探索的结果，需要正确的目标指引和原则规范。高校思想政治教育数据治理目标是高校思想政治教育数据治理的起点和归宿，反映了对于高校开展思想政治教育数据治理工作的总的设想和规定，深刻影响着数据治理的发展方向。高校思想政治教育数据治理原则规范、保护高校思想政治教育数据治理的行为，对高校思想政治教育治理发挥着调节和指导的作用。同时，高校思想政治教育数据治理目标是高校思想政治教育数据治理原则的前提与基础，高校思想政治教育数据治理原则是高校思想政治教育数据治理目标的反映和体现，二者相互影响，密不可分。探讨高校思想政治教育数据治理的目标和原则的制定依据与具体内容，有利于从明晰高校思想政治教育数据治理的内在遵循和任务要求，充分释放数据价值，提升高校思想政治教育治理的科学化、数字化水平。

第一节 高校思想政治教育数据治理的目标分析

高校思想政治教育数据治理的开展需要正确的导向和引领。高校思想政治教育数据治理的目标确立过程符合国家治理现代化的发展需要、符合高校思想政治教育治理的实际现状；高校思想政治教育数据治理目标体系的建构具有层次性和针对性、导向性和激励性，是高校思想政治教育数据治理工作开展的重要依据和行动方向。

一、高校思想政治教育数据治理目标确立的依据

数据对于国家治理、社会创新发展具有重要作用，它已经成为国家治理体系和治理能力现代化的重要元素，对政府治理、社会治理、高等教育治理产生了深远的影响。高校思想政治教育数据治理目标的确立符合国家治理现代化对高校思想政治教育治理的要求，反映了高校思想政治教育治理与数据融合的客观实际，也是高校思想政治教育治理科学化发展的现实需要。

（一）国家治理现代化对高校思想政治教育治理的要求

中国特色社会主义进入时代以来，中国共产党不断推动全面深化改革向广度和深度发展，中国特色社会主义制度愈发成熟，国家治理体系和治理能力现代化水平不断提高，党和国家事业焕发出新的生机活力。党的十九届四中全会提出了坚持和完善中国特色社会主义制度、推进国家治理体系和治理能力现代化的总体目标，这为国家发展指明方向，也为高校思想政治教育治理工作提出了新的要求。高校思想政治教育数据治理是在高校思想政治教育治理的理论与实践的基础上产生和发展的，也必须遵循高校思想政治教育治理的内要求，顺应国家治理体系和治理能力现代化发展方向，并以信息技术、数据时代为契机，在进行数字化融合中实现新时代高校思想政治教育治理工作的创新发展。

高校思想政治教育治理工作是国家制度和国家治理体系优势的具体化体现。国家治理现代化是新时代中国特色社会主义的成果，我国的国家制度、国家治理体系中具有明显的优势，包括坚持党的集中统一领导，坚持党的科学理论，保持政治稳定，确保国家始终沿着社会主义方向前进，维护和保障最广大人民群众的根本利益等。思想政治工作在与时俱进中凸显国家制度和国家治理体系的优势与成效。在中国共产党成立100周年之际，中共中央、国务院印发了《关于新时代加强和改进思想政治工作的意见》，其

中指出，思想政治工作是中国共产党的优良传统和政治优势，要把思想政治工作作为治党治国的重要方式。高校思想政治教育治理既是对思想政治工作重要作用的具体实践，也是对国家治理理念的具体运用和彰显[①]。同时，高校思想政治教育治理是国家治理的重要方面，构建与国家治理现代化同向同行、与社会变化形势相符合的新时代高校思想政治教育治理体系，符合国家治理现代化的要求和高校思想政治教育自身发展的要求。随着数据治理的不断发展，高校思想政治教育治理也有了广阔的发展前景，应当辩证、客观地看待思想政治教育治理与国家治理的关系、高校思想政治教育数据治理与高校思想政治教育治理的关系。

　　高校思想政治教育数据治理是对高校思想政治教育治理的进一步延伸和探索。随着国家治理能力和治理水平的不断提高，高校思想政治教育治理的理论与实践的不断深入，以及大数据时代下的数据发展工作逐渐从收集数据向数据治理方向的推进，高校思想政治教育数据治理有了更明确的发展方向。现如今，数据已经成为国家间竞争的重要资源，各国对数据的掌握与使用情况不一，对数据治理的水平参差不齐，而数据治理也是国家治理不可或缺的驱动力量。"从宏观层面看，数据治理是指政府等公共机构、企业等私营机构以及个体，为了最大程度地挖掘和释放数据价值，推动数据安全、有序流动而采取政策、法律、标准、技术等一系列措施的过程。从微观层面看，数据治理是不同的机构对各种各样的元数据进行处理和分析的过程。"不论从宏观层面还是从微观层面，高校思想政治教育在进行数据治理的过程中，都要在围绕数据的安全、有序流动而采取相应的行动。而同时，高校思想政治教育数据治理工作意味着，既要对高校思想政治教育的数据进行治理，也要运用数据来开展高校思想政治教育治理，这是由高校思想政治教育治理工作、推进国家治理体系和治理现代化的要求而决定的。因此，高校思想政治教育数据治理的发展、调整与变革都应聚焦于高校思想政治教育治理工作和国家治理现代化的发展方向。

---

　　① 《中共中央、国务院印发〈关于新时代加强和改进思想政治工作的意见〉》，《人民日报》2021年7月13日。

（二）高校思想政治教育治理与数据融合的客观实际

高校思想政治教育数据治理的推进、高校思想政治教育数据治理目标的确立与大数据时代的蓬勃发展、教育现代化进程密切相关。随着科技的创新、信息技术的不断发展，数据所发挥的作用日益凸显。高等教育作为我国社会发展的重要领域，也在不断与新技术、新手段融合发展。高校思想政治教育治理与数据融合是高校思想政治教育发展的客观需要，也是面对青年学生这一重要教育对象的积极回应，高校思想政治教育数据治理可以将多维、多源数据运用到思想政治教育之中，打破数据孤岛和时空壁垒，促进教育资源在物理空间和信息空间实现深度融合，从而激发高校思想政治教育的创新创造活力。

高校思想政治教育治理与数据融合、数据治理密不可分。党的十八届五中全会提出，实施网络强国战略和国家大数据战略，促进使我国的大数据事业开启了快速发展模式，支持基于互联网的各类创新。此后，党的十九大提出，推动互联网、大数据、人工智能和实体经济深度融合，建设数字中国、智慧社会。党的十九届四中全会首次将"数据"与土地、劳动力、资本、技术等传统要素并列为生产要素，体现了互联网大数据时代的新特征。党的十九届六中全会审议通过的《中共中央关于党的百年奋斗重大成就和历史经验的决议》指出："党的十八大以来，我国社会建设全面加强，人民生活全方位改善，社会治理社会化、法治化、智能化、专业化水平大幅度提升。"科学技术的发展使得国家治理、社会治理到基层单位治理都有了更明确的支撑，数据治理已经无形中融入到生活的各个方面。例如，政府将大数据、云计算、人工智能等相关数字技术运用到社会管理之中，通过数据决策、管理和服务，有利于形成科学的公共管理与服务机制，凸显治理的科学性、预测性、精准性、高效性，提高政府的公共管理能力，有利于打造共建共治共享的社会治理格局，提升国家治理能力。而高校思想政治教育治理的过程中不能回避数据因素，必须充分发挥数据所带来的价值，因此，高校思想政治教育数据治理为解决新时代高校思想政治教育工作中的不确定提供了新的思维方式和新

第六章 高校思想政治教育数据治理的目标与原则

的工作方法。

高校思想政治教育治理与数字化融合，符合高等教育治理的要求。中国高等教育深深扎根于中国大地，具有中国特色、民族特色与时代特色。习近平总书记指出："要坚持党的领导，坚持马克思主义指导地位，坚持为党和人民事业服务，落实立德树人根本任务，传承红色基因，扎根中国大地办大学，走出一条建设中国特色、世界一流大学的新路。"高校思想政治教育既是高等教育的重要内容也是思想政治工作的重要方面，在新时代背景下进行高校思想政治教育治理工作，在本质上也是以积极主动的思维方式、以与时俱进的创新态度推进教育现代化的进程。"数据作为一种新型生产要素，具有独特的自然属性和社会属性"数据作为一种重要信息载体，能够记录、描述、存储自然变化和社会发展的重要信息，能够反映现实，促进社会生产力的发展。同时，在数字时代的迅猛发展过程中，数据的收集、存储和处理能力不断提升，数据已经作为生产要素参与到经济社会发展的各个领域之中。因此，把握数据资源、推进数据治理也是高校思想政治教育治理的重要发展方向，也是高等教育发展的时代要求。

（三）高校思想政治教育治理科学化发展的现实需要

党的十八大以来，中国特色社会主义进入新时代，也为高校思想政治教育提供了新的发展契机。以习近平同志为核心的党中央重视高校思想政治教育工作，在高校思想政治工作会议、全国教育大会、学校思想政治理论课教师座谈会等会议中提出诸多重要指示，为新时代高校思想政治教育工作指明了方向。随着高校思想政治工作的理论与实践不断深化，广大思想政治教育工作者愈发认识到将"治理"的思维方式和工作方法融入到高校思想政治教育的重要性。明晰新时代高校思想政治教育主体、客体、介体、环体的变与不变，了解高校思想政治教育治理的现状，理解高校思想政治教育治理的内容与重点，是高校思想政治教育数据治理发展的前提和基础。

当前，高校思想政治教育发展的环境发生了变化，高校思想政治教育治理工作必须直面时代的变化、环境的变迁。一方面，数据时代的到来使大数据逐步融入高校师生的日常生活之中。大数据并不仅仅代表着数据的丰富与大量集聚，更多反映的是人们在工作、生活各个领域呈现出广泛的数字化趋势，这使得高校的思想政治教育也更具机遇与挑战。高校思想政治教育者只有不断更新既有习惯于思维模式，广泛了解和接触日渐数字化的世界，才能正确应对高校中与时俱进的思想政治教育工作。而数据治理也使得我们建立起人与数据关系的新解，能够从技术、思维、方法方面应对新技术所带来的道德挑战。另一方面，网络空间孕育产生、延伸拓展了人类虚拟生存方式和虚拟社会的存在形式。"从理论上而言，在足够小的时间和空间尺度上对现实世界数字化，可以构造一个现实世界的数字虚拟映像，这个映像承载了现实世界的运行规律。"①网络空间的治理问题既是国家治理现代化的重要内容，也对高校思想政治教育治理有着深刻影响，二者具有相通之处。"思想政治教育治理要敢于打破传统管理模式，避免思想政治教育治理主客体二元分立甚至二元对立的格局，运用治理现代理念和思维，充分利用互联网技术，协同多元主体，协调各要素，形成全员、全过程、全方位的思想政治教育治理格局。"②近年来，围绕网络空间治理的命题，党和国家综合运用技术、法律、文化等方式手段，不断营造向善向上、更加晴朗的网络氛围。而网络环境的拓展、场域的延伸也给高校思想政治教育带来了诸多机遇挑战，既是高校思想政治教育治理的重要环境，也是高校思想政治教育治理必须攻克的阵地。

高校思想政治教育的主客体产生了新的矛盾与诉求。当今社会，经济全球化的进程不断推进，网络信息技术发展迅猛，文化呈现出多元发展趋势，当代青年学生在高校能够接收到的文化、思想、价值理想更加多样复杂，这也对高校大学生的思想意识带来一定冲击，使得青年学生在生活方式和思维习惯等方面出现新的变化。随之而来的是一定的思想矛盾与思想落差等问题，"大数据时代社会思想观念日益多样化，意识形态领域的纷争和道德层面的交锋日益复杂激烈，思想政治教育施教者与受教者之间的意义共享和价值认同难度系数增加。"③学生的个性化发展更加多样化，高校思想

---

① 梅宏：《数据治理之论》，中国人民大学出版社 2020 年版，第 18 页。
② 冯刚主编：《思想政治教育学科发展新论域》，中山大学出版社 2022 年版，第 127 页。
③ 高盛楠，吴满意：《论大数据时代思想政治教育中的意义共享》，《学校党建与思想教育》2021 年第 15 期。

政治教育治理工作正是通过多主体参与的方式，在汲取相关经验的基础上致力于实现学生个性化的发展。而高校只有转变传统教育观念及方法，将数据治理融入到高校思想政治教育治理之中，正确运用数据获取和分析的方法，对高校师生学习、工作和生活等方面的现象和行为进行科学的分析，发掘科学合理的现代教育方法，才能够探索出适应社会发展及时代要求的科学育人路径，实现育人效果。

将数据融入到高校思想政治教育治理之中，是实现高校思想政治教育科学化发展的需要，是构建中国特色高校思想政治教育体系的需要，是应对新时代高校思想政治教育之中产生的矛盾、需求和期待的必然选择。高校思想政治教育的治理对象、治理主体、治理环境、治理方式、治理效果都深受数据的影响。对于高校思想政治教育数据治理而言，需要通过不断的认识和实践才能把握其运行的客观规律，数据治理不仅仅局限于技术操作和实践研究层面，也不仅仅作为思维方法进行阐释解读，而是应当将理论与实践相结合，在高校思想政治教育的创新发展中不断丰富发展。

二、高校思想政治教育数据治理的目标体系

高校思想政治教育数据治理的目标是一个有机系统，可以根据不同角度划分出多层次的目标体系。如果按照群体划分，可以探讨高校思想政治教育数据治理的个体目标与社会价值；如果按照时间划分，可以探讨高校思想政治教育数据治理的近期目标与长期目标；如果按照隶属关系划分，可以探讨高校思想政治教育数据治理的总体目标与分目标。如果从根本来看，按照性质划分，高校思想政治教育数据治理的目标体系可以划分为根本目标、基本目标和具体目标。

（一）高校思想政治教育数据治理的根本目标

高校思想政治教育数据治理是对高校思想政治教育治理理论与实践不断深入认识的结果。高校思想政治教育数据治理从根本上是要支持和服务于高校思想政治教育治理工作的，并致力于促进高校思想政治教育创新发展。对于高校思想政治教育数据治理根本目标的分析，可以从人才培育的

角度、高校思想政治教育治理结构的优化角度、高校思想政治教育治理水平提升等角度展开。

从育人角度来看，高校思想政治教育数据治理的根本目标是通过数据治理精准育人，落实立德树人根本任务。将数据运用在高校思想政治教育领域中，与运用在资源、资产、市场中所发挥的作用、目的有很大差别，不同于积累资本、创造经济价值，高校思想政治教育数据治理的根本指向仍是"育人"。高校思想政治教育数据治理旨在通过数据推进高校思想政治教育治理的发展，培养和造就符合国家治理现代化的综合性人才，培养德智体美劳全面发展的社会主义建设者和接班人。习近平总书记强调："新时代贯彻党的教育方针，要坚持马克思主义指导地位，贯彻新时代中国特色社会主义思想，坚持社会主义办学方向，落实立德树人的根本任务，坚持教育为人民服务、为中国共产党治国理政服务、为巩固和发展中国特色社会主义制度服务、为改革开放和社会主义现代化建设服务，扎根中国大地办教育，同生产劳动和社会实践相结合，加快推进教育现代化、建设教育强国、办好人民满意的教育，努力培养担当民族复兴大任的时代新人，培养德智体美劳全面发展的社会主义建设者和接班人。"[①] 高校肩负着培育担当民族复兴大任的时代新人的重要使命，这也为高校思想政治教育数据治理指明了方向。在大数据时代下，高校思想政治教育者与高校学生既是数据的创造者也是数据的使用者，高校中的每个成员都参与其中，扮演着不同的角色。通过高校思想政治教育数据治理使得思想政治教育的观念、内容、载体、方法等方面更加适合我国社会发展的实际、符合人才发展的需要，通过数据精准育人，通过动态性分析提高高校思想政治教育的决策科学性和教育效果，从而推进思想政治教育学科的发展并促进人的全面发展。

从结构优化的角度来看，高校思想政治教育数据治理旨在发挥数据驱动优势，完善高校思想政治教育治理结构。高校思想政治教育数据治理要通过发挥数据驱动的优势，充分使用数据资源，促进教育活动场域空间的

---

① 习近平：《用新时代中国特色社会主义思想铸魂育人 贯彻党的教育方针落实立德树人根本任务》，《人民日报》2019年3月19日。

第六章　高校思想政治教育数据治理的目标与原则

转向、治理主体由管理理念向治理理念的转化、治理方式的优化、治理内容的丰富与完善以及治理评价机制的升级优化，从而推进高校思想政治教育治理工作数据化转型。"党领导下的国家治理经验充分展示了治理作为一种战略选择所蕴含的全局意识和一体化视角，着眼全局，科学规划，协同推进，以促进资源分配的合理化，实现资源高效利用的最优化，进而保障资源交互产生影响的正相关性。"[①] 高校思想政治教育数据治理需要推动治理工作向数字化转型，优化治理工作体系的内部结构，使高校思想政治教育政策、制度、体系、方式等更加完善，各要素之间充分结合发挥最佳效能，实现可持续内涵式发展。"大数据并非一个简单的技术现象，而是一个镜像，它反映了大规模进行的、早在21世纪初期便紧锣密鼓且高速发展的社会变革。这种变化为文明的进步提供了巨大的契机，然而也隐藏着风险。"[②] 因此，在数据治理的过程中，不仅仅看到既有的集成数据，也要借助治理活动本身，发挥新技术、新手段，克服数据技术中存在的缺陷，保证数据治理沿着正确方向发展。在与国际数据接轨，对接不同数据流通圈时，教育领域的数据治理也应当展现出中国气派和中国方案，构建具有中国特色的高校思想政治教育数据治理体系，运用数据治理提升国家治理和社会的效率与水平，提高高校思想政治教育治理的科学化与时代化能力。

从高校思想政治教育自身发展的角度来看，高校思想政治教育数据治理旨在提升高校思想政治教育治理水平，推进高校思想政治教育现代化发展。数据治理的核心目标是通过各种手段提升数据的价值。而高校思想政治教育数据治理的根本目标则是通过数据提升高校思想政治教育治理水平，从而提升高校思想政治教育现代化水平。习近平总书记在全国高校思想政治工作会议上强调："做好高校思想政治工作，要因事而化、因时而进、因势而新。要遵循思想政治工作规律，遵循教书育人规律，遵循学生成长规律，不断提高工作能力和水平"。[③] 思想政治教育治理的发展方向要对准实

[①] 冯刚，高山等：《新时代高校思想政治教育治理论》，中国社会科学出版社2021年版，第74页。
[②] ［德］罗纳德·巴赫曼，［德］吉多·肖珀，［德］托马斯·格尔策：《大数据时代下半场：数据治理、驱动与变现》，北京联合出版公司2017年版，第17页。
[③] 《习近平谈治国理政（第二卷）》，外文出版社2017年版，第378页。

现高校思想政治教育的治理现代化，将数据治理引入于高校思想政治工作之中，有利于对多源数据的充分融合和不断挖掘，运用数据思维解决问题，并进行科学推理与决策，从而提升高校思想政治教育治理水平。自中国在国际场合提出了"数据治理"的提法后，国内、国际的关注与研讨迅速发酵。在2015年5月，中国信息技术服务标准数据治理研究小组提交了关于数据治理的内容《数据治理白皮书》。指出，数据是资产，通过服务产生价值。而在数据产生价值、发挥作用时，治理团队做出相应的评价、指导和控制，整个过程就是数据治理的过程。《中国教育现代化2035》明确提出推进教育治理体系和治理能力现代化的战略安排，十九届六中全会继续强调加快推进国家治理体系和治理能力现代化。高校思想政治教育数据治理是实现高校思想政治教育科学化、时代化发展的必然选择，"在国家治理现代化视域下，思想政治教育治理既要在新时代和新形势下不断完善学科体系，又要把立德树人作为根本任务，引导新时代受教育主体梳理正确的世界观、人生观和价值观。"[1]高校思想政治教育数据治理依托高校这一重要教育平台，要在促进数据利用、释放数据价值中实现提升高校思想政治教育治理水平的目标，进而为推动国家治理体系和治理能力现代化提供支持。

（二）高校思想政治教育数据治理的基本目标

随着技术的不断发展，数据价值的不断释放，数据理念与数据意识已经深入人心。数据治理运用于高校思想政治教育治理之中是教育规律、治理理念、技术手段、育人方式等多因素作用下产生的结果。高校思想政治教育数据治理的基本目标对应着高校思想政治教育数据治理要解决的基本问题，具体包括以下内容。

首先，高校思想政治教育数据治理旨在推动高校思想政治教育治理向着标准化发展。数据治理将基于多来源信息所产生的关系联结，是研判数据之间变量关系的重要手段。将数据治理融入高校政治教育治理之中，旨在解决其标准化问题。高校思想政治教育治理既要沿着标准化的方向发展，不断完善基础设施，加快高校思想政治教育数据治理平台信息化的构建与

---

[1] 冯刚主编：《思想政治教育学学科发展新论域》，中山大学出版社2022年版，第126-127页。

完善，规范数据治理的流程和相应的制度机制。高校思想政治教育治理必然会接触、使用数据，需要将数据纳入治理的范畴；现有的高校思想政治教育相关的数字资源的潜在价值没有得到充分释放，还存在数据标准不统一、数据质量参差不齐等情况，因此也要完善数据信息采集、数据管理等过程中的技术标准。同时，要树立高校思想政治教育数据治理理念，促进高校思想政治教育数据治理主体多样化，引导治理主体正确看待和开展数据治理工作。数据治理如果只作为一种技术方法来看待，在对数据进行客观分析、操作时，并不涉及价值、立场等问题，应当遵循价值中立、科学理性原则。而如果从工具理性来看待数据治理这一过程，并将其防止于高校思想政治教育工作的范畴之中来对待时，就有着明确的价值性规范和原则。因此，对待高校思想政治教育数据治理应当是态度鲜明、坚定的，能够自觉地将其放置于实际的工作之中，并不仅仅将其看待为一种纯粹的技巧或工具，而是理解数据治理对于高校思想政治教育治理工作开展的特殊意义。总而言之，不论是发展方向与思路、基础设施完善、平台搭建、数据管理，还是主体的思维认知、治理的价值原则都需要有正确、科学的衡量标准。

其次，高校思想政治教育数据治理旨在推进高校思想政治教育治理的协同化发展。高校思想政治教育治理工作需要协同化发展，既包含不同区域之间的协同、不同部门之间的协同、不同主体之间的协同，也包括数据处理方式、算法技术的协同。2020年，教育部等八部门下发《关于加快构建高校思想政治工作体系的意见》，要求健全立德树人体制机制，把立德树人融入思想道德、文化知识、社会实践教育各环节，贯通学科体系、教学体系、教材体系、管理体系，加快构建目标明确、内容完善、标准健全、运行科学、保障有力、成效显著的高校思想政治工作体系。这为高校思想政治工作体系的构建、协同化构建指明了方向。此后，2021年，中共中央、国务院印发的《关于新时代加强和改进思想政治工作的意见》指出，坚持遵循思想政治工作规律，把显性教育与隐性教育、解决思想问题与解决实际问题、广泛覆盖与分类指导结合起来，因地、因人、因事、因时制宜开展工作。坚持守正创新，推进理念创新、手段创新、基层工作创新，使新时代思想政治工作始终保持生机活力。①可见，高校思想政治教育工作是结构丰富、层次分明的科学体系，从宏观上，需要各个育人体系之间进行协同作业、协同联动；从微观上，不同育人体系的各自系统中的各个要素也需要通力合作，发挥合力作用。而不论是从宏观还是微观，不论从内部还是外部，高校思想政治教育都要应对协同性发展问题，而数据治理的融入能够通过数据资源使得高校思想政治教育信息在工作网络中实现横向、纵向的流动。因此，高校思想政治教育数据治理符合高校思想政治教育治理协同化发展的需要，数据治理也是确保高校思想政治教育治理工作持续创新的重要因素。

最后，高校思想政治教育数据治理旨在推进高校思想政治教育治理的融合化发展。中共中央、国务院印发的《关于加强和改进新形势下高校思想政治工作的意见》强调："要健全地方党委抓高校思想政治工作制度，切实加强组织领导和工作指导，坚持和完善党委定期研究、领导干部联系高校等制度，建立部门协作常态机制，形成党委统一领导、党政齐抓共管、职能部门组织协调、社会各方积极参与的工作格局"。②高校思想政治教育数据治理推进的融合化发展，强调信息技术、数据资源与高校思想政治教育治理中的深度融合，以及涵盖治理能力的融合，高校思想政治教育治理工作从宏观上要立足整体社会发展的平台，做到在党的统一领导下，全国一盘棋；从微观上构建高校内部的数据治理平台系统。无论从高校到高校，从高校到全国平台，都能做到部门之间的联动合作、能力融合。"高校思想政治教育面对开放的社会环境，多样化的信息，以及思想政治教育协同创新中的信息共享需求，都会给高校思想政治教育带来一定的风险。风险和不确定性是系统自我更新、自我完善、自我发展的外部压力，也是自身治理的内在动力。在多元信息中把握主导，在信息流动中把握方向，推进信息的有序流动，加强信息风向控制，都是高校思想政治教育治理的应有之义。也正是如此，高校思想政治教育治理表现出与信息有序流动相关的动

---

① 《中共中央、国务院印发〈关于新时代加强和改进思想政治工作的意见〉》，《人民日报》2021年7月13日。

② 《中共中央、国务院印发〈关于加强和改进新形势下高校思想政治工作的意见〉》，《人民日报》2017年2月28日。

态性。"① 通过数据治理推进高校思想政治教育治理的融合化发展是高校思想政治教育工作大格局构建的需要，有利于建构和实现多要素耦合的系统性治理格局与育人格局。

（三）高校思想政治教育数据治理的具体目标

高校思想政治教育数据治理应当立足具体工作的实际，把握高校思想政治教育治理中主、客、介、环的内在特点，围绕数据治理的核心目标，加强队伍建设，合理配置数据资源，搭建科学的平台机制。

高校思想政治教育数据治理旨在增强队伍建设，激发治理主体的内生动力。治理是多主体参与的行为，在动态分析中制定出科学的决策，旨在通过服务来实现管理的效果。高校思想政治教育治理中的构建包含多主体参与、多层次工作内容。而根据治理对象、治理内容的不同，治理主体也具有层次性特点。高校思想政治教育队伍作为思想政治教育工作的重要资源和基础力量，是参与高校思想政治教育数据治理的重要主体。高校思想政治教育的队伍既有专职队伍，也有兼职队伍，构成主要包括学校党委、共青团、思想政治理论课教师、辅导员以及学生代表等主体。"数据治理作为一种有力的新兴战略工具，能够使大学清楚地看到自己的优势和劣势，有利于提高大学决策的合理性，进而为教师和学生提供更加优质的服务，更加切合社会经济的发展需要。"② 随着高校思想政治工作理论与实践的不断推进，涉及的主体范围也在不断增加，在数据、网络的作用发挥下，青年大学生不仅获得了更多的话语权，而且在选择接受内容与形式上也拥有更强的主体性与自主性。因此，高校思想政治教育数据治理应当增强队伍建设，不仅要有专门的教学队伍、管理队伍、学生代表队伍，还需要组建起专门采集、分析、处理庞杂数据信息的数据团队，并实现不同主体、队伍之间的衔接与融合，从而引导思想政治工作者树立数据思维，提升数据处理能力和数据决策能力，不断加强队伍之间的协同性、系统性和整体性。

---

① 冯刚：《关于高校思想政治教育治理研究的几个问题》，《高校辅导员学刊》2022 年第 3 期。
② 许晓东，王锦华，卞良，孟倩：《高等教育的数据治理研究》，《高等工程教育研究》2015 年第 5 期。

高校思想政治教育数据治理旨在打造立体化资源配置格局。在开展高校思想政治教育数据治理的过程中，应当统筹高校思想政治教育治理系统中的各要素。高校思想政治教育治理系统中涉及高校思想政治教育队伍、思想政治理论课主渠道以及日常思想政治教育主阵地等子系统，不同系统中的物质资源、人力资源的合理配备有利于治理工作的顺利进行。其中，数据资源是高校思想政治教育治理工作的重要资源要素。数据化的处理和运行过程是一个智能循环的过程。在对原始数据进行加工的环节会产生新的知识，通过阐释成果进而提出建议行动；在行动环节，人们可以根据数据所示做出决定、采取措施，并进而得到成果的反馈。而在整个流程过程中，数据经过了组织、协调、巩固和丰富，变为了更加符合真实情况、符合下一阶段的高级数据。同时通过数据资源也可以通过自动化、智能化、智慧化处理，合理配备其他物质资源与人力资源，从而提升资源利用和配置的效度。

高校思想政治教育数据治理旨在搭建科学的数据平台和机制。高校思想政治教育所产生的数据是高校生活、学习、工作领域大范围数字化所推动的具有高度动态性的效应，对高校思想政治教育数据的发展具有深刻影响。数据所带来了繁荣、蓬勃的发展景象的同时，也存在着巨大挑战，例如：数据能够在多大程度上得到精准使用，技术的可行性与操作性现如今在社会层面特别是高等学校的运用如何，数据运用在高校思想政治教育时的成效与回报如何。因此，"要切实地认识把握思想政治工作内嵌的我国社会结构及其运行情况，需要引入社会学、治理学等视角和理论方法"[①]，完善数据治理系统，搭建科学的数据平台，针对不同的治理模块进行具体分析。同时，治理体系的构建与育人体系发展密不可分。育人体系的提出经历了从全员、全过程、全方位即"三全育人"的提出，到"教书育人、科研育人、实践育人、管理育人、服务育人、文化育人、组织育人"长效机制，直至《高校思想政治工作质量提升工程实施纲要》中规划的课程、科研、实践、文化、网络、心理、管理、服务、资助、组织等"十大育人"体系。

---

① 冯刚：《推动新时代思想政治教育学科高质量发展》，《学校党建与思想教育》2022年第7期。

大数据分析法能够相应地对个人和群体的预期行为进行预测，具有精准性和针对性，而育人体系中不同体系模块的构建也为数据治理的具体运用提供了方向，高校思想政治教育数据治理应当把握不同育人体系之中的工作特点与特色，完善数据治理的过程与机制，细化数据治理的内容和流程，推进数据治理的质量评价，从而提高高校思想政治教育的决策能力和治理效果。

第二节　高校思想政治教育数据治理的原则遵循

原则是人们说话或行事的基本准则或标准，是做事情、解决问题不能回避和违背的规定。高校思想政治教育数据治理的原则依据高校思想政治教育治理的客观规律和价值目标而制定，对高校思想政治教育数据治理起到规范、约束和保护的作用。高校思想政治教育数据治理原则主要包括方向性原则、主体性原则、科学性原则和数据处理原则，既秉持思想政治教育一般原则、遵循高校思想政治教育的具体原则，也尊重数据治理的一般原则、符合高校思想政治教育治理工作的具体实际。

一、高校思想政治教育数据治理原则的依据与作用

高校思想政治教育数据治理的原则，是在高校思想政治教育治理规律与高校思想政治教育数据价值相结合形成的行为活动准则。在数据的驱动和影响下，高校思想政治教育治理的理念、技术和方法不断更新变化，正在突破已有的教育模式，探索新的教育方式。而在此过程中，数据量庞杂、数据质量良莠不齐、数据真伪难以辨别等问题也日益凸显，数据与高校思想政治教育治理的融合需要正确的规范与指引。因此，正确认识和对待高校思想政治教育数据治理原则产生和确立的过程，理解高校思想政治教育数据治理原则的作用价值，对实现高校思想政治教育数据治理目标具有重要的理论意义与现实价值。

(一)确立高校思想政治教育数据治理原则的依据

高校思想政治教育数据治理原则是高校在开展思想政治教育数据治理工作中处理各种关系、各种矛盾应当秉持的基本遵循和基本标准。高校思想政治教育数据治理原则贯穿于数据治理的全过程,形成并发展于高校思想政治教育数据治理的实践之中,体现了高校思想政治教育数据治理合目的性与合规律性的统一,工具理性与价值理性的统一。高校思想政治教育数据治理原则体现了高校思想政治教育数据治理的本质,是数据治理工作在高校范围有序开展的基本规范,而高校思想政治教育数据治理原则的确立,具有坚实的理论支撑和现实基础。

一方面,高校思想政治教育数据治理的客观规律是确立高校思想政治教育数据治理原则的根本依据。高校思想政治教育的数据治理规律,就是高校思想政治教育数据治理过程中各种相关因素之间的内在的、本质的、必然的联系或者关系。高校思想政治教育数据治理只有遵循规律,才能达到预期的治理效能和教育效果。而高校思想政治教育数据治理的原则是对高校思想政治教育数据治理的理论与实践深入认识的结果,既遵循高校思想政治教育治理的一般规律,也关注数据融入高校思想政治教育治理工作的独有特征,体现了高校思想政治教育数据治理的根本要求。原则的确立与提出必须符合客观实际、反映事物运行和发展的客观规律,才能真正可行有效。列宁在对"规律"这一概念做出了本质上的解读:"规律就是关系……本质的关系或本质之间的关系。"[1] 规律所表现的一定的必然的联系,不是个别的、单一的现象所固有的,而是同一类的全部现象或过程所固有的。高校思想政治教育数据治理的概念产生时间并不长,但数据融入高校思想政治教育的实践过程早有发生,并且其影响广度与深度都在与日俱增。同时,在高校思想政治教育数据治理的过程中,其领域之中的人与人之间、事物与事物之间的内在存在着必然联系,而这些内在联系不断重复的出现,在高校思想政治教育数据治理过程中发挥着重要作用,并且决定着高校思想政治教育数据治理的方向发展。高校思想政治教育数据治理在高校思想政

---

[1] 《列宁全集》(第38卷),人民出版社1959年版,第161页。

第六章　高校思想政治教育数据治理的目标与原则

治教育数据治理的全部活动过程中，各种相关因素之间存在内在的和本质的必然联系，而高校思想政治教育数据治理的原则就是由这一系列的关系或联系所决定的。原则是规律的反映和体现，当规律被人们所认识并用其作为指导行动的准则时就成为原则，在高校思想政治教育数据治理的实践过程中，随着对实践的认识不断加深，抽象出了具体的原则。因此，高校思想政治教育数据治理的原则必须遵循高校思想政治教育数据治理的规律性认识，必须符合高校思想政治教育治理的客观实际。

另一方面，高校思想政治教育数据治理的目标是确立高校思想政治教育数据治理原则的重要依据。高校思想政治教育数据治理原则是根据高校思想政治教育数据治理目的、反映高校思想政治教育数据治理的内在规律而制定的指导数据治理工作的基本要求。高校思想政治教育数据治理的目标规定着高校思想政治教育数据治理的原则、内容、过程，是高校思想政治教育一切数据治理活动的出发点和归宿，而原则是为目标服务的，体现出目标的内在要求和规定。高校思想政治教育数据治理目标体系的构建，使得目标由抽象化转向具体化，从而使原则性要求与操作性要求能够相结合，目标的实现不至于陷入盲目和空洞之中。高校思想政治教育数据治理原则是依照着高校思想政治教育数据治理目标所确立的具体规定，能够指导具体工作的开展。因为高校思想政治教育数据治理本身便涉及多因素，具有复杂性，不论是高校思想政治教育工作、数据治理工作，其中各具系统性和层次性，因此将数据融合到高校思想政治教育治理工作的过程中，各个因素之间的关系都需要遵循一定的原则。因此，高校思想政治教育数据治理原则也是由诸多方面构成的相互联系的原则体系，既要吸收高校思想政治教育工作的原则，也秉持数据治理的原则，符合高校思想政治教育数据治理的内在规律，为实现高校思想政治教育数据治理工作的目标而服务。

高校思想政治教育数据治理的原则要根据社会变革的实际、高校发展的情况和数据治理的进展而发展变化，同时也要体现科学性与价值性的统一，在具体运用过程中要充分呈现高校思想政治教育数据治理所带来的个体价值与社会价值、原生价值与衍生价值、目标价值与长远价值。

（二）确立高校思想政治教育数据治理原则的作用

高校思想政治教育数据治理的原则的确立遵循了规律性与价值性的统一，反映了人们对高校思想政治教育数据治理本质性特点和内在规律性的认识，是指导数据治理工作有效进行的指导性原理和行为准则。高校思想政治教育数据治理原则具有规范作用、保障作用以及指导和调节作用，正确和灵活运用高校思想政治教育数据治理原则能够提高高校思想政治教育数据治理水平和治理效能。

首先，高校思想政治教育数据治理原则具有规范作用。高校思想政治教育数据治理工作的内容复杂，需要不同教育主体的协同工作、校内多元空间的协同治理以及丰富的育人内容的多向构建。而数据治理既需要依靠一定的模型和框架，也需要运用制度、教育、道德等方式的约束。因为数据治理的过程，既是依据数据的采集、分析、应用、共享和反馈等环节进行的，同时又离不开对数据管理者、使用者等人员的培训和监督。高校思想政治教育数据治理的过程，能够将高校相关数据流动起来，连接不同主体；也能够运用多维的数据开展高校思想政治教育治理工作。而运用高校思想政治教育数据治理的原则能够规范方向，使高校思想政治教育数据治理沿着正确的方向实现预定治理目标。不但如此，数据技术的运用倾向工具理性，而高校思想政治教育治理工作本身承载着价值理性，二者引导着高校思想政治教育数据治理的不同方向的发展。如果规范、约束不当，或是治理出现问题，即使数据技术已相对成熟，其负面作用则会凸显，无法使高校思想政治教育治理走向良治。例如，数据库储存并记录师生日常活动信息时，也会留下数字痕迹，在开展高校思想政治教育数据治理的过程中，要防止数据滥用、数据安全性缺失的情况；在复杂的数据信息中容易夹杂错误的意识形态信息，数据真伪辨别难度大，也会使数据价值难以发挥应有成效。因此，确立高校思想政治教育数据治理原则，也是为了规范和约束数据治理行为，而这种规范与约束并不是脱离实际、脱离规律地盲目限制，而是在划清边界的同时，运用数据治理和思想政治教育的基本规律恰到好处地推动工作的开展与进行，实现工具理性与价值理性的统一。

其次，高校思想政治教育数据治理原则具有保障作用。数据治理涉及到经济、政治、文化、社会、技术等多个领域，具有层次性和系统性特点，已经成为全球范围的重要课题。高校思想政治教育数据治理既是高校思想政治教育治理工作的进一步探索，也是数据治理应用在高等教育领域的具体体现，因此，高校思想政治教育数据治理与社会各方相互联系相互作用，不是孤立的活动。而高校思想政治教育数据治理之中高校的每个成员都涉及了数据的搜集与使用，不同部门之间、教育者与受教育者之间，都是相互影响和相互促进的，也不是个体独立完成的工作或活动。为了推进高校思想政治教育数据治理工作有计划、目标、效果的进行，必须通过确立共同认可的原则作为保证，在集体和个体层面为治理行为设置不断更新的框架条件，以此保障数据治理工作在高校的有效开展，否则就会出现各行其是、相互矛盾、数据交叉、效能低下甚至引起冲突的局面。高校思想政治教育数据治理运用大数据技术，使高校各部门、各主体、各工作进程在工作中孤立、分散的状态被打破，有利于在科学技术和治理思维下建立共同的制度、共享数据价值、同商思政方案的高校思想政治教育治理的共同体，从而壮大高校思想政治教育治理的合力效果，构建出全局性、协同性的高校思想政治教育工作格局。高校思想政治教育数据治理原则是高校思想政治教育数据治理坚持正确方向的保障，能够协调各个部门、各个主体之间的关系，保障工作顺利进行。

最后，高校思想政治教育数据治理原则具有指导和调节作用。高校思想政治教育数据治理原则对具体工作的顺利有效进行有着指导性和调节性的意义。数据治理是过去信息技术、网络空间与管理理论到治理理论相结合后，多种原因形成的结果和产物。高校思想政治教育数据治理是基于对高校思想政治教育理论与实践的把握、对高校思想政治教育治理的探索以及对数据治理的引入而提出的新的发展命题。高校思想政治教育数据治理原则能够把控高校思想政治教育数据治理的发展方向，在数据驱动具体实施过程中调整和调节人与物、人与人之间的关系，引导高校思想政治教育数据治理沿着科学性、针对性、时效性的方向发展。作为高校思想政治教育数据治理工作开展的准则，必然能够对数据治理的各个方面起着指导和调控的作用，能够为治理主体提供积极有效的开展治理活动的依据，高校思想政治教育数据治理原则在一定程度上决定了高校思想政治教育数据治理的内容、方法和手段以及具体组织形式的选择，这对数据治理工作的内容、方法、形式的选择都发挥着积极、重要的引领作用。同时，科学的原则在具体的数据治理中的有效运用，有利于提升工作质量和效果，高校思想政治教育数据治理原则可以有效提高数据治理效率，实现数据治理的现实性与超越性的统一。

二、高校思想政治教育数据治理的主要原则

高校思想政治教育数据治理涉及各个要素与多种关系，在不同的工作中存在众多具体的工作原则，因而从不同角度会有不同的概括与凝练。而如果从性质、特点等方面聚焦共性原则，同时把握高校思想政治教育数据治理的独特之处，大致包括方向性原则、主体性原则、科学性原则与数据处理原则等内容。

（一）高校思想政治教育数据治理的方向性原则

大数据时代是人类社会进步发展的重要标志，大数据并不仅仅代表着数据的丰富与大量集聚，更多反映的是人们在工作、生活各个领域呈现出广泛的数字化趋势，这使得高校的思想政治教育也更具机遇与挑战。高校思想政治教育是意识形态教育的基础，在人才培育方面具有很强的政治目的性。面对技术革命、经济转型、多元文化等诸多复杂现实问题的挑战，高校思想政治教育数据治理必须秉持正确的方向性原则，坚守育人使命，深化育人实践，把握正确的治理方向，不断提高高校思想政治教育数据治理的针对性、有效性。

高校思想政治教育数据治理必须坚定党对高等教育的领导，以马克思主义为指导，遵循中国特色社会主义教育制度。党的十九届四中全会强调，中国特色社会主义制度是党和人民在长期实践探索中形成的科学制度体系，我国国家治理一切工作和活动都依照中国特色社会主义制度展开，我国国家治理体系和治理能力是中国特色社会主义制度及其执行能力的集中体

现。①高校思想政治教育数据治理是对高校思想政治教育治理的进一步实践探索和延伸，应当坚持正确的政治方向，坚持马克思主义的指导地位，遵循国家治理要求，坚持社会主义办学方向，积极抵制错误思想和思潮。同时，高校思想政治教育数据治理应当沿着新时代高校思想政治教育的正确发展方向不断推进数据化转型。中共中央、国务院印发《关于新时代加强和改进思想政治工作的意见》强调："新时代加强和改进思想政治工作的方针原则是：坚持和加强党的全面领导，把思想政治工作贯穿党的建设和国家治理各领域各方面各环节，牢牢掌握工作的领导权和主动权。"②高校是党领导下的高校，是中国特色社会主义高校，高校思想政治教育者只有不断更新既有习惯于思维模式，广泛了解和接触日渐数字化的世界，才能正确应对高校中与时俱进的思想政治教育工作。因此，高校思想政治教育数据治理应当扎根中国大地，在发挥中国特色社会主义办学制度优势的同时，充分释放数据价值。

高校思想政治教育数据治理必须坚持正确的育人导向，遵循正确的技术伦理观。高校思想政治教育数据治理强调数据融合，通过多样主体参与、权责明确、上下协同联动的高校思想政治教育过程，更好地建设高校思想政治教育治理体系。而治理效能的提升最终仍然指向高校思想政治教育科学化建构以及社会主义建设者和接班人的培养。党的十九届四中全会强调，发展社会主义先进文化、广泛凝聚人民精神力量，是国家治理体系和治理能力现代化的深厚支撑。必须坚定文化自信，牢牢把握社会主义先进文化前进方向，围绕举旗帜、聚民心、育新人、兴文化、展形象的使命任务，坚持为人民服务、为社会主义服务，坚持百花齐放、百家争鸣，坚持创造性转化、创新性发展，激发全民族文化创造活力，更好构筑中国精神、中国价值、中国力量。③从文化中汲取精神力量，有利于高校思想政治教育数

---

① 《中共中央关于坚持和完善中国特色社会主义制度 推进国家治理体系和治理能力现代化若干重大问题的决定》，《人民日报》2019 年 11 月 6 日。
② 《中共中央、国务院印发〈关于新时代加强和改进思想政治工作的意见〉》，《人民日报》2021 年 7 月 13 日。
③ 《中共中央关于坚持和完善中国特色社会主义制度推进国家治理体系和治理能力现代化若干重大问题的决定》，《人民日报》2019 年 11 月 6 日。

据治理沿着正确的方向不断前行。数据治理作为一种有力的新兴战略工具，能够使大学清楚地看到自己的优势和劣势，有利于提高大学决策的合理性，进而为教师和学生提供更加优质的服务，更加切合社会经济的发展需要。然而需要注意的是，数字技术的运用需要正确的价值引领，高校思想政治教育数据治理应当符合道德伦理的要求。维纳在《技术物是否有政治》中讨论了人工物的政治属性问题，提出技术具有政治属性。而如果从维贝克"道德物化"的角度出发，可以理解为，人造物不仅仅是中立的工具，而是可以承载道德负荷、渗入道德规范性的载体。他在《将技术道德化：理解与设计物的道德》中指出："设计调节不能看作是现代主义者的事业，其中人类主体将道德性铭刻入技术物，影响人类行为。"[1] 这也为数据治理引入伦理、道德的设计和创新提供了新的思维和方式，而"人—技术—世界"在技术、数据中的重塑中，也应当遵循正确的方向，彰显道德责任和人本主义。高校思想政治教育数据治理应当始终秉持正确的价值导向，坚持正确的政治方向，贯彻立德树人的根本任务，守好科技伦理的底线，从而推动高校思想政治教育科学化发展。

（二）高校思想政治教育数据治理的主体性原则

人的需要是一切实践活动和社会关系存在的前提。思想政治教育坚持以人为本，以促进人的全面发展为目的，高校思想政治教育坚持"育人为本、德育优先"，始终坚持引领正确的价值观，高校思想政治教育治理秉持多元主体参与的原则，注重人的价值与能动性。高校思想政治教育数据治理的主体性原则重视高校中数据提供者、数据管理者、数据使用者、数据反馈者等各主体地位，尊重治理主体的价值作用，高校思想政治教育数据治理的主体性原则的构建具有理论意义和现实价值。

主体性是人作为主体时的特殊本质的表现，是人对自身活动及其对象建立起来的关系。从古典哲学关于"本体论"的探讨、近代哲学对主体性的认识，到马克思主义实践哲学对人的主体性思想的阐释，都能反映出人

---

[1] ［荷兰］彼得·保罗·维贝克：《将技术道德化：理解与设计物的道德》，上海交通大学出版社2016年版，第144页。

对自身的主体认知和自我审视日益理性而深刻。哲学视角下关于人的主体性思想是高校思想政治教育数据治理的主体性原则构建的重要来源。马克思在《关于费尔巴哈的提纲》中指出，人是实践的主体，人的本质"不是单个人所固有的抽象物，在其现实性上，它是一切社会关系的总和"①，此后，将人的主体性解读为人在认识和改造外部世界和人本身的活动中表现出来的能动性、创造性和自主性的总和。马克思关于人的主体性思想是马克思对人认识的基本观点，强调人的主体性目的在于充分发挥人的主观能动性，推动人的自由而全面的发展，实现人的真正解放。同时，人的主体性的发挥是受客观物质条件限制的，必须遵循客观规律。

高校思想政治教育数据治理树立主体性原则，使人们不论是在生活世界、网络世界或是道德世界，都能在交往实践过程真正发挥主体性。随着科学技术的现代化发展，作为人类社会主体的人也呈现出现代化特征，而在科技发展、信息技术的负面影响不断凸显，人的主体性的存在和发展遭受着消解和异化的情况时有发生，生命伦理学也将主体性视为重要的研究领域。生命伦理学中认为人是道德的主体，道德教育的推进、道德教育目标有助于确立人对于道德主体性的认识。同时，生命伦理学将情感满足、意志执行等作为主要研究内容，而现代科技特别是信息技术的发展下，数字带给人的异化现象时有发生。"数据身体化、身体数据化和网络化的科技实践不断提示我们一种作为数据的身体观——人是一种数据存在物。人的本质源自他生产、处理并按照信息的要求去回应自身、彼此和外界环境。数据可以搜集一切关于身体的信息，并且准确反映和规训身体。"②而如果忽略教育本质、无视数据带来的不良影响，则无法实现生命的成长，反而会使人自身成为外在伦理规训、压制的对象，树立正确的主体性原则，不仅是唤醒人的道德主体意识的方式，也是使人摆脱技术异化，彰显生命活力与个性的途径。

高校思想政治教育数据治理的主体性原则体现了科学性与人文性的统一。高校思想政治教育数据治理工作的开展，一方面需要科学的数据支撑，

---

① 《马克思恩格斯文集（第1卷）》，人民出版社2009年版，第501页。
② 王小伟：《数据时代中人的尊严》，《哲学家》2020年第2期。

另一方面也需要治理主体充分发挥主观能动性，将数据价值得到最大化释放。数据本身便是具有多维度特征的。高校思想政治教育的作用对象是人，任务是引导人、发展人和完善人，最终推动实现人的全面发展。高校思想政治教育数据治理要在尊重受教育者主体性地位的基础上进行创新。在数据治理的过程中合理、客观地收集和处理信息，有利于增强数据育人的针对性，比如结合高校师生网络访问的终端设备，以及设备的型号、上网时间、上网频率、公开的访问记录和定位信息等等，通过不同的组合搭配，可以判断出师生目前的学习习惯、消费习惯、心理状态、生活状态等结果。而高校思想政治教育旨在通过多维的师生数据获得更精准的信息研判和行为预测，从而为师生提供更具体化、个性化的教育与服务。同时，在高校思想政治教育数据治理推进的过程，需要高校各部门的工作者的积极参与。特别是高校思想政治工作者需要挖掘潜能、发挥创造性，勇于接受新的行为和思想模式，对现有的治理情况、数据架构等提出质疑与建议，在批判的创新中提升数据治理工作的影响力以及治理主体的获得感。

（三）高校思想政治教育数据治理的科学性原则

科学性指概念、原理、定义和论证等内容的相关论述清晰与准确，能够反映事物的本质与规律。高校思想政治教育数据治理的科学性是指高校思想政治教育数据治理能够揭示其内在的本质规律，能够推动高校思想政治教育治理工作的发展、促进人的进步与社会的发展。高校思想政治教育数据治理的科学性包括指导思想的科学性、理论基础的科学性、治理内容的科学性、治理方法的科学性、评价体系的科学性等内容；体现于尊重客观规律，正确对待工具理性，以科学的思维方式和工作方法推进高校思想政治教育数据治理。

首先，高校思想政治教育数据治理的科学性原则体现为遵循客观规律。一方面，高校思想政治教育数据治理作为高校思想政治教育治理工作的重要内容，作为高校思想政治教育工作的重要方面，应当遵循治理规律、教育规律和思想政治教育的一般规律和高校思想政治工作的内在规律，并坚持科学的指导思想开展具体工作。同时，人是高校思想政治教育的出发点和落脚点。高校思想政治教育数据治理离不开人的作用的发挥，应当遵循人的发展规律，坚守以人为本的立场和理念。另一方面，数据治理是时代发展的产物，高校思想政治教育治理工作随着时代的发展，融合数据资源才能保持旺盛的生机和强大的活力。"凭借数学工具和统计学模型，在越来越广泛的总体基础上，也就是在一个越来越大的数据基础上（大数据），人们能自动得到越来越精确的对现实的认识，并且在此基础上形成更加有据可依的对于未来图景的描述。"① 高校思想政治教育数据治理工作必须把握数据治理的规律，了解数据治理发展的脉络，把握数据治理的特点，才能真正发挥其应有价值，在实践的基础上实现真理原则与价值原则的统一。

其次，高校思想政治教育数据治理的科学性原则体现为正确运用技术手段，既不滥用、不过度依赖数据，又能充分释放数据价值。高校思想政治教育数据治理运用方法、技术的科学性，与传统的思想政治教育方法、手段具有明显区别。因此，高校思想政治教育掌握获取数据、分析数据、应用分析结果去处理实际问题。同时，也要认识到，当前的数据治理理论和技术仍然存在不成熟之处，例如数据质量参差不齐，数据泄露、数据滥用等情况时有发生，数据管理和数据安全等问题仍制约着数据治理水平的提升。因此，高校思想政治教育治理主体应当运用谨慎的态度、批判的思维去对待数据所带来的优势与劣势，扬长避短，合理利用数据，而不是过度依赖，从而用数据的结论去辅助高校思想政治教育工作的决策。正确看待数据的价值，在运用技术赋权的基础上推进高校思想政治教育治理工作，同时关注技术性与人文性的相统一，规避技术异化和技术滥用的情况，实现高校思想政治教育数据治理的科学化发展。

最后，高校思想政治教育数据治理的科学性原则体现为运用科学的思维方式与工作方式，推动高校思想政治教育治理工作走向科学性、系统性、规范性、开放化的发展道路。高校思想政治教育由管理走向治理，再到将数据融入其中，既体现出了工作思想的转变，也是高校顺应时代发展、推

---

① ［德］罗纳德·巴赫曼，［德］吉多·肯珀，［德］托马斯·格尔策：《大数据时代下半场：数据治理、驱动与变现》，北京联合出版公司2017年版，第19页。

进高校思想政治教育守正创新的应有举措。"高校思想政治教育管理聚焦高校思想政治教育活动中各要素的有效整合，使高校思想政治教育活动有序开展；而高校思想政治教育治理，更加聚焦高校思想政治教育管理活动本身，增进高校思想政治教育主体动力，促进高校思想政治教育资源共享，增进高校思想政治教育实践创新发展的内生动力。"[①] 从管理到治理的转变，也反映了教育的发展变革与技术的科学化发展密不可分，技术的革新会推动高校思想政治教育的理论与实践实现新的发展。例如 MOOCs 课程的发展、国家智慧教育平台的搭建，都改变了传统的教育、教学的方式。数据融入教育的众多案例产生的背后是科学性、开放性理念的广泛传播，高校思想政治教育数据治理要解决的是高校思想政治教育治理标准化、协同化、融合化的问题，也是推动高校思想政治教育工作系统性构建、资源整合，实现与时俱进发展的过程。

（四）高校思想政治教育数据治理的数据处理原则

现如今，高校思想政治教育面对的环境不仅仅是空间有限的校内环境，更要面对信息良莠不齐的网络空间环境、不断开放的社会大环境，高校思想政治教育数据治理所接触的数据，既包括校内的师生数据，也包括多维的网络数据。高校思想政治教育数据治理的过程，离不开对数据的处理与分析，因此，应当运用数据治理特有的技术方式，遵循数据处理原则。

一方面，为了高效采集、有效整合、充分运用庞大复杂的数据资源，数据治理应当遵循大数据本身的有效化原则、价值性原则、统一性原则、开放性原则和安全性原则。"大数据理论在思维方式上颠覆了传统方法，使得思想政治教育工作者能够在认识方法中获取全样本的思想政治教育信息，在工作方法中提供针对教育对象的整体性信息，在反馈评价中提供全面思想政治教育反馈，因而突破了传统小样本理论的局限性，提升思想政治教育方法的科学性。同时，大数据方法还改变了传统思想政治教育立足于小样本的思维局限性，从全面和整体的观点来看待思想政治教育活动和现象，

---

① 冯刚：《关于高校思想政治教育治理研究的几个问题》，《高校辅导员学刊》2022 年第 3 期。

使思想政治教育活动更为全面和系统。"[①] 在数据治理过程中,需要确保数据处理的信息准确度高,理解上不存在歧义,遵循有效性原则;同时在庞杂的数据背后挖掘、分析高校学生的行为习惯和喜好,找到更符合学生发展的教育资源和服务资源,结合学生需求有针对性地调整和优化教育过程;并以开放的理念建立起信息公开的政策思想,运用开放、透明、发展、共享的信息资源管理理念对数据进行处理。

另一方面,应当不断构建数据处理的标准流程,提升数据质量。高校思想政治教育数据治理应当制定正确的战略、制度,从顶层设计上搭建数据治理的组织架构,因为数据治理是牵一发而动全身的工作,既需要不同层级的支持与协调,也需要业务部门与技术部门的通力协作。同时,数据治理应当确立科学的标准、流程,在数据捕获、数据维护、数据合成、数据利用、数据发布、数据归档和数据清除的整个过程中,对每个数据域、数据实体、数据条目、数据项进行梳理和标准化,甚至重要数据需要人工逐条、逐字段的定义数据标准、核实数据质量。高校思想政治教育数据治理需要合理的平台架构、完善的治理服务,保障数据规范、数据质量和数据安全。总而言之,数据治理本身就是变通、创新的过程,既需要治理主体培养良好的数据思维,也需要对管理层面、执行层面相关人员进行系统培训,要以积极变革的心态通过数据分析不断创新高校思想政治教育模式。

[①] 佘双好、康超:《思想政治教育大数据方法的提出及其运用空间》,《北京工业大学学报(社会科学版)》,2022年第5期。

第七章
高校思想政治教育数据治理的过程与机制

过程与机制是思想政治教育数据治理由理念向行动、由理论向实践、由目标向结果转化的过程，内嵌入通过各种程序和执行单元将数据变现于治理活动之中。以大数据赋能思想政治教育治理提能力和治理体系现代化，需要聚焦新时代、新任务、新要求，不断完善和发展思想政治教育数据治理的过程和机制，推动思想政治教育数据治理机制的科学性、稳定性和可操作性，使思想政治教育实际更加符合规律性、体现时代性、彰显人本性。

第一节 高校思想政治教育数据治理的过程解析

一般而言，过程是事物存在和发展的基本形态，内含一系列发展阶段和程序，由事物变化发展在时间维度上的持续性和空间上的广延性所构成。就当前而言，思想政治教育治理过程，是治理主体根据治理能力和治理体系现代化的整体安排与要求，在遵循治理规律的前提下，对思想政治教育活动进行有目的、有计划、有组织的管理，从而提升思想政治教育活动的科学性和有效性的实践活动。① 具体到高校而言，又表现为治理主体面向国家治理体系与治理能力现代化的诉求，根据思想政治工作规律、教书育人规律和学生成长成才规律，进行教育治理方案制定、措施采用、载体建设、

---

① 陈万柏，张耀灿：《思想政治教育学原理》，高等教育出版社2015年版，第41页。

第七章　高校思想政治教育数据治理的过程与机制

资源配置、效果评价等程序,从而发挥思想政治教育在高校各项工作中的生命线作用,有效提升思想政治教育的立德树人价值。

马克思曾经指出,"世界不是既成事物的集合体,而是过程的集合体,其中各个似乎稳定的事物同它们在我们头脑中的思想映象即概念一样都处在生成和灭亡的不断变化中"①。在马克思看来,所有事物都处在不停地运动和发展状态之中,因而过程无处不在、无时不在、无事不在。人类的活动总是由一个个具体的过程组成。包括实践活动、认识活动、思维活动等所有人们的活动,都表现为一个又一个的具体过程。作为人类社会的精神实践,高校思想政治教育治理活动当然包含其中,也是由一个个具体的治理过程、治理环节和治理程序所构成。

高校思想政治教育数据治理过程,既涉及治理的行动方法与准则,又与大数据思维的确立、大数据信息运用和大数据技术开发紧密相连。治理的运行程序是否能充分借助大数据之势、挖掘大数据之能、赋大数据之效,直接影响着治理的效率、效力和效能。合理的运行程序可以有效支撑数据治理环环相扣、层层递进,为高校建立现代化治理体系提供思维、信息和技术驱动力。

数据治理是一场全方位的思维革新,故此,高校需要立足校情与教情、师情与生情、国情与社情等,审视治理惯性,合理安排和统筹考虑数据治理的运行程序。

一是要建立健全全息、全方位、全要素的数据采集机制。高校要确定数据采集的目录、标准、时间、领域、方法及所需硬软件等,以确保数据的客观性、完整性、实时性、统一性、连续性与有用性。

二是要建立全员、全领域、全过程的数据决策机制。要成立大数据治理的专门负责机构,根据数据治理的总体目标与要求,统筹数据治理体系,明确各机构的决策职责、职能与定位。要将数据获取与应用权限,以及决策权力和决策运用权限逐级分配到机构、分配到人,并提供必要的硬件、软件与经费。

---

① 《马克思恩格斯文集》(第 4 卷),人民出版社 2009 年版,第 298 页。

三是要建立多元协同的互动机制。高校治理的运行程序直接展现着其治理能力和效力。高校要建立和不断优化由数据采集制度、数据归集制度、数据存储制度、数据分析制度、数据加工制度、数据运用制度、数据考核评价制度等组成的大数据治理制度。要高度重视、科学设计和不断完善思想政治教育数据治理的运行程序。要按照数据治理的展开进程，依次完善包括运行程序设计、展开、评估与完善等程序，以促进思想政治教育数据治理能力的有序进行。

一、数据采集与分析

（一）数据采集

数据采集，又称数据获取，是利用互联网等工具，从思想政治教育治理系统内部和外部获取各种数据并予以资产化存储的过程。思想政治教育数据治理的展开，必须建立在拥有海量、全样本数据的前提之上。数据越多，治理也就越精准。因此，为有效运用大数据，不断提高思想教育治理的精准度，需要高度重视采集思想教育数据工作，积极扩展数据来源，积累高质量的思想政治教育大数据。思想政治教育治理视域下的数据采集包含三个层面。一是"采"。即通过网络爬虫、数据共享等技术，从互联网络中获取与思想政治教育治理相关的所有数据，转化为思想政治教育治理的"原材料"，以备开发时提取和运用。二是"集"。即搜集高校内部形成的各类思想政治教育治理数据。长期以来，这类数据因为高校林立的平台独立运行、互不兼容，数据标准、数据格式和数据接口标准不一、口径偏差，成为了一个个数据孤岛，而尚未形成真正的大数据，需要进一步集聚。同时，还有大量数据存在于高校之外的，包括存储于政府部门、企业、事业单位、公益团体等社会组织之中的数据，需要通过数据共建、共享、共治，打通高校与政府之间、高校与高校之间、高校与社会之间、高校与企业之间的数据壁垒和数据孤岛，在权限范围内提取与思想政治教育治理相关的数据，转化为治理的资源。三是"转"。长期以来思想政治教育治理在线下沉淀了大量数据。受限于信息化水平，这类数据正"沉睡"于思想政治教育治理活动的笔记本、文件档案等纸质文本之中，需要完成数字化转化。将未实现数字化转化、标准化存储和存储于高校内部各部门尚未被激活的数据进行有效转化、过滤和清理，从而转化为为思想政治教育治理的资产，才能纳入数据治理资源之中。

数据采集是整个思想政治教育数据治理的起点，也是数据治理的基础、数据准备阶段，是将数据从各个数据源采集汇聚到大数据存储和处理平台的过程。这将为机器学习储备大量数据作为"燃料来源"和"助推器"，突破以往通过人感知、人的经验和人的理性思维来获取治理方向、时机、程度的盲区与局限，实现了对治理过程开启的透彻感知、治理对象的精准描述、治理方案的多模态场景演绎，推进复杂物理世界的数字化再现和重构。一般而言，数据采集的基本内容包括四个方面。

第一，获取治理的海量调查数据。大数据突破了传统的数据采集方式，能够基本实现无感化、全时化、全样本化采集大规模数据。当前，网络调查法已经成为社会科学研究普遍采用的一种途径和方法。大量研究通过问卷星、调查派等网络平台，开展网上问卷、网络投票等方式获知民情民意。在这一过程中，大量调研必定会沉淀越来越多的数据。而且，运用的人越多，数据量就越大，结果就更加准确。高校思想政治教育数据治理将全面获取上述数据，并对这些数据进行再组合、再分析、再运用，从而更为全面、精准掌握思想政治教育治理的现实境况和发展趋势。尤其在区块链等技术的支持下，更加具备不可更改、多主体协同等优势，有效弥补了运用传统的问卷、访谈等方式的缺憾与不足。

第二，采集治理相关的日常行为数据。现代信息技术机制赋予了互联网以"记忆"，在弱化被遗忘权的同时，又为思想政治教育治理活动提供了网络印记，更由于对治理痕迹的保留而强化了治理的可追溯性。随着信息化、网络化、数字化建设的加快推进，除去个别治理活动涉及保密之外，当前高校思想政治教育治理活动基本能够通过互联网展开。如每一次点击、每一步审核记录、每一条评语，甚至鼠标停留的时长都能反映出治理的价值取向、思路、方法和水平。大数据能从这些网络行为中梳理出思想政治教育治理的认识轨迹、思想脉络以及趋向走势。互联网、微信、抖音号、校园"一卡通"等，都是记录大学生网上和日常行为数据的数据载体，对有关数据进行采集整理，能够从中分析大学生思想动态。

第三，深入挖掘舆情监测数据。大数据的全时化在线、高灵敏度感知和高效率响应，能够有效支撑舆情监测预警系统。以大数据技术为基础的人工智能从各种互联网信息平台中对敏感信息依法过滤收集，通过热点发现和趋势判断等进一步处理，再通过数据可视化技术，为思想政治教育治理主体提供具有简单易识别性、前瞻性、预测性的信息，为建立预防性、主动性、整体性思想政治教育治理体系提供支撑。

第四，不断挖掘有治理价值的历史数据。实践中，高校可根据积淀的工作经验，实时关注和捕捉实际工作中的重要节点、热点和痛点数据，总结思想政治教育治理活动的变化、各类事故案件多发时段的规律，综合历史数据、共时数据和趋势数据中进行预测。为思想政治教育治理时机、情境、方案、方法等的精准性、前瞻性和规律性提供有效支撑。

必须指出的是，高校思想政治教育数据治理要通过平台建设，为数据采集提供场景配置工具，丰富数据采集方式。对于有业务系统支持的数据获取，可以将业务系统相应模块封装链接后向用户获取，或者由师生自觉、自为上传数据。实际上，包括业务部门、教师和学生仍然是通过业务系统完成业务流程，产生和录入业务数据。对于信息系统未覆盖业务、尚以线下为主的数据获取，通过数据中心配置应用场景，收集静态数据，实时上传、及时维护动态数据，同时共享给各业务系统。数据采集实施过程中，无论采用哪种形式的数据采集形式，在面向治理活动提供服务时，需注重弱化应用系统的概念，建设以数据需求为导向，以数据客观性为基本要求，以校本化信息为基准，以数据共建共治共享为目标的场景服务平台。同时，在条件允许的情况下，将采集与业务办理的场景相结合，实现伴随式、无感化的数据采集，最大限度地降低师生对数据采集的抵抗情绪，防范虚假数据产生和录入，减少师生的重复劳动。

（二）数据分析

数据分析是整个数据治理过程中最为重要的环节，它是从数据中提取有价值信息的关键步骤,也是数据又单纯的信息资源转化为思想政治教育治理资源的决定性程序。通过数据分析,思想政治教育治理可获取可预判趋向、找出关联关系的信息,以便更好地指导后续的治理方案和治理决策制定过程。

1. 数据分析的内涵解析

数据分析是指运用各种机器学习算法、数据挖掘技术和统计分析方法,对多源异构数据进行筛选、聚类和解读,挖掘和提炼出有价值的信息,尤其是隐含其中的深层次信息,从而找出规律、洞察趋势,并形成结论以辅助决策的过程。大数据能够客观反映出治理的需求和诉求,呈现治理的热点和痛点。但这种反映不是直接的、现成的,而是隐性的、零散的,需要人们进行挖掘和深度加工。因此,高校思想政治教育在收集数据的基础上还需要在机器算法、人工智能的基础上,通过对数据的分析、比较深入了解治理全过程。因此,为了提升思想政治教育治理客观性与准确性,治理主体需要分析、挖掘治理的数据,只有获取全样本数据,并针对高校思想政治教育治理产生的海量数据进行筛选、比对以及建模分析,才能将它们背后隐藏的规律挖掘出来,及时发现治理以及其他方面存在的问题,从而实施精准施策、精准施治,最终将数据的治理价值、治理功能和治理能力变现。

2. 数据分析的价值意蕴

发掘数据价值,找准数据结果应用于高校思想政治教育中的切入点,是数据分析的核心价值,其根本目标在于为教育治理决策科学化提供依据。在思想政治教育数据治理中,数据分析的能量在于对众多信息系统中的海量数据加进行挖掘,找出湮没其中、能够支撑治理决策制定和治理方案调整的因素,为相应的决策提供方向、证据甚至依据,从而帮助治理主体量化性掌握治理对象,做出精准的决策。数据分析为教育决策提供事实性的证据,保障教育治理决策的科学性主要源于三个方面。

其一,避免直觉思维与主观臆想带来的判断失当和决策失误,克服思维局限。数据治理要求"用数据说话",在决策制定前要关注"数据怎么说",以数据为根据制定思想政治教育治理方案,开展治理活动,而不是仅仅依靠一个想法、一种理念、一些经验，或者教育行政部门和高校"拍脑袋"的冲动，这就极大地减少了教育决策机制中的非理性成分。在思想政治教育数据治理的数据分析阶段，治理主体可以通过对获得的信息进行理性化处理，进而做出科学、精准、有效治理决策。即将客观数据转化为有效信息后，通过进一步对有效信息进行分析，探求高校思想政治教育治理的规律性认知，辨别治理的共识与分歧，最终将感性认知转化为理性认知。例如，在建立的模型预测了高校各院系和专业的就业情况后，进一步对学生的专业预期、相关专家对该专业发展形势的研究成果展开分析，在此基础上对治理做出更加科学的策略安排。可见，思想政治数据治理的内在机理就在于通过数据的信息转换，进而转换为理性认知，最后为高校治理决策提供依据。

其二，基于大数据做出的思想政治教育治理决策更能反映社会整体需求，打破利益格局。大数据思维中的"全样本思维"，倡导"利用所有数据"，而非以往通过样本数据进行推导，这就意味着利用大数据进行的治理决策是建立在所有治理对象的需求之上。以往因社会调研力量和调研方法无法触及而被忽视的诉求，将受到合理的重视。而以往治理主体决策有选择性、侧重性的决策也将被纠偏，更加注重治理的公平性和公正性，打破了原有的利益格局，因而更符合社会发展需要。

其三，基于大数据决策能够更加着眼未来、着眼长远、着眼整体，突破治理的能力局限。舍恩伯格认为，预测是大数据的核心，它将"数学算法运用到海量的数据上来预测事情发生的可能性"[①]。大数据以一种前所未有的方式，通过对海量数据进行分析，获得巨大价值的产品和服务，或是深刻的洞见。在高校思想政治教育数据治理过程中，通过运用云计算对全时段、大规模、多样化的大数据进行科学分析，能在一定程度上预测国家、社会、教育发展的总体趋势，洞察重大事件尤其是突发事件的发展走向和走势，在此基础上开展思想政治教育治理能在一定程度上趋利避害，应对也更加游刃有余，使得治理方案更具预见性、主动性和前瞻性，保证了方案的可

---

① ［英］维克托·迈尔—舍恩伯格，［英］肯尼思·库克耶：《大数据时代》，浙江人民出版社2013年版，第7页。

靠性和严谨性。

3. 数据分析的基本场景

就实际操作过程而言，思想政治教育数据治理的主体需要通过数据分析，精准掌握治理政策、治理方案、治理措施、治理程序、治理过程、治理结果等方面的真实表现，在这个基础上实施对治理的动态监测，从而提升思想政治教育治理的科学性和有效性。例如，在应对重大疫情等突发公共事件中，高校可以通过网络舆情、社交动态、娱乐取向、出行购物等等数据的监测，洞察学生思想、心理、行为变化，以此为依据有针对性供给思想政治教育方案，强化思想引导，凝聚共识共情，进一步将重大突发公共事件转化为思想政治教育的重点素材、重要契机和重大场景，提升思想政治教育参与感、沉浸感和获得感。总体而言，思想政治教育数据治理中数据分析主要应用于以下五大场景。

第一，学生学习场景分析。基于大数据技术的科学应用，高校可对学生的选课、上课、考试、阅读、出勤等数据作出综合分析。在这一场景中，高校首先可以对优秀学习方法、学习习惯、学习内容、学习态度等方面的规律及其特点作出深入研究，从而建立优秀学生学习样板数据库，构建学生榜样模板，并在其他学生中进行分享和推广。其次，也可以建立学生反面教材数据库，将不良思想、不良学习习惯、不科学的学习方法等数据向学生展示，让学生引以为戒。综合正反数据分析引导学生培养良好的学习习惯，掌握科学的学习方法，营造良好的学习氛围。再次，针对成绩出现波动的学生，教师和管理人员可以通过数据监测全程掌握，快速准确地找出波动的产生原因，及时、有针对性介入，从而采取有效的方式方法来给予教育引导。

第二，学生生活场景分析。通过大数据技术对学生的消费购物、娱乐购物、休闲出行的数额、时间、时长、倾向等数据进行综合分析，洞察学生生活习惯、生活规律、生活成本、生活需求、生活问题等要素，基于此来对学生的课余生活、学余生活及其规律特点进行全面总结，及时发现问题，并把握契机，为思政课教师教学、辅导员日常教育管理工作以及网络思想政治教育采取有效措施给予及时指导，为改善学生的生活行为习惯提供有力参考,最终高校思想政治教育治理实现精准到人、精准到时、精准到事、精准到势。

第三,学术就业指导场景分析。其一,通过引用大数据技术可以对学生就业意向、就业能力、就业方法、就业经历等因素进行综合分析,对其求职反馈信息作出综合测评,以此来准确掌握学生就业形势。其二,通过对就业市场、企业需求等方面进行数据分析,科学预判当年甚至未来就业市场走向,掌握就业市场供需状况,预判就业缺口,从总体上掌握高校办学方案,调整培养目标、办学定位、学科结构、办学规模等。其三,通过对学校自身分析与对就业市场分析、岗位需求分析与学生意愿能力特长分析,精准匹配就业岗位,指导学生有更有针对性的求职就业,为学生尽可能多地争取社会实践的机会,促进教学质量、就业率的显著提升。

第四,学生思想道德素质评价场景。以往对学生的思想道德素质评价主要通过思政课教师的课程成绩评定、辅导员对日常表现评定以及学生班级主要学生干部评定三部分构成,除去思政课教师课程成绩评定外,其他方式容易受到人为因素的干扰,具有较大的主观性。并且,这种评定模式往往采用结果评价,属于不完整评价,准确度和可信度难以保证。通过应用大数据技术,课实现对学生在校期间的所有思想、言论、行为、课程等进行综合评价、全过程评价,包括对社会实践活动记录等都纳入评价考量范围之内。同时,进一步明确学生的思想道德、言论表现、行为准则,在过程中即时纠偏,从而及时采取有效措施来对思想教育工作内容、方式作出及时调整。

第五,学生心理健康场景分析。其一,基于大数据技术,可以对学生的日常言论和行为数据、辅导员采集和反馈信息、思政课程和专业课程教师教学反馈信息等方面的全面分析,发现学生孤僻、偏激等心理问题。其二,依靠大数据实时在线、全过程在线等技术优势对存在妄想、自杀等异常动态的学生密切关注。其三,基于不同阶段的分析结果,对有心理问题的学生采取针对性较强的措施方法,精准介入,为学生提供恰当、有效的心理干预和心理教育,为学生的身心健康、全面发展提供科学指导。比如,通过大数据分析掌握容易引发学生心理问题的时间与事件、学生心理问题常发的时间段等，向辅导员预警特定群体、特殊学生心理危机，提前介入思想政治教育措施，进行科学有效引导，有效阻断危机情景链。

4. 数据分析的结果表达——数据可视化

数据可视化，就是指运用图形、图表、动态模拟等多种手段，将数据结果、演进过程、发展趋向以及事物的特点立体直观、生动形象地表现出来，更清晰明确地传递数据中所蕴含的信息与价值，也帮助高校思想政治教育治理主体更好地理解数据。

数据可视化既是一门科学，又是一门艺术，对思想政治教育数据治理的发展具有重要意义，是分析、解读和表达大数据的主要机制之一。一是将数据内蕴纷繁复杂、晦涩难懂的信息，以及内隐的规律以通俗化形式表达，有效实现了内在信息与外在表达的统一。二是将思想政治教育治理发展所需支撑，通过直接的数据结果予以支持，有效解决了思想政治教育治理内发展内在需求与外在诉求的契合问题。因此，数据可视化一定程度上甚至可以认为是数据治理的直接推动力。

数据可视化方法包括以表格、图像和模拟程序来显示数据，不同特点的数据使用不同的一种或多种可视化方法展示。就当前发展而言，思想政治教育治理中的数据可视化往往借助展示图进行展示。包括折线图、柱状图、饼图、漏斗图、散点图、雷达图、热力图、学生画像和知识地图等。

二、治理理论引入与决策

（一）理论引入

治理理论引入，即站在思想政治教育治理的立场之上，运用思想政治教育的基本立场、理论、观点和方法，对数据分析结果、特点、趋势等进行解读，分析数据及其现象所蕴含的规律、本质与联系。治理理论引入是数据科学与政治学、社会学、教育学、管理学和马克思主义理论相结合的过程，更是数据赋能的关键过程。在这一过程中，数据也将实现其价值进阶，完成"惊险一跃"。一方面要对数据分析所呈现的结果进行针对性、导向性解读，诊断思想政治教育治理问题及其成因，预测和展望发展趋势，预警风险点,优化教育管理的要求、目标、任务与教育内容。另一方面要对经过解析的数据,与思想政治教育治理的内容相结合,赋以一定的人生观、世界观和价值观意义。关键是将数据所呈现出来的信息和规律进行解析和提炼,形成符合思想政治教育治理内容所需求的信息。

在这一阶段,治理主体可以通过对数据进行再组合、再关联、再比对与再解读,重构治理要素之间的联系,进而延长数据的运用价值链条,将客观数据转化为有效信息。例如,如果将高校近两年的招生就业数据与国家产业发展、产业结构调整、人才结构变化、人才需求状况等数据进行关联,再建立模型进行统计分析与预测,就可以有效指引未来若干年学校学科发展、专业建设和招生指标分配与投入,指导学生专业能力培养和综合素质教育。还可以根据需要在模型中加入区域、生源地、城乡结构等变量,全方位预测毕业生去向,从而有针对性的开展职业生涯规划教育。在这个过程中,高校思想政治教育治理将以数据分析结果为基础,以思想政治教育治理理论为手段,综合运用其他学科理论与方法,让治理活动的底气更足,目标更明确,效力更明显。

(二) 形成决策

教育决策在一定的教育目标统摄下,对教育未来实践的方向、目标、内容和方法所作的方案与决定。根据这一定义,可以把思想政治教育治理决策定义为:为了达到思想政治教育治理的目标,而对思想政治教育治理活动未来实践的方向、目标、内容、载体和方法等一系列要素所作的方案与决定。

思想政治教育治理决策与方案决定了思想政治教育治理的运行方向、轨迹、节奏、方法和载体,对思想政治教育治理的发展做了质的规定性,其水平的高低和科学与否在很大程度上决定了教育治理效果的好坏。因此,决策机制的现代化是思想政治教育治理体系与治理能力现代化的首要考量,是提高教育治理决策科学化水平的基本前提。

在大数据技术的支持下,高校思想政治教育治理机制将加入决策虚拟运行环节。在决策正式定型之前,可以通过计算机虚拟场景技术,支持决策在虚拟空间中运行,模拟决策实际操作和执行全过程,从而提前诊断问题、预知风险、预置应对方案。在实施过程中,计算机虚拟执行决策技术主要包含八个步骤。

其一,确定需要决策的问题。这一步骤的核心任务是明确思想政治教育治理的目的、基本任务和需要解决的主要问题,假设或预设治理的条件,确定治理对象或治理运行的边界,并对问题涉及的主要变量进行表征。

其二,系统分析治理的对象。对思想政治教育治理的对象进行全方位解构、读取信息,并开展画像,确定治理对象的主要变量,分析治理对象的参考模型,梳理治理体系主要变量之间以及主要变量与其他变量之间的相互关系。

其三,建构治理系统的运行模型。运用系统动力学原理构造治理系统模型,以预先假设条件为参考,分析治理体系内部各部分之间的相互依存、相互作用、相互排斥关系,完善模型的结构,实现模型的形式化表征和定量化描述。系统模型是系统某一方面本质属性的描述,它以某种确定的形式(如文字、符号、图表、实物、数学公式等)来提供关于该系统的知识。一般而言,系统模型是现实系统的描述、模仿或抽象,而非系统对象本身。

其四,设计和开发数据治理的计算机模拟系统。设计和开发数据治理计算机模拟系统,设定计算机模拟系统的运行条件和参数数值。根据系统模型的形式,计算机的类型以及模拟目的将思想政治教育治理对象各类数据指数录入系统模型之中,转变成计算机模拟模型,确定计算机模拟模型的框架、结构和参数。

其五,运行思想政治教育数据治理的计算机模拟系统。根据计算机模拟支持决策的目的和模拟系统的运行参数及数据,在计算机、智慧场馆等专用设备上运行计算机模拟系统,模拟整个治理的展开与执行过程,跟踪和记录计算机模拟系统随时间变化的运行状态和特征数据。

其六,检验思想政治教育数据治理的计算机模拟系统。通过分析思想政治教育数据治理的计算机模拟系统的模型结构、主要变量及其运行参数、数据,以及模拟系统在各种特殊情况下的适应性,检验治理系统的有效性。一般而言,这一过程需要给系统"投喂"大量数据。并且数据越多,结果就越逼近真实执行过程。根据运行检验的结果，不断修正系统模型和完善模拟系统，使其成为一个与实际系统无限趋近的计算机模拟系统。

其七，模拟系统结果分析。根据思想政治教育治理模拟支持决策的治理目标和决策问题，对已经通过有效性检验的治理模拟系统的运行状态的条件、参数和特征数据等进行整理和情境化，研究在时间、地点、情势不断变化情况下治理模拟系统的演进规律，为科学决策提供客观有效的评判依据。

其八，决策方案分析。治理主体根据计算机模拟系统的运行数据和计算结果，深入分析各个待选治理方案的计算机模拟的实际实施效果，比较不同待选治理方案的优缺点，选择最优的决策方案。

三、持续改进

马克思主义认为，世界是动态变化和持续发展的。因此，思想政治教育数据治理方案和治理决策不是一成不变的。在治理活动进行中，有可能会有各种变化，面临新问题、新情况和新挑战，需要动态调整和持续优化治理方案。思想政治教育数据治理实践活动持续改进主要包括动态监测、治理评估和持续优化三个环节。

（一）动态监测

动态监测是利用现代信息技术持续收集、深度挖掘和实时分析有关数据，客观呈现思想政治教育治理活动的运行状态，为治理主体情势判断、科学决策和及时介入提供客观依据。互联网络的发展与各类技术深度开发运用，尤其是大数据在互联网空间时时刻刻上载，为动态监测提供了先决条件。动态监测是由"数据实时收集—系统即时分析—客观全时呈现"所组成的紧密联系的整体构成。思想政治教育数据治理需要教育专家、公共管理专家、数据专家等多学科领域跨界融合，动态监测通过数据建立突破式的跨界关联、大数据资源治理、大数据价值分析与发现等进程，运用大数据分析方法与支撑技术，形成一种新的治理范式，实现高校思想政治教育治理证实写实、多元判断、持续改进的科学治理决策。

（二）治理评估

评估是对治理结果与预期目标进行比对、分析的过程，是高校思想政治教育数据治理的重要环节，决定着其是否有必要，有多大的必要性，是否有效果，有多大效果等关键问题。评估的根本目标在于改进和优化。在治理生态层面，评估应当是一个民主、透明、可信的过程，这样才能够形成良好的治理生态。评估首先需要比对治理方案与决策实施前后的结果数据，通过对背景、规则、政策、措施、方法、保障等数据进行有效的整理、归纳以及分析，方可得出令人信服的评估结果。对这些数据的整理和归纳不仅涉及多模态数据融合、数据拼图、数据对齐等技术，还涉及更复杂的数据运用场域和场景。因此单凭高校一己之力既难以展开，更难以持续，需要广泛借助社会专业化力量，利用众包、众智等技术得出客观而公正的评估。另外，评估的结果可以对方案的设计与修补发挥重要指引作用，进一步对实施构成影响，从而形成一个健全的评估体系。

一直以来，思想政治教育存在"重规划，轻落实""重部署，轻督导""重结果，轻过程""重执行，轻评价"等现象，或忽视、忽略治理评估环节，评估结果与师生的实际感受、实际获得感存在较大差距。数据治理则要求所有治理活动都在网络平台留下印痕，从而沉淀治理数据。依托于这些大数据，思想政治教育将建构信息实时对比、全时共享、全程监控的智能化评估体系。评估主体从"人控"转为"技控"，人为因素将降至最低，评估结果具有独立性、科学性、权威性、透明性、公正性和客观性。这实现了对思想政治教育治理方案和决策实施管理效果更准确的评估，能够及时捕获管理漏洞与不足，迅速、精确地制定、修补和实施治理方案，大大提升了治理实效。

（三）决策优化

高校思想政治教育治理作为一种新生事物，没有先例可循，也没有经验可供借鉴。只有在探索中不断改进，在优化中不断完善，才能最终形成可信、可靠、可用的治理范式。通过对高校思想政治教育数据治理过程和结果评估，可以发现治理模式、治理方案、治理决策和治理方法存在的问题与不足，并且充分借鉴其他高校思想政治教育数据治理、社会企业等组织数据治理的最佳实践经验，给出针对性的持续优化建议。同时，高校还可以进一步拓宽数据治理的横向价值，完善跨学校、跨地域甚至跨行业的数据资产管理，为国家和社会治理提供智力支持与先行先试经验。最后，通过治理能力评估，也可以发现高校数据治理过程中的优点和经验，并加以强化、提升和推广，支撑国家治理体系与治理能力现代化建设。

与此同时，高校还需要不断对数据治理能力成熟度进行评估。一是在全校范围内对数据治理的理念、方法、平台和载体进行培训，完成高校思想政治教育工作在线化、数字化、网络化转换。二是要统一高校全体师生对于数据治理相关概念和理念的认识，自觉自为树立数据思维，提升高校师生对于数据资产重要性的认识，提升数据治理认识和意识，提升相关岗位员工的数据素养。三是要理清数据治理、平台应用建设的思路和框架，统一日常数据规范，维护和优化治理过程中流程的标准，提升数据的质量，保障数据的安全。四是要强化大数据应用主管部门的监督职能。对治理实施结果进行评估分析，对尚未达到目标要求的指标制定改进措施，以监督指导治理工作的实施，优化治理结果并持续评估和改进。

第二节　高校思想政治教育数据治理的机制构建

机制，原指机器的内部构造、原理及相互关系。如今，机制已被用来泛指一个工作系统的组织，或各个部分之间相互作用的过程和方式。在不同的学科、不同行业以及不同领域中，人们往往根据需要从不同的视角来解读"机制"。就社会科学领域而言，"机制"更多是被引申开来加以使用，使机制的含义显得较为抽象。综合来看，机制包括构成方式、作用方式、运行方式和调节方式等。

思想政治教育治理机制，是指思想政治教育治理系统各构成要素之间相互联系、相互作用的过程和方式。思想政治教育治理机制是一种基于内部相互作用、内外相互协调而组成的复杂系统，它通过发挥思想政治教育治理系统各要素的功能与价值，实现其总体价值。一般而言，思想政治教育治理机制的要素有两类。一是基本要素，包括思想政治教育治理体系中人的要素、治理目标要素、治理模式要素、治理体系要素、治理资源要素、治理环境要素、治理载体平台要素、治理内容要素和治理方法要素等。二是思想政治教育治理机制的内容构成，主要包括思想政治教育治理的动力机制、保障机制和评估机制等。思想政治教育治理机制具导向功能、协调功能、整合功能和规范功能。①

高校思想政治教育数据治理体系是与高校思想政治教育相关的各种因素所组成的复杂的综合性系统。要保障各系统之间的有效沟通与高效协同，须着力构建协同联动的体制机制，以体制机制保障各治理主体之间的沟通协作，形成强大的治理合力，进而整体提升思想政治教育质量和治理水平。高校思想政治教育治理目标践行需要一定的行为支持与模式支撑。高校要重视与创新大数据赋能思想政治教育的制度机制，一般而言应包括以下三方面：一是在宏观治理决策层面，应根据工作实际和前瞻智能时代需求，建立集教育信息化、数据治理、移动应用、网络安全、智能教育为一体的新型信息化治理机制，将思想政治教育和课程思政均纳入高校信息化治理工作视域。二是在中观协同运行层面，一方面要完善与思想政治教育相关的各类教学、实践、管理、服务等业务部门的协同联动与绩效评估机制，另一方面则要形成思想政治教育数据全生命周期的流动治理机制，以及驱动相关教育教学工作有序开展的技术机制等。三是在微观教学实践层面，一方面要确立调动师生创新开展信息化、网络化、智能化思想政治教育的激励机制；另一方面则要形成思想政治教育过程的评价、反馈、预警与干预等机制。

一、高校思想政治教育数据治理机制的内在意涵

"机制先行"是理顺高校思想政治教育治理能力和治理体系的基础。这里的机制重点包含两个层次。

---

① 罗洪铁，陈淑丽：《论思想政治教育机制的内涵、功能及价值》，《思想理论教育导刊》2014年第3期。

（一）治理主体力量协同联动机制

长期以来,高校思想政治教育治理一般由党委宣传部门牵头,涉及组织、学工、团委、教务、财务、人事、科研、后勤以及二级学院等众多内设机构。随着全员育人理念的深化,以及"大思政"理念的普及,思想政治教育治理的参与主体渐趋丰富。就校内而言,在原有的基础上,将思政课教师、辅导员、党务干部、后勤服务人员、专业课教师、校友等群体全数囊括其中。就校外而言,包括地方党政领导干部、地方知名专家学者、劳模英模等。因此,高校思想政治教育数据治理体系要求调动各个主体的育人积极性,明确各个主体的育人职责,激发各个育人力量的内生动力,实现治理力量的高效协同。

（二）治理系统协同联动的机制

高校思想政治教育数据治理是一项系统工程,体系中的各个治理系统结构功能各异,运作机制各有不同,唯有形成合力,方可效益最大化。随着治理环境、治理对象、治理生态、治理方法等的深刻变化,传统理念和经验办法日显乏力。长期以来因分工过细、条块分割等原因造成协同不足的负面效应日益突出,再靠单一项目、单一力量、单一手段、单一线程已无法提供符合时代要求的高质量高效能治理。构建新时代高校思想政治教育数据治理体系,要强化正向牵引、保持步调统一、减少互斥损耗、减轻无效内卷,必须强调内部系统相互配合,内外系统相互支持,突出各育人系统之间的同向同行,充分发挥协同效应,才能形成有序、有力、有效的组织结构,协同攻关、联动协作、合力治理的治理机制,以及全员、全程、全方位育人的育人共同体,最终构建起现代化的思想政治教育治理体系,治理能力不断增强,治理质量整体提升。

二、高校思想政治教育数据治理机制的基本特征

高校思想政治教育数据治理建立在以大数据为生产力基础信息化时代,是在大数据时代高校思想政治教育治理的全渠道、多元化、精准化、

科学化、效能化目标统摄之下的治理模式。因此，其治理机制的技术属性十分明确，大数据技术的基础及载体作用也极为显著。

（一）以数据化为核心的特征

所谓数据化，是指"将均匀、连续的数字比特串流结构化和颗粒化，以更开放的、用户友好的方式记录、处理和传递数据。①"推动数据化，就是将人的智力成果按照比特数据格式进行标准化处理后，再进行分析、解读和加工，从而帮助人们更快、更广泛、更深入地理解其价值。与思想政治教育理论与实践发展特征形成相互呼应，大数据时代高校思想政治教育治理能力提升与治理体系优化均带有深深的数据化烙印。以大数据及数据化为轴心建构现代思想政治教育治理体系，要在宏观、中观和微观三个层次上体现数据化。一是在宏观层面，要实现思想政治教育治理内容设计的全面数据化，亦即治理的所有内容和场景均由在场转为在线。治理资料的获取、治理过程的展开和治理结果的展现均通过数据化形态表征。实现治理方面的数据化发展，是数字化、网络化、智能化的宏观治理架构层面对大数据时代思想政治教育治理所提出的要求。二是中观层面，要求搭建大数据思想政治教育治理平台板块，运用底层数据化支持机制，以及数据公式和程序算法等助力相关治理有效开展。高校也可以借用钉钉、QQ、飞书或者自己开发的系统等线上办公平台开展治理活动，将独立化、闭合化、多功能的思想政治教育办公载体作为推进治理开展的新途径。三是微观层面，要求建立高校思想政治教育治理数据库。具体包括思想政治教育治理内容库、治理场景数据库、学生数据库、教师数据库、考核激励数据库、治理素材库、支撑材料库（模板、工具、数字材料）及外部的资源数据库。以上数据库是高校思想政治教育治理大数据体系及数据化工具得以运行和发展的基础，更是构成高校思想政治教育数据治理的基石。

（二）以单粒度为治理属性

大数据对个体特征的高度适应与满足，是高校思想政治教育数据治理得以与传统治理形式形成区别的关键。思想政治教育治理的内容主线虽然

---

① 姜浩：《数据化：由内而外的智能》，中国传媒大学出版社2017年版，第15页。

是共同的，但治理对象总是个别的、特殊的，是在特定情境下发生的特定治理需求与诉求。每个治理主体和治理对象的偏好风格、兴趣点和关注点、性格特征不同，使得思想政治教育治理的需求点也有所不同。大数据涵盖的思想政治教育资源齐全的特征，与治理能力和精力有限的特征相互作用，有利于实现治理目标与治理能力匹配、治理可能性与可为性相匹配、治理的供给与需求相匹配、治理的工具理性与价值理想相匹配，这是实现善治善行的关键。高校可结合治理时间、治理场域、治理主客体关系、治理目标、治理资源等建立治理数据库，依据治理实际具体情况，推进治理有序有效有力展开。

（三）以精准化为治理诉求

高校思想政治教育数据治理以大数据为导向进行精准治理，其中包含三个方面的"精准"治理机制。一是画像精准。画像精准是高校思想政治教育治理的前提，是重要组成部分。精准的治理画像包括对问题的画像、对治理能力的精准画像、对可用资源的精准画像、对发展路向的精准画像、对可用措施的精准画像、对治理介入后演化的精准画像等。以大数据对思想政治教育治理画像，不仅可以为高校思想政治教育提供精准评估，也有助于治理主体认识自我、分析自我，形成自我与治理实践的良性互动。二是内容精准。结合大数据对治理的大样本主体分类及偏好分类，建构细分思想政治教育治理内容模块。具体的精准细分依据包含课程建设、队伍建设、质量评价、风险防控、生态构建等。上述全面性评估可帮助高校思想政治教育治理主体建立治理分类数据库和分类思想政治教育治理机制，将治理理念、治理目标、价值选择、舆情管理等悉数纳入到精准管理系统中。将思想政治教育治理要点与案例进行精准匹配。特别是时事政治、社会热点、外交关系、全球治理及多元文化等内容，其整体内容前沿，时间范畴与空间范畴宏阔。大数据时代思想政治教育则可以依据关键词和数据库，帮助治理主体快速定位例证，增强思想政治教育治理的时代感和鲜活度。三是治理精准。依据数据对治理对象的画像和治理事物的精准评估，包括对治理问题的精准画像、对治理行为的模拟演绎等，对舆情、危机等问题进行及时干预，严防治理风险发生，以数据为途径，以事前研判为路径，实现对治理对象的通盘关照。

三、高校思想政治教育数据治理的基本内容与框架

综合前文的论述，我们将高校思想政治教育数据治理的机制划分为包括共在机制、共建机制、共享机制、共治机制和共评机制。

（一）高校思想政治教育数据治理的共在机制

"共在"理念是德国哲学家海德格尔思想的重要方面。意为世界是先于存在物被给予的境域，共在是"我"与他人共同存在于这一结构之中的存在方式。① 海德格尔提出了共在规定了此在的存在的观点，认为"此在"并非孤立的自我，而是总是"与他人共在"，总是置身于与他人的关系之中。赵汀阳较早在国内研究"共在"这一命题，并提出"共在先于存在"的观点。他认为，共在是任何事都必定会形成的一种状态，存在必须于共在状态中才有意义，存在的有效面目为共在状态所确定的在场状态。当某物尚未进入某事时，它的存在是尚未在场状态；物只有在事中与他物形成共在关系，才能确定其在场的存在性质。选择一种事从本质上讲是选择一种关系，选择一种关系就是选择一种共在方式；只有选择了共在方式，存在才具有在世意义所以说共在先于存在。② 从海德格尔与赵汀阳的观点我们不难看出，"共在"无论是在海德格尔的哲学语境，抑或赵汀阳的论述逻辑，其内容都内含了人与人之间的相互依存、彼此成就的意蕴，而且只有相互依存和彼此成就才促成了个体的存在与发展，也即"共在"造就了此在的存在。

综上所述，我们认为高校思想政治教育数据治理的共在机制，是高校可以通过重构与整合，以及教师、学生、行政人员、学校、社会、家庭、政府等方面的协同调整，建立涵盖多主体协同、多领域协作、多模式协调，最终形成主体范围广、升级空间大的思想政治教育治理机制。形成这种共在机制需要耗费大量的精力和资源，必须借助技术力量赋能，方能发挥共

---

① ［德］海德格尔：《存在与时间》，生活·读书·新知三联书店1987年版，第146页。
② 赵汀阳：《共在存在论：人际与心际》，《哲学研究》2009年第8期。

在机制的最大优势，对治理体制起到支撑的作用。建构数据治理的共在机制，必须从顶层设计、思维转换、治理生态等各个层面着手，形成共在的条件。

第一，要强化数据治理共在机制的顶层设计。顶层设计是有效推进各项工作的前提。高校思想政治教育数据治理是一个系统工程，必须通盘考虑、统揽力量、做好顶层规划。一是要为各主体赋值。即要将所有涉及主体都纳入到治理体系之中，并明确其职责、职能，对何时履责、如何尽责、怎样评责问责等都要做出细致规定。二是要为各主体赋智。要牢固树立数据治理意识，从观念上引领所有治理主体自觉自为，参与数据治理，形成数据治理的整体氛围。三是要为各主体赋权。要从高校思想政治教育长远发展的角度全面规划数据治理工作，完善数据治理的目标体系、组织体系、制度体系、标准体系，为高校数据治理提供领导保障。要设计和完善数据治理的有效机制，明晰权责机制、协调机制、互动机制、监督机制、评价机制与反馈机制，完善数据治理的生态链。

第二，要完善数据治理机构及其功能设置。从数据文明的时代变局、大数据属性及使用场域的特性来看，依托统一的大数据治理机构展开治理活动具有历史必然性与内在必要性。当前，大多数高校还没有充分认识到大数据对治理变革的巨大意义，因此无论是思维上、组织建构上抑或行动推进上都乏善可陈。思想政治教育数据治理必须前置具有相应智能的集中统一领导机构。然而目前绝大多数高校或未设置相关机构，或主要依托信息技术部门、学生工作部门或者宣传部门维系，缺少校级层面、具有足够权限的数据治理统筹协调部门来专门、集中牵头组织制订学校大数据战略规划和数据资源管理相关标准与制度，以及推动各二级单位大数据资源上载、管理、共享工作，更缺乏监督和考核、学校大数据战略的协调和推进等机制。为此，高校应当主动适应数字化、网络化和智能化发展趋势，尽快确立问题导向、目标导向、需求导向，树立开放扩展和保障安全为原则，着力构建资源整合、高度共享、深度应用的高校大数据领导组织，积极探索思想政治教育治理与大数据融合创新模式，为治理体系和治理能力现代化提供数据分析和决策咨询服务。

第三，要加快对大数据本身治理的制度建设。对数据进行治理是思政治教育数据治理的重要内容，也是数据治理高质量、高效能展开的前提。高校数据治理中心要根据部门业务职能和数据业务属性，按照区块链的思维、运用区块链技术对数据进行有效治理。一是将各类数据归属于上载部门，遵循"一数一源"的原则，要明确每一类数据来源的唯一性、权威性和不可更改性。二是要完善对数据的治理制度，制定数据资源归集、治理、共享、应用、安全等技术标准，明确界定各个部门对数据的应用权限，明晰"谁使用谁负责"的数据责任。三是要进一步健全数据使用的流程及管理办法，为实现跨区域、跨系统、跨领域、跨部门、跨业务的数据共享和交换提供保障。

（二）高校思想政治教育数据治理的共建机制

一般而言，共建是指共同投身思想政治教育治理的建设过程之中，鼓励思想政治教育治理主体按照自身的能力、资源、特长和诉求，发挥自身主动性、积极性、创造性，参与到思想政治教育数据治理的实践之中。在当前以制度和体系建设为主要内容的治理体系构建之中，共在是将大家站到一起，共建则是让大家干在一起，在思想政治教育治理工作占据着基础地位和战略性地位。传统的烟囱式治理方式在高校思想政治教育治理实践中形成了诸多"信息孤岛"，使得牵头部门与配合部门、主责部门与辅助部门、制定政策部门与执行政策部门相互隔离，系统内部之间不能互通，极大地影响了治理的功能发挥。为此，应当在数据治理体系基础上，建立一个集数据上载、归集、存储、清洗、分析、加工等功能于一体的共建平台和体系。共建平台有利于集中整合各类基础数据、统一数据统计口径、统合数据出口、形成高质量的数据资产。共建的体系有利于快速形成数据服务能力，缩短数据资产变现的时间间隔。为科学化、精细化决策提供支撑。同时还有利于集成对接传统的治理系统，对新建系统进行统筹规划、部署和推动。高校思想政治教育共治机制就是基于此，完成以下几个方面的任务。

第一，共建数据治理的基础条件。数据治理基础条件是高校思想政治教育数据治理的物质因素，包括硬件条件和软件条件。高校要转向数据治理必须从完善和优化基础条件做起，建立完整的、适应信息化、数据化、网络化发展的新型基础设施，对思想政治教育治理生态链进行适数据化改造，使之适合数据采集、分析和运用。一方面构建适应数据产生、采集、存储的"硬环境"。科学完善摄像头、传感器、穿戴设备等硬件的布置，全方位全过程采集数据。开发和推广智能终端设备，推进实现万物互联。另一方面形成适应数据提取、分析和运用的"软环境"。完善数权法、数据交易法等制度体系建设，强化数据治理顶层设计。鼓励开发合法采集、分析和运用数据软件，形成市场创新环境，让社会参与解决治理问题。提高数据结果运用率，让数据在治理中发声，形成决策循数据、问题找数据、效果看数据的环境。

第二，共建对数据的治理系统。一是加强数据归集整合。建立统一的数据归集整合、清洗加工、存储共享机制，推进数据标准化处理、资产化存储、商品化应用机制。二是联通数据孤岛、打通部门壁垒，提升数据共融、共通、共用能力，为后续包括决策支持系统、教育数据统计、各类分析报表等应用提供更精准化、智能化的数据基础支撑。三是提升数据治理水平。通过建立统一数据治理平台，实现数据的全生命周期管理，同时保障有关数据采集、开发、应用、管理和管控措施的有效落地，不断提高数据质量。四是提高数据使用效能。通过建立统一数据平台，让业务产生的数据反哺业务，支撑其他部门的业务，形成一个闭环。五是促进数据二次开发。有效克服部门本位，增强数据之间的关联性，从而从整体、全域的角度来审视、利用和开发数据，高效发挥数据资产的全部效能。

第三，共建大数据的服务应用渠道和场景。运用大数据技术推动高校思想政治教育供给侧改革，打造"人工智能＋思想政治教育"的"人—机"协同场景。数据治理平台既是工作平台、应用终端，更是一个协作生态。用户越多，数据产生的量也就越大，积累的用户数据越多，平台服务的精准度也就越高，用户的黏度也越大，进而形成正反馈的"雪球效应"。因此，高校思想政治教育数据治理要树立流量思维，吸引尽可能多的师生应用。一是要大力拓展治理应用端的生态建设，供给优质内容、优化使用界面、提升使用体验、便于积累更多数据。二是要为思想政治教育治理提供更多的服务接口，包括线下的办事大厅、线上的教育供给平台和移动端 APP，以及微信公众号和小程序等其他社会化应用的服务端，通过多源入口平台汇聚海量数据，为师生提供全息、全过程、全场域服务。三是全面开放智慧应用场景，推进思想政治教育云治理，打造智慧云脑，并将云脑的触角向基层、向一线、向个体延伸，优化数字化网格管理，畅通和丰富师生参与思想政治教育治理的方式和渠道。

（三）高校思想政治教育数据治理的共享机制

在《现代汉语词典》中，共享是指"共同享用、共同享有，而且是分享的近义词，一般就是指将某件物品或者某种信息的使用权或收益权与其他人或组织共同拥有。"[①] 站在大数据时代的背景审视，高校思想政治教育治理存在资源和平台存在重复建设、共享壁垒林立、资源变现与服务能力建设之后等问题，一直难以取得突破，其主要原因是缺乏科学有效的数据共享机制。以区块链、云存储等为代表的现代信息技术的快速发展，为共同拥有、共同使用、共同维护教育资源、平台，推进资源共享工作顺利开展提供了物质基础和理念思维等基础条件。在共享理念指引下，完善思想政治教育治理大数据共享机制，是破除壁垒、联通孤岛、一体建设的有效途径之一。

高校思想政治教育数据治理的共享机制构建，需要高校从全局出发，统筹布局教育资源，统揽平台建设，实现多主体协同互动。一是要解决对各业务各系统产生的数据进行集成梳理与标准化存储难题。二是要先行畅通校内信息数据共享体系，开放各项业务数据的应用，增强协调配合，促进校内各部门数据的快速提取、高效流通与转换。具体可以从以下几个方面推进数据治理共享体系建设。

第一，强化数据流向规划，构建共享体系框架。一是要建立统一的数据治理部门，统揽数据采集、清洗、提纯、存储、加工、应用功能，推进数据集成环境建设，为各项应用数据协调交互奠定基础。二是理清学工系统、宣传系统、教务系统、科研系统、后勤系统等数据产生源，摸清各方数据

[①] 中国社会科学院语言研究所词典编辑室：《现代汉语词典》，商务印书馆2013年版，第457页。

运用现状和趋势，准确把握各治理主体对数据的现实需求。三是建立常态化数据需求征集、数据资产发布等机制，打通数据"供"与"需"、"采集"与"使用"之间的壁垒，形成"我为人人、人人为我"的数据建设生态。

第二，研究制定数据标准，统一数据接口。现有的数据标准既有国家标准和行业标准，也有各高校根据自身业务发展和实际情况制定的校本执行标准，多种标准并存导致数据之间互不兼容和闭合，只能反复采集、收集、验证各种五花八门的数据。因此，建立统一的数据标准有助于降低内耗，减少数据采集、数据聚集、数据清洗、数据加工成本，促进数据信息闭合，提升数据的严肃性、严谨性、严密性，更好地进行资源共享。为此，应当以国家标准及各省教育数据标准为依据，遵循唯一性、合理性、可扩性、简单性、规范性、适用性的原则，通过需求分析、实地调研、专家咨询、分析评估等方法。在缺乏国家和省级标准的情况下，制定与国标、行业标准要求相衔接的符合本校实际的数据标准。要健全预留接口机制，定期开展跨部门、跨领域、跨行业、跨地域、跨系统的共享效果及安全性测试，注重在各项数据之间的耦合度提升方面下足功夫。

第三，明确数据共享规则，打通数据共享的制度通道。首先，高校应明确能共享尽量共享的基本原则，强化对数据进行技术处理后向社会开放。另一方面，不能滥用"安全""隐私""秘密"等借口，对应当共享的数据进行占有，从而使数据失去信息价值。要以推行智慧校园等为着力点，以数据共建共治共享为基本途径，推动标准融合、技术结合、平台整合、业务聚合、数据综合，打通数据壁垒和信息隔阂，形成全国覆盖、全网统筹、全域接入的数据公共平台。尤其要明确数据运用规则，畅通全国思想政治教育大数据共建共治共享体系，实现超越层界、地界、时界、业界的协同管理和服务。

第四，要着重加强校企合作、校地合作、校校合作、校民合作。推进对接企业积累的社会数据、教育行业掌握的行业数据以及其他政府部门和其他地方政府平台掌握的政务数据，鼓励社会公民参与到数据采集之中，形成社会治理强大合力。要丰富网络信息供给，做到"应共享尽共享"，建立良好的信息共建共治共享生态链。优化高校权责利配置，厘清高校信息保有权和保密权行使边界，破除高校内部层级制约，多渠道构建信息共享，实现高校思想政治教育治理主体与客体之间，以及其他治理参与者、相关者之间的数据交换，形成良性的数据生态环境。

（四）高校思想政治教育数据治理的共治机制

共治，即同参与思想政治教育治理的机制。共治是高校思想政治教育数据治理的过程状态，是思想政治教育治理形成合力的关键机制。高校思想政治教育数据治理要实现赋能，必须将各项治理任务分配给不同的执行单元予以落实。如何整合执行单元的力量，统揽其朝着共同的治理目标运行，是高校思想政治教育数据治理的核心议题。因此，高校思想政治教育数据治理的主要任务是改进传统分科层制运作的管理机制、交易性运作的协作机制、自我管理的责任机制，厘清机制适用情景与场域。对于依靠单一机制无法解决的难题，可以通过校地合作、校企合作、校社合作的方式，在不同机制之间构建联合与协作关系，调动多方主体及资源参与思想政治教育治理，形成混合形态的共同治理模式。

第一，构建思想政治教育数据治理共治机制需要完善议事机制。要通过议事机制保障治理主体的知情权、参与权、决策权、评价权和监督权。高校思想政治教育治理事务属于特定行业的小规模公共事务，既需要快速响应形成决策，又需要坚持协商民主，将沟通、反馈、交流运用于治理议事，各方在互通、互动、互谅、互让中倾听对方意见，在对话中实现观点趋同、诉求趋近，形成各方都能接受的治理方案。共治机制通过点对面表达、面对面沟通和对话，使所有治理主体达到"知情的决策"，同时获取治理问题相关的信息和治理对象等利益相关者的诉求，从而提升治理决策的可接受性、可操作性，减少冲突性和对抗性，提升师生的认同感和参与治理事务的积极性。

第二，构建思想政治教育数据治理共治机制需创新发展互惠机制。马克思主义认为，人的本质是一切社会关系的总和，人是有血有肉有生命的人。在这一条件下人们从事的是创造性生产劳动的，在创造性生产劳动中，人们能动地表现自己，不断实现和确证其独特个性和满足其需要。具体到思想政治教育治理而言，如果治理主体相信参与某一治理行动能够得到回报，并且这种回报与其贡献度具有正相关关系，那么其在治理活动中的主体性就将得到充分激发，自觉自为地参与治理活动的积极性也就越高，治理行动就更容易组织实施。因此，思想政治教育数据治理要通过互惠机制增进各治理主体间的信任，提升行动的协调性。互惠机制一方面可以激发各治理主体参与共治的内生动力，提高参与治理的积极性、主动性和创造性；另一方面，也可以规避治理主体的投机心理，约束其投机行为，破解集体行动中部分主体试图"搭便车""捡便宜""蹭流量"难题。要着眼于互惠的机制安排，不仅要求将它作为思想政治教育数据治理的一项基本原则，还需要在社会交往中遵循这项原则，从而增进治理主体之间相互信任，促成合作行为。

第三，构建思想政治教育数据治理共治机制需建立动员机制。一是为思想政治教育共治提供基本规范。共同治理涉及多方主体和机制，要使不同主体和机制内嵌、共生，形成合力，需要制定便于启动的集体规约，为协商议事提供基本遵循，为多方合作提供原则性约定，并让减少具体执行单元遵守规则的成本。二是发动政府、市场、社会主体参与高校思想政治教育数据治理并遵守规约。有效的动员可提升协作行动的公共价值，增强目标认同感，调动各方参与热情，提升思想政治教育参与度与支持度。思想政治教育共治需要具有共同意识、资源和多方参与，这些都需要政府和高校牵头，充分动员。通过宣传教育、竞争评优、资源投入、参与发动、政策倾向等方式，改变各个主体的态度、立场、期望与价值观，调动多方主体参与高校思想政治教育治理。

（五）高校思想政治教育数据治理的共评机制

无论是学术界抑或实务界，大多时候都将评价机制作为确保治理体系顺利运行的外在推动力或维系力，高校思想政治教育数据治理体系的平稳、高效、持久、有效运转也不例外。通过技术赋能，完善思想政治教育治理管控机制，可以实现全程、全景、全效和实时、透明、公平的监督监管，提高治理效果评价的社会认可度。建立高校思想政治教育数据治理的公平机制，还需要借助区块链、云计算等技术及其思维，开放监管入口，让所有利益相关者，甚至社会公众都成为督察员，促进治理体制机制有序有效运转，最大限度地避免制度的失效、失声和失灵。共评机制建立的实践路径有三个层面。

第一，健全学生、同行、社会公众、督导专家以及学校五级联动的思想政治教育数据治理质量评价主体。明确各评价主体的角色定位、评价权重以及评价的应用去向。一是要明确学生是思想政治教育治理评价的中心。学生是教育的直接受众，受到思想政治教育治理质量的直接影响，因此学生可以通过大数据治理平台，即时反馈治理活动的感受和认知情况。通过有效互动，让高校及时掌握、适时调整和持续改善。二是院系思想政治教育工作部门是思想政治教育治理的直接执行者，是实施思想政治教育数据治理质量监控最关键的主体。因此，同行评价主要由两部分构成。一部分是高校内部院系思想政治教育工作部门，另一部分是同等层次的其他高校院系的思想政治工作执行部门，结合治理执行主体的治理任务完成情况和目标达成度评价工作。三是社会公众，通过对高校思想政治工作的开展情况、实际效果进行评价。社会公众评价涉及对高校思想政治教育的整体认可度，甚至影响到社会对高校人才素质和人才培养质量的认可，因此高校需要高度重视。四是督导专家评价。督导专家一方面具有丰富的思想政治工作经验，另一方面又非利益相关者，因此能够做到公平、公正、专业权威评价，是高校思想政治教育数据治理公平机制的重要支撑。包括高校院系督导专家和校级督导专家都可纳入评价主体之中。其中，校级督导专家应由学生工作部门、宣传部门、党建部门、院系大学生思想政治工作负责人和校外专家组成，通过多角度、全方位地了解思想政治教育治理开展情况，对治理过程与结果做出客观、公正的评价，并及时通过监控平台反馈给治理执行单元。五是学校思想政治教育工作牵头部门。负责对全校的思想政治教育治理运行的基本状态和治理质量进行整体监控与评价，同时监控和指导院系思想政治教育工作部门执行治理任务。总而言之，高校思想政治教育数据治理将通过多位在线互动，多主体及时评价反馈，持续不断调整治理方案，优化治理平台，提高治理效能。

第二，建立清晰明了的高校思想政治数据治理评价标准。"科学的评估标准是进行思想政治教育评估的前途和基础，只有明确的、客观的标准才会有正确的、可靠的评估结果。鉴于高校思想政治教育数据治理涉及多位主体，牵涉协同联动机制，因此清晰明了、可操作性强的评价标准就成为各方执行评价的准绳。因此，高校思想政治教育数据治理需要按照以下原则建构评价标准。一是实践性。坚持一切从实际出发，实事求是的原则。评价标准的制定是为了更真实的反映思想政治教育治理能力和治理体系运行情况，因此需要从实践中来到实践中去，针对思想政治教育活动现实存在的问题并结合相关文件规定，理论结合实践，制定出符合当前高校需要的评估标准。二是实操性。评价标准具有指导性，其根本目标在于引导高校建立科学有效的现代化思想政治教育治理体系，不断提升治理能力，从而切实提高思想政治教育治理的有效性。因此评价标准必定是坚持"实操性、实用性、实效性"的理念，这有利于高校思想政治教育的长远发展。三是与时俱进。大数据赋能高校思想政治教育治理是新生事物，是伴随着现代信息技术的发展而不断深化的模式。信息技术日新月异，评价标准也要随着技术的发展而不断自我调适，要在守正中创新，在吸取传统评价标准精华的基础上不断赋予评估标准以新的时代内涵，以满足当前时代的要求、社会的期盼和学生的期待。

第三，建立基于区块链技术的电子监督体系。区块链本质上是一种去中心化的链式数据库，其核心技术包括分布式账本技术、非对称加密算法以及智能合约等[1]，具有去中心化、去信任化、开放、信息不可更改、匿名、自治的特性。[2] 区块链技术引入高校思想政治教育治理之中，可以有效支撑数据完整性、内容规范性、流程合法性，有效保障各个维度的监督权，完善监督机制，实现对思想政治教育治理评价的智能化管理。在区块链技术的支持下，一是高校思想政治教育治理部门可以实时、完整获取各部门对接的数据及大数据平台汇聚的数据，监测各主体治理职能运行关键体征。

---

[1] 嘉文，周华丽：《教育区块链：分布式学习时代的教育模式创新》，机械工业出版社2020年版，第2页。

[2] 何蒲，于戈，张岩峰，鲍玉斌：《区块链技术与应用前瞻综述》，《计算机科学》2017年第4期。

第七章　高校思想政治教育数据治理的过程与机制

二是可以实现教务、学工、信息、后勤、宣传、保卫等运行体征指标数据以及重点区域、热点问题、突发事件等信息全时、全景、全域监测。三是通过设置对应的业务阈值，专家全程关注，对潜在风险或具体问题进行预警预告，预判可能情景，预置应对方案，进而实现对校内运行各类具体场景、事件、指标的实时监测和趋势预测分析。

第八章
高校思想政治教育数据治理的平台建设

平台是高校思想政治教育数据治理的重要抓手和媒介,是落实"大思政"教育理念,深化高校思想政治教育数据治理改革的新途径。通过平台建设,可以将高校思想政治教育数据高效化处理、集成化运用,促进思想政治教育数据互联互通协同发展。本章围绕平台建设,分别搭建高校思想政治教育数据治理的物理平台、队伍平台、制度平台和研究平台,通过对平台建设的现状及问题进行剖析,明确总体设计方案,最终制定具体的建设路径,以期助推高校思想政治教育数据治理的高质量发展。

第一节　高校思想政治教育数据治理的物理平台

物理平台是高校思想政治教育数据治理的重要物质基础,通过互联网技术手段搭建物理平台,集成高校思想政治教育的各种数据,有助于畅通资源、信息、人员、资金等物质流通渠道,协调各参与主体共同治理,加强数据治理一体化,达到数据互联互通协同发展为目标的管理过程。本小节坚持问题导向,首先分析当前高校思想政治教育数据治理的物理平台建设现状及问题,然后从总体设计入手,明确物理平台建设的目标、指导思想、原则、主体、方法与流程等要素,最后明确高校思想政治教育数据治理的物理平台的建设路径。

一、高校思想政治教育数据治理的物理平台建设现状

近年来,国家高度重视数据平台建设,在多个重要文件中强调信息化和数字化建设要求。在2012年召开的《大数据时代,智谋未来》专题会议上,专家学者围绕数据开发及管理技术创新,重点讨论了数据挖掘体系结构、平台开发及安全等问题。2016年,国家发改委正式印发了《关于组织实施促进大数据发展重大工程的通知》,对大数据相关项目给予资金和政策支持。关于大数据在高校思想政治教育层面上的研究成果日渐丰富,并且大量实践案例证明,高校思想政治教育需要大数据作为治理工具,克服主观经验和直觉判断带来的偏差,确保决策科学合理。作为高校思想政治教育的数字化转型,在数据时代,高校思想政治教育数据治理体现的是在治理现代化背景下,高校利用数据平台和数据技术开展思想政治教育的一种重要模式。

(一)高校思想政治教育数据治理的物理平台建设成效

近年来,数据技术发展迅猛,高校利用数据技术辅助开展思想政治教育,将数据技术和数据平台融入思想政治教育全过程,实现"互联网+思想政治教育"的总体目标。特别是党的十八届三中全会以来,治理思维影响并促进各行各业的发展。高校立足于提升数据治理的实效性和思想政治教育的实效性,全力推进思想政治教育数据治理的物理平台建设,平台数据总数量和质量都得到提高,取得了积极成效。

1. 物理平台开放性逐步提高

数据治理融入高校思想政治教育以来,各高校都加快推进数据共享。2017年1月,电子科技大学建成大数据研究中心,将信息化平台打造成为全校教学、科研、管理和服务的重要支撑平台,同时为国家信息中心提供人力和智力支持。通过对海量食谱、食材、大选结果、宗教标签地理分布等数据进行分析,发现地理位置的接近性是影响饮食、宗教、政治等人类主要文化形态的最重要特征。该结果质疑了诸如"气候决定文化"等传统观点,传递了"迁移和交流塑造文化"的新理念。

2. 物理平台技术支撑得到强化

在高校思想政治教育数据治理中，高校将学生日常行为数据、学习数据、奖助数据等放入统一的数据平台，使高校思想政治教育数据治理的物理平台建设更贴近高校思想政治教育实际。物理平台构建的系统需要充分发挥各子系统的比较优势，促进子系统协同发展，以先进的思想理念、前沿的数据信息处理技术和丰富的建设实践经验为支撑，积极推动高校思想政治教育数据治理的物理平台建设。

（二）高校思想政治教育数据治理的物理平台建设存在的不足

在数据治理背景下，我国高校也在积极地探索并采取系列措施加强思想政治教育数据治理物理平台建设，取得了一些成绩，但也存在一些问题和不足。主要体现在以下几个方面：

1. 物理平台建设滞后

高校思想政治教育数据治理的物理平台建设需要对数据进行高效的采集、存储、处理，特别需要解决面对多元化、大规模的繁杂数据时的处理效率问题。数据治理物理平台建设服务于高校思想政治教育，对于推进精准思政、应急思政，提高思想政治教育的针对性和实效性具有重大的推动作用。但是，当前高校思想政治教育工作中，对数据技术和数据治理物理平台建设的正确理解还不够，对高校思想政治教育数据治理的全面认识还不够。高校思想政治教育数据治理物理平台需要依托物联网、大数据、移动互联网等现代化信息技术物理平台的基础上，系统开展数据采集、存储、处理和利用。总而言之，物理平台的建设是高校推进思想政治教育数据治理的重要基础，没有物理平台的建设发展，就难以采集到规模庞大的数据集，也就没有数据治理可言。在采集到足够的基本数据后，如果没有云存储和云计算的技术能力，没能对数据进行有效处理，数据价值就无法被真正挖掘。

然而，我国数据技术发展质量与经济高速发展之间不平衡不充分。我国在数据应用、数据治理方面尚不成熟，缺乏专业的技术人员，在数据收集、储存、处理等方面存在技术壁垒，除此之外，数据应用中的法律保障和制度规章不完善，这就导致思想政治教育数据治理的物理平台在搭建过程中缺乏数据管理方面的支持，在技术处理方面存在难题。一方面，由于各平台供应商提供的平台结构与传统平台不一致，高校将原始应用程序和数据平台迁移至集成平台时受阻。另一方面，高校对数据迁移存在的困难和数据安全意识不足，致使物理平台建设和使用进程缓慢。

2. 物理平台数据治理能力不足

数据治理主要的价值发挥是在数据的系统实践应用。数据在未被充分、有效、合理利用前，都只是作为单纯的代码存储在平台中。在高校思想政治教育中，面对大量的数据资源，若平台的数据处理能力欠缺，那么数据治理的效能和数据的使用价值就无法达到预期目标。我国在采集、运用、存储、挖掘等领域缺乏核心的技术，这使得物理平台数据处理和应用面临极大的困境。在物理平台建设中，从事相关工作的人员往往都是纯技术人员，对于思想政治教育原理和规律了解不够，导致物理平台建设过程中往往只是学校信息化部门进行处理，缺乏立足于思想政治教育整体宏观的考量，无法精确识别处理与运用思想政治教育数据信息。最终导致高校思想政治教育数据治理的物理平台数据治理能力不足，而出现思想政治教育的针对性、实效性欠缺以及思想政治教育数据治理现代化发展迟滞的现象。

3. 物理平台数据安全隐私保障欠缺

习近平总书记指出："没有网络安全就没有国家安全，没有信息化就没有现代化。"[①] 大量事实表明，未被妥善处理的数据信息会对用户的隐私造成极大的侵害。数据为高校思想政治教育带来巨大资源的同时，也带来了非传统信息安全和隐私方面的挑战。从数据本身的特征来看，数据隐私的暴露与信息的安全问题天然存在。数据信息在收集、整理、加工等环节中，需要在平台进行存储，这就容易使数据泄露。目前，高校思想政治教育数据治理也刚刚起步，数据的收集、存储、管理与使用等均缺乏规范，更缺乏监管，用户无法确定自己隐私信息的用途。另外，在现代技术条件下，数据信息容易受到不法分子盗取、篡改、损害数据等方式的攻击和破坏。此外，与传统安全因素相比，信息安全更具有隐蔽性、危害性。因此，

---

① 习近平：《在中央网络安全和信息化领导小组第一次会议上的讲话》，《人民日报》2014年2月28日。

如何避免和预防一些非法行径利用技术优势对高校思想政治教育相关数据和学校、学生个人数据信息的侵犯，以及正确处理并且合理使用数据信息，不仅体现着高校科技水平和信息技术水平的高低，还考验着高校思想政治教育数据治理能力的高低。

在数据存储安全保障机制方面，主要存在平台安全防护体系不完善和学生个人隐私数据泄露的风险。在平台安全防护体系方面，随着数字化进程的加快，高校涉及学生思想政治教育和日常管理的很多方面都是在数据平台开展，平台上所存储的数据承担着关键的个人利益与集体利益，容易受到来自系统内外部的非法请求，导致数据外泄、伪造及删除。由于受到经费、技术、资源等方面的局限，高校思想政治教育数据治理的物理平台尚未建成基于先进防护技术支撑的数据存储防护体系，导致数据平台若遭到恶意攻击，就会出现思想政治教育过程中的相关数据信息被非法窃取等风险。在学生个人隐私数据泄露风险方面，由于工作人员数据安全意识不够，学生身份证号码、银行卡账号、受资助学生家庭信息情况等隐私信息出现在公开平台。这使得学生面临个人隐私泄露的风险，也反映了高校部分数据平台对学生个人信息安全保护方面的不完善。

4. 数据采集的真实性和准确性不高

数据的真实性和准确性是高校利用数据开展思想政治教育的重要基础和前提，但在当前高校思想政治教育过程中，数据采集工作经验和技术水平相较学校其他领域的发展还不够成熟，特别是思想政治教育本身就是一个复杂的系统工程，思想政治教育过程中产生的信息更有可能因为学生隐瞒等因素导致数据采集的真实性和准确性距离工作目标还有一定差距。主要体现在数据采集标准和数据格式不统一，数据来源渠道复杂加大数据采集难度，受个别部门和个人伪造数据和数据修饰影响，而平台对于数据的筛选、鉴别能力有限，导致信息传播失真，数据采集真实性较低。

（三）高校思想政治教育数据治理物理平台建设不足的原因分析

1. 高校传统数据治理观念和模式落后

在物理平台建设过程中，传统观念制约着大部分高校基层部门的数据治理，由此导致数据治理模式滞后、效率低，以及在数据治理物理平台建设中的配套投入不够。高校一方面响应国家利用数据开展思想政治教育工作，推动高校思想政治教育治理现代化，对数据治理模式进行创新。但另一方面，并没有深刻理解和认识到先进的数据技术为高校思想政治教育数据治理带来的便捷和高效，导致在物理平台建设中存在薄弱环节，从而影响到物理平台整体建设的推进，进而影响到高校思想政治教育数据治理的实效性。在传统观念的影响下，高校思想政治教育数据治理的物理平台建设起步较晚，对于物理平台建设的突破和创新不够，工作推进过程相对被动。

2. 高校思想政治教育数据采集平台缺乏规范统一的标准

高校思想政治教育数据治理的标准化规范化是高校思想政治教育数据治理的物理平台建设的关键要素，当前各高校之间以及高校内部各部门之间，没有确定一致的标准。各系统、各部门数据采集存在不一致的标准，数据信息的存储形式也不尽相同，数据质量参差不齐，数据规范化分类管理难度大。高校思想政治教育数据采集是一个庞大的系统工程，涉及学生管理和人才培养的方方面面，高校各系统、各部门都会基于自身工作需要，确定自己的数据采集标准、格式和模型，导致数据信息的采集获取较为困难。除此之外，通常一个同样的数据来自于不同的出处，由于缺少精准的数据鉴别和统一的数据标准，致使形成不一致的数据口径和差别较大的数据采集统计指标，从而导致高校思想政治教育数据采集真实性准确性不高。

3. 物理平台缺乏先进的数据存储和安全防护技术

高校掌握着大量校内的数据，特别是涉及到学生信息的方方面面。随着信息化的发展，高校思想政治教育数据治理的物理平台存在着被不法分子或黑客攻击的较大风险。高校数据存储技术能力的不足，导致现有技术无法满足数据存储体系化。高校由于缺乏数据存储先进防护技术，导致数据存储过程中风险加大，防护体系不够完善和个人信息泄露等风险。

4. 物理平台建设中缺乏开放数据意识及技术支持

高校各部门在开展思想政治教育过程中，存在以本部门所掌握的数据重要为理由拒绝公开或共享信息的情况。因此，大多数据平台的信息仅被各部门单独拥有和利用，物理平台未真正做到开放共享。一方面，不利于开放数据资源和高效数据利用；另一方面，也制约了高校思想政治教育各参与主体对数据信息的知情和利用程度，影响了各参与主体对于利用开放数据以及参与高校思想政治教育数据治理的热情和积极性。同时，一些部门担心物理平台开放后，由于缺乏先进的防护技术对数据进行保护，从而影响数据的真实性、安全性和可靠性。物理平台建设不完善，不仅会对数据开放产生影响，也会造成各主体利用数据资源的担忧和不便捷。高校思想政治教育数据治理的物理平台建设中缺乏数据开放意识以及先进技术对平台的防护，各平台数据即使开放，也基本集中于表面的知识或片面的信息，影响了高校思想政治教育各参与主体获取和利用数据的效率，从而导致高校思想政治教育数据治理的物理平台达不到真正的高效开放。

二、高校思想政治教育数据治理的物理平台总体设计

（一）物理平台建设的目标

高校思想政治教育治理强调思想政治教育的系统性，提升高校思想政治教育数据治理的物理平台整体能力，要发挥物理平台在思想政治教育数据治理中的决策依据和数据支持作用，以实效性为目标推动高校思想政治教育数据治理。因此，在推动高校思想政治教育数据治理的物理平台建设中，仅仅从数据平台的视角探讨物理平台的建设是不够的，需要站在提升大学生思想政治教育针对性和实效性的高度去思考如何做好平台建设。因此，物理平台总体建设目标可以分为近期目标和长远目标。近期目标是指根据高校思想政治教育数据治理的物理平台建设现状，从当前的平台建设到下一个更高等级的平台建设。远期目标是指构建一个由思想政治教育多方主体共同参与、合力协作的数据物理平台系统，并以这个物理平台系统为思想政治教育数据治理提供可靠、可行、可用、可持续发展的高质量服务，为新时代高校思想政治教育的创新发展增添新智慧和新动能[①]。

---

① 冯刚：《大数据应用于思想政治教育的局限与突破》，《重庆大学学报（社会科学版）》2021年第2期。

（二）物理平台建设的指导思想

以系统论、协同论等理论作为指导，高校思想政治教育数据治理的物理平台建设的最终目标是构建一个服务于高校思想政治教育知识和数据治理的支持系统。在这个系统中，数据资源得到有效整合，各主体实现良性互动，共同推动高校思想政治教育数据治理的物理平台规范化建设，提升数据治理的物理平台服务高校思想政治教育的能力，实现数据价值的最大化。

（三）物理平台建设的原则

在高校思想政治教育数据治理的物理平台建设过程中，既要把握"信息生动化"又要注重"专业化"。一方面，要立足高校思想政治教育特征体系，依托物理平台呈现教育内容，并依托数据信息对教育对象采取生动灵活的教育方式；另一方面，要不断加强平台鉴别和筛选数据的能力，提高数据来源的可靠性，提高平台处理数据的可行性，持续优化平台解读和分析数据的能力，提高数据结论的可用性，以此最大限度地发挥数据治理的物理平台在高校思想政治教育中的应用价值和实际效用，促进和保障思想政治教育持续健康发展。

（四）物理平台建设的主体

基于利益相关者理论，在高校思想政治教育数据治理的物理平台建设中，利益相关者设定为对组织目标产生直接影响的个人与群体。在物理平台建设中需要高校、思想政治教育工作者、学生、家庭等利益相关者共同完成。高校作为思想政治教育的管理方，需要从思想政治教育数据治理的物理平台中取得数据支撑和决策依据，以更好地发挥组织队伍、统一思想、建立制度、形成校风、提高教育质量等方面的作用；作为思想政治教育的直接参与者，思想政治工作者在思想政治教育各种相关数据影响下开展工作，其工作有效性与思想政治教育相关数据采集的真实性和分析处理的准确性息息相关；学生是思想政治教育相关数据的主要提供者和思想政治教育的对象，为物理平台提供管理类、资源类、案例类、评价类数据；在高校思想政治教育数据治理的物理平台运行过程中存在数据真实性与个人隐私泄露风险，家庭除了为思想政治教育数据治理提供数据来源，还作为监督者参与到思想政治教育数据治理中，享有知情权。

（五）物理平台建设的方法与流程

物理平台建设是高校思想政治教育数据治理发展的技术基础，需要考虑从数据采集开始到存储计算、分析挖掘最终落脚到具体应用的全寿命周期[①]。从总体功能、架构设计两个方面建设高校思想政治教育数据治理物理平台。因此该平台应满足以下需求：

第一，高校思想政治教育工作者平台自主开发改进需求。平台应构建包括图片、视频、课例等资源基础元素，并以此为基础开发教育资源，逐步建立高校思想政治教育资源库。

第二，资源制作上传、审核、收集存储需求。设置不同资源种类，明确规定资源类型与格式，确保资源上传规范，加入人工智能双审核机制，提高上传效率，扩宽资源存储格式，满足不同存储需求。

第三，学生互动学习需求。平台应该为学生提供最新思政学习动态、思政教学资源、互动学习空间等。

第四，监控管理需求。面对不良信息、网络病毒的攻击，平台可以通过技术手段控制信息源头，正本清源。

三、高校思想政治教育数据治理的物理平台建设路径

（一）健全物理平台配套硬件

配套硬件设施是高校思想政治教育数据治理的物理平台建设的物质基础和技术保障，是高校实现思想政治教育数据治理的前提。硬件设施是否健全，直接影响着思想政治教育数据治理的物理平台建设以及治理的效能。

数据的硬件是网络。因此，高校应当加快信息网络建设以及信息技术应用的普及推广，尤其是涉及学生思想政治教育方面的网络平台建设。习近平总书记在网络安全和信息化工作座谈会上指出："信息是国家治理的

---

① 李振：《教育大数据的平台构建与关键实现技术》，《现代教育技术》2018年第1期。

重要依据，要发挥其在这个进程中的重要作用。要以信息化推进国家治理体系和治理能力现代化。"[①] 加强高校网络信息化建设，能够有效促进高校思想政治教育数据治理的物理平台建设，避免了因网络问题所带来的对高校思想政治教育数据治理效能的影响。此外，与传统的网络信息不同，数据信息包含很多因素的数据分析和处理技术，包括数据挖掘、数据集成、数据计算等多方面领域。因此，高校要集中优势资源攻破技术难题，解决高校思想政治教育数据治理核心技术供应端缺乏的痛点。构建高校思想政治教育数据治理的物理平台是提升高校思想政治教育数据治理能力的重要基础和支撑，也是推进建设数字化高校和数字型、服务型思想政治教育工作的关键，有助于推动高校思想政治教育数据治理高质量发展。高校应当积极运用云计算、大数据、可视化等先进科学技术，对不同部门的数据资源进行整合，搭建全校甚至社会与家庭共同参与的数据平台。

（二）推动高校思想政治教育数据开放

在数据时代，高校思想政治教育现代化、数字化、信息化推进的过程中会产生大量的思想政治教育数据资源。如何对高校思想政治教育数据信息系统运用处理成为了高校思想政治教育数据治理需要面对的问题。一方面，高校应当建立校级层面的数据治理物理平台系统及平台数据开放规范指南，对全校思想政治教育数据信息的开放工作进行指导，打造全校层面的数据开放平台。同时，对高校思想政治教育数据开放工作进行全面统筹和规划，广泛征求思想政治教育、数据治理领域等专业人士及广大师生等各方意见和建议，综合地推动数据的进一步开放。另一方面，高校掌握着大学生全面和核心的数据资源，在高校思想政治教育工作中，应当致力于探索如何发挥这些数据资源的有效价值和作用。高校要通过先进技术构建数据共享平台，使高校思想政治教育的多个主体参与到其中，实现高校思想政治教育数据的互联互通，为推动高校思想政治教育数据治理现代化提供支撑。

---

① 习近平：《在网络安全和信息化工作座谈会上的讲话》，《人民日报》2016年4月26日。

第二节　高校思想政治教育数据治理的队伍平台

　　高校思想政治教育数据治理的队伍主要包括管理者、思想政治教育者和数据服务者。作为高校思想政治教育中最具主动性和主体性的要素，他们是高校思想政治教育数据治理的具体执行者和直接参与者，也是评价高校思想政治教育数据治理队伍质量高低的关键，直接决定着能否完成思想政治教育任务以及能否有效实现高校思想政治教育数据治理的目标。队伍平台的建设应是高校思想政治教育数据治理工作的重要环节，也是加强和改进新时代高校思想政治教育数据治理工作的重要驱动力。本小节基于当前高校思想政治教育数据治理的队伍平台建设现状问题，明确总体设计方案并制定具体的建设路径。

一、高校思想政治教育数据治理的队伍平台建设现状

（一）高校思想政治教育数据治理的队伍平台建设的成效

　　经过一系列的发展高校思想政治教育数据治理队伍建设取得了一定成效。数据治理队伍的建设是高校思想政治教育数据治理平台建设中的重中之重，数据治理队伍的质量决定了高校思想政治教育数据治理平台的水平。当前队伍平台建设成效共包括两个方面：一是高校思想政治教育队伍，主要由高校专职辅导员、思想政治理论课教师、党政干部等部分。二是大数据治理专业队伍，经过二十多年的发展，思想政治教育数据治理基本上形成了一支以理论学术带头人为核心，老中青结合，具有较强实力的理论研究队伍。

（二）高校思想政治教育数据治理的队伍平台建设存在的不足

1. 主体结构单一

　　长期以来，高校数据治理的主体主要是学校信息化部门，通常情况下，数据的采集、管理都是由学校信息化部门集中处理，并将相关信息数据结果提供给各职能部门、各学院直接使用。传统的高校管理思维的局限性，

导致各参与主体无法在思想政治教育数据治理中充分发挥积极有效的作用。此外，由于高校思想政治教育各参与主体存在数据治理能力欠缺的现实情况，高校也很少让其参与数据工作，更没有深度参与数据治理。

在数据时代，高校思想政治教育面临新的形势和要求，高校思想政治教育过程中出现的新矛盾和新问题，都严重挑战了高校思想政治教育数据治理能力。在这种情况下，高校若没有形成统一的数据治理队伍，仅靠单一的部门作为主体难以解决这些问题和矛盾。有效的方式应当是整合全校思想政治教育队伍、网络和信息化队伍、学生队伍等多方力量共同治理。

2. 队伍数据治理素养不足

数据时代的到来，促进了数据治理领域的发展，也是顺应人类历史发展的客观规律，创造了极大的社会变革和技术创新，但同时也不可避免地带来了一些新的问题。在数据时代，人们的思维方式、治理理念、安全隐私等方面都存在一定的困扰，高校思想政治教育运用数据技术提升治理水平和治理能力方面也存在诸多挑战。在高校思想政治教育数据治理过程中，由于治理主体长期的数据治理素养不够，出现了虽然拥有丰富的数据资源，但仍依赖于传统管理观念的现象。这种现象折射出高校思想政治教育队伍数据意识和数据应用能力欠缺，思想政治教育队伍数据治理素养不足成为高校思想政治教育数据治理所面临的重要挑战。

数据治理素养可以理解为高校思想政治教育队伍对数据治理的意识、适应和运用的素质和能力。我国信息技术的发展与国外相比相对滞后，我国各行各业应用信息技术、物联网、大数据等技术也都相对滞后。同样的，高校将数据技术融入思想政治教育的起步较晚，2016年3月，南京理工大学开展"暖心饭卡"项目①，利用大数据对在校本科生饭卡消费记录进行统计分析，选定每月在食堂就餐超过60次、总消费低于420元的学生列为数据筛查目标，随后经过辅导员核对，确定其中301人为被资助对象，学生无需为此提交申请。这种做法充满了对学生的尊重和关怀。我国信息技术起步较晚一定程度上导致了全社会的大数据文化和意识不足，数据信息的

---

① 李超：《301张暖心饭卡的"精准扶贫"》，《中国青年报》，2016年3月22日。

应用意识淡薄。高校在思想政治教育过程中每时每刻都在产生大量数据，但在发展过程中，对数据的智能化建设及应用重视不够。因此，没有形成顶端的数据管理中控中心、数据之间无法互联互通，数据流通范围和时效性受到影响。在工作实际中，高校在开展思想政治教育过程中往往更多依赖传统的理念、方式和经验积累，而非利用数据技术和数据资源。即使有时利用数据开展工作，也多是在学生日常事务管理等方面的简单运用，而非利用数据的关联性、一致性去开展思想引领和思想政治教育顶层设计。此外，在工作开展过程中，有时存在"为数据而数据"的现象，个别组织或人员存在线上线下同步开展数据统计和报送，但数据和结果的应用依旧是以线下工作为准，线上数据只是单纯满足信息化应用的要求。这些现象都反映出当前高校思想政治教育工作队伍的基本数据素养不够，数据收集、挖掘、处理的意识和能力不足，以及对数据技术科学性的漠视，不利于推进高校思想政治教育数据治理，影响高校思想政治教育的针对性和实效性。

3. 队伍数据应用处理能力不足

数据的应用处理是数据价值发挥和数据治理的关键。数据作为客观存在的信息资源，在得到充分分析利用前只是作为基础的信息被存储在物理平台中。高校思想政治教育拥有庞大的数据信息资源，如果思想政治教育队伍数据处理能力不足，那么数据的使用价值就无法得到最大程度的发挥。高校思想政治教育所涉及到的数据信息来自各个领域、各个方面，数据信息数量大且范围广。高校思想政治教育队伍在应用数据时，首先需要对数据信息进行一定的筛选处理，并对数据进行转换和处理，这些都需要储备数据分析及处理等方面的专业人才。但是，在高校思想政治教育实际中，思想政治教育队伍数据处理和应用能力普遍较弱，而高校数据信息管理部门工作人员也缺乏思想政治教育的素养和意识。高校思想政治教育队伍在进行数据处理和应用时，往往只负责自己部门内部的数据处理应用，很少立足于高校整体宏观考量。由于高校思想政治教育队伍缺乏数据处理的相关经验，对数据的处理能力不足，导致高校思想政治教育数据治理发展滞后以及治理成效不足。对既有治理决策能力又有专业数据分析能力人才的缺乏是高校思想政治教育数据治理发展的主要瓶颈，也制约着高校思想政治教育数据治理现代化的提升。

（三）高校思想政治教育数据治理队伍平台建设不足的原因分析

高校思想政治教育数据治理的重点是充分利用数据技术对获取的复杂数据进行挖掘、分析和应用。但目前大部分高校相关专业人才建设都相对滞后，主要原因可以归纳为以下几点：

1. 人才队伍平台建设滞后

一方面，高校资金投入有限。高等教育经费投入不足，制约着我国高等教育的发展。同时，我国高校存在办学经费不平衡的现实状况，不同高校之间、高校内部各系统各部门之间经费差异较大。高校在事业发展过程中，更多注重科学研究、教学培养等方面，将大量经费投入到理工科实验、学科建设工作上。高校在思想政治教育数据治理工作中投入的经费资源非常有限，从客观上造成了队伍建设投入不足、人才建设相对滞后的局面。另一方面，路径依赖造成路径闭锁。在传统工作经验作用下，高校已经习惯了传统的思想政治教育方式和途径，未充分认识到当前思想政治教育面临的新形势新要求所需要的思想政治教育改革与创新，因此也并未重视高校思想政治教育数据治理专业人才的培养。最后，原有的信息技术和人才培养基础薄弱也是造成队伍平台建设滞后的现实原因。高校思想政治教育数据治理的发展经历了一个漫长过程，高校原有的数据技术水平、数据管理水平、数据应用水平及相应人才队伍等方面的欠缺都会影响着当前高校思想政治教育数据治理的队伍平台建设发展。

2. 未搭建有效数据协作平台，队伍数据协作意识不强

由于数据平台建设和数据技术发展的滞后，高校未能搭建有效的数据协作平台，学生的各项基础数据资源仍分散在学院和相应的职能部门，缺乏资源分析和数据共享的平台。而数据仅限于各学院和部门的内部使用，无法实现部门、学院之间数据互联互通，从而形成"数据孤岛"，导致思想政治教育队伍的数据协作意识和能力无法得到提升和保障。

3. 队伍内部数据处理统筹协作不健全

由于我国高校思想政治教育数据治理的发展环境的影响，虽然高校思想政治教育数据治理处于稳定发展中，但在内部统筹协作方面仍存在一定不足，高校思想政治教育系统内部存在一定断层。高校正在推进构建全员育人、全程育人、全方位育人的"三全育人"格局，每个部门都有其内部数据集，这些数据来自各部门在运作过程中采集并储存所得。但长期以来，高校校内各部门各系统之间的协作不充分。在这种历史背景下，思想政治教育队伍对于数据的共享协作意识尚未真正树立，各部门各系统之间数据资源不公开、不共享的局面未能得到很好的改善，这也是造成当前队伍建设成效不好的重要原因。

4. 队伍建设机制不健全

高校思想政治教育数据治理中最直接、最主要的参与主体思想政治教育工作者是思想政治教育的直接发动者、组织者、实施者，在高校思想政治教育中发挥着重要作用，高校要统筹思想政治教育队伍建设。然而在实际工作中，高校的组织领导和人事安排各有差异。以辅导员为例，辅导员承担了繁多工作种类和较大的工作量，其日常管理由所在院系负责，工作由所在院系、学生工作处、校团委、教务处等多个部门安排。在繁琐复杂的工作中，辅导员对于自身本职工作及岗位职责也渐渐趋于模糊，忽略了辅导员工作的重心和本位。领导之间如果沟通不够或者沟通不畅，那么所有的任务压力都会集中到"被多头领导者"身上，队伍忙于"应付"各种工作，队伍质量受到影响。

二、高校思想政治教育数据治理的队伍平台总体设计

（一）队伍平台建设的目标及原则

思想政治教育数据治理的队伍平台是高校思想政治教育数据治理中的重要支柱，队伍平台建设直接影响数据治理效果。正因为如此，高校思想政治教育数据治理的人才队伍建设，不仅是高校思想政治教育数据治理系统不可忽视的一项基本建设内容和基础性工作，而且是高校思想政治教育

数据治理系统中应当大力建设和推进的重点。

(二) 队伍平台建设的主体

基于利益相关者理论，高校思想政治教育数据治理队伍平台建设的主体主要包括高校、思想政治教育理论研究者、思想政治教育一线工作者、学生等。高校作为管理方和组织方，需要把控队伍平台建设的各个环节，从队伍建设、制度确立到教育改革、教学评价等严格把关，确保队伍平台的顺利建设；思想政治教育的理论研究者从数据治理平台中获取数据，以一线数据为依据，为高校提供决策建议；思想政治教育一线工作者作为主要执行者，主要负责贯彻落实高校的相关制度措施，为学生提供思想政治教育服务，其工作质量直接影响了数据的准确性和教育的有效性。学生是思想政治教育的对象、研究对象和服务对象，是高校思想政治教育数据治理工作的基础。

(三) 队伍平台建设的方法与关键技术

现代人力资源管理理论中提到，人才队伍建设是以提高组织和个人成绩为目标，通过持续的、动态的、双向的沟通，实现人才队伍学习、改进和控制的系统过程。思想政治教育队伍平台建设具有系统性、动态性、灵活性的特点，它为高校思想政治教育数据治理实现全面、协调、可持续发展提供人才保证和智力支持。作为平台建设的管理方，高校应做到：第一，重视数据技术的功能性，将数据技术发展纳入到平台建设的核心位置。数据资源是平台建设的基础，也是实现思想政治教育数据治理的核心资源，高校应与相关企业充分合作，推进数据技术的发展。第二，培养大数据学科专业人才。高校要在校内建设完备的大数据人才培养体系，为相关专业人才的需求做准备，同时与企业合作，加快人才联合培养的力度，通过更多的实践案例，强化大数据人才队伍的实践能力。第三，加大对思想政治教育理论研究者和一线工作者的资源和经费投入。作为工作的执行者，加大投入有助于调动其工作积极性，这将会大大促进队伍平台建设的效率和效果。第四，梳理学习模范的战略思维。在思想政治教育过程中，收集典型人物及其优秀案例，供全校师生学习和参考，以模范带动学习，一方面，有助于展示高校思想政治教育数据治理的优越性；另一方面，通过学习借鉴，有利于提高整个学校的思想政治教育水平。

三、高校思想政治教育数据治理的队伍平台建设路径

（一）培养数据科学专业能力，强化思政教育数据治理智力支持

目前，高校思想政治教育队伍数据科学专业能力缺乏是制约高校思想政治教育数据治理现代化的因素之一。高校思想政治教育工作形成了大量的数据信息，数据种类繁多，对思想政治教育队伍的数据分析和应用能力也提出了更高的要求，同时也增加了对专业数据技术人员的素质能力要求。因此，高校应借助于自身技术和科研优势，加大对思想政治教育队伍和专业数据技术人员的分类培养，做好充分的人才储备。

第一，要加强专业数据技术人员的引导教育力度。高校思想政治教育数据治理现代化的推进，需要有一批懂数据技术的专业人员。一方面，高校可以基于现有的教学科研平台和技术团队，加强数据技术专业人员的培养，充分满足当前高校思想政治教育数据治理对专业技术人才的需求。另一方面，高校可以从社会专业机构引进高水平专业技术人才。数据治理刚刚起步不久，高校在数据技术方面缺乏专业人才的情况是客观存在的，在高校人才储备缺乏的情况下，在社会引进高水平专业技术人员，在帮助高校破解思想政治教育数据治理面临困境的同时，也有利于培养和带动校内新的专业技术人员成长。

第二，要加强思想政治教育队伍数据应用能力培养。在开展高校思想政治教育数据治理的队伍平台建设过程中，治理者的素养非常关键。思想政治教育数据治理人才培养是加快高校数据治理现代化中非常关键的部分，所以，在高校思想政治教育数据治理中需要利用多方式、多类型对思想政治教育数据治理人才进行培育。加强高校思想政治教育数据治理知识制度化建设，积极开展知识学习活动，制定培育机制，不断提升思想政治教育数据治理水平。高校还可以与企业进行合作，集中培育以及加强高校思想政治教育数据治理高素质人才。此外，高校之间可进行沟通交流，共同找

到思想政治教育数据治理人才引进和培养的方式，解决人才不足的现实问题。

（二）拓展队伍参与途径，激发队伍治理创新能力

高校思想政治教育队伍是高校思想政治教育数据治理的重要参与主体。因此，要提升高校思想政治教育数据治理能力和治理水平，就要确保思想政治教育队伍能够全面参与到数据治理工作中，高校应当推动思想政治教育队伍不仅是单纯的数据使用者，更应当是数据治理的顶层设计者。只有思想政治教育队伍深度参与了数据治理的顶层设计，思想政治教育队伍参与数据治理才算是迈向实质性，才能切实实现数据治理精准、有效、可靠、可行地为思想政治教育服务。

第一，要完善高校思想政治教育队伍数据采集、数据使用的平台。思想政治教育队伍在利用平台开展相关数据工作时，要产生和使用庞大的数据系统，数据产生的过程也是思想政治教育实践的过程。一方面，思想政治教育队伍在使用数据平台过程中，能够充分收集和分析大学生的成长成才现状和需求；另一方面，也能够基于思想政治教育需求，进一步完善数据治理各平台的建设，起到持续改进的作用。第二，要激发学生的积极性。作为思想政治教育的接受方，学生应立志成为堪当民族复兴大任的时代新人，是思想政治教育数据治理队伍的重要参与者。高校要完善各种社交平台、学生生活学习平台等信息化建设，发挥学生主体作用，促进学生使用信息平台，提高数据获取的数量和信度。

（三）强化思想政治教育队伍数据治理的地位认知

数据信息包含了高校思想政治教育中各类有价值的信息，在高校思想政治教育实践中，思想政治教育队伍的数据治理能力也成为了影响高校思想政治教育实效性的重要因素。然而高校思想政治教育队伍易受到传统思想政治教育模式的影响，没有充分认识到数据治理在教育实践中发挥的重要作用。因此，要强化高校思想政治教育队伍对数据治理的地位认知，提高意识，推动高校思想政治教育数据治理不断发展。

高校思想政治教育数据治理的发展，不仅仅实现了技术层面的突破，

更在于数据时代和治理思维所带来的高校思想政治教育模式的深刻变革。强化数据治理的地位认知，除了要强调数据技术的理论认知，更要树立治理思维。一方面，高校党委要将数据治理融入思想政治教育全过程，强化思想政治教育队伍的数据意识和数据思维。另一方面，高校要借助校内外各种工作实践平台、网络文化平台等营造数据氛围、打造数据治理学习和应用平台，提高思想政治教育队伍数据治理能力，最终在思想政治教育队伍中形成数据治理的思维和文化。

（四）促进思想政治教育队伍协同治理

思想政治教育队伍来自高校各个系统、各个部门，因此，在推进思想政治教育数据治理过程中需要促进多元协同治理。协同治理衍生于治理理论，是当代治理模式的一种转向。在面对复杂的、多元的、动态的思想政治教育环境背景下，高校必须做出适时改变以应对当前教育环境出现的各种挑战，提供一种新的治理模式以满足思想政治教育的现实需求[①]。协同治理致力于解决无法依靠单个主体完成的复杂事务[②]，各主体通过博弈和协作，建立紧密联系的一种治理方法，最终实现共同目标的治理实践[③]。高校应该积极推进思想政治教育数据治理队伍内部协作和相互配合，在协作配合的过程中，各相关方也能以更加全面的视角关注和了解思想政治教育数据治理的顶层设计和整体规划，充分发挥数据在思想政治教育中的效用和价值，推动思想政治教育数据治理队伍整体素质和能力的提升。

第三节　高校思想政治教育数据治理的制度平台

"党的十八大以来，以习近平同志为核心的党中央高度重视思想政治教育，积极推动思想政治教育制度化、体系化。"[④]高校思想政治教育数据治理的制度平台坚持"立德树人"的根本任务，与当前网络发展趋

[①] 党秀云：《论合作治理中的政府能力要求及提升路径》，《中国行政管理》2017年第7期。
[②] 杨华锋：《协同治理的行动者结构及其动力机制》，《学海》2014年第5期。
[③] 欧黎明，朱秦：《社会协同治理：信任关系与平台建设》，《中国行政管理》2009年第5期。
[④] 冯刚等主编：《新时代高校思想政治教育学原理》，人民出版社2021年版，第233页。

势、大学生思想政治教育需求相适应,为高校思想政治教育数据治理提供制度保障。本小节通过分析当前制度平台的现状及存在问题,设计高校思想政治教育数据治理的制度平台建设的总体框架,最后制定具体建设路径。

一、高校思想政治教育数据治理的制度平台建设现状

(一)高校思想政治教育数据治理的制度平台建设的成效

习近平总书记提出:"要抓紧制定立法规划,完善互联网信息内容管理、关键信息基础设施保护等法律法规,依法治理网络空间,维护公民合法权益。"[①]高校思想政治教育数据治理的制度平台建设将高校思想政治教育数据治理全过程变得科学、可控,治理范围更精准、治理要求更明确、治理程序更规范,保证数据治理过程高效有序。制度平台的建设对高校思想政治教育平台数据与用户隐私进行保护外,也保证了高校思想政治教育平台发挥更好的作用。

(二)高校思想政治教育数据治理的制度平台建设的不足

1. 高校传统的思想政治教育制度建设阻滞

加里斯·摩根认为,只有组织结构随着信息技术的应用进行相应的调整,原有的服务产品才会随着信息技术的发展越来越好[②]。而当今高校思想政治教育也如此,在数据技术高度发达的今天,高校思想政治教育制度优化进一步提高思想政治教育的针对性和实效性,也影响着高校思想政治教育数据治理现代化水平。然而,传统的思想政治教育制度建设逐渐显露出组织庞大、协作不够、信息反应缓慢等弊端,严重影响了思想政治教育的协同性、针对性、高效性。

数据治理提升了高校思想政治教育的协作性、开放性、高效性。但是,

---

① 中共中央文献研究室编:《习近平关于全面依法治国论述摘编》,中央文献出版社2015年版,第39页。
② 李锋:《数据治理与平台型政府建设——大数据驱动的政府治理方式变革》,《南京大学学报(哲学·人文科学·社会科学)》2021年第4期。

现有的思想政治教育制度依然存在着与当前高校思想政治教育数据治理现代化目标和要求不协调、制约数据技术和数据信息发挥的机制因素。传统的思想政治教育制度往往由各相关部门按照工作职责独立开展思想政治教育工作，甚至仅有辅导员等学生日常思想政治教育队伍和思想政治理论课教师队伍承担学生思想政治教育工作。导致高校思想政治教育数据治理范围窄、参与主体少、协作性不够，严重影响了治理的效能。因此，在高校思想政治教育数据治理中，就会出现学生频繁地到各个部门盖章或院系将同样的数据信息报送给学校不同管理部门的现象。这样不仅消耗了思想政治教育过程中的资源和时间，还影响了思想政治教育队伍的职业认同感和学生对于学校的归属感。另外，面对日益复杂的思想政治教育形势，在传统制度的指导下，因为数据统计、上报、核实等过程的进展，数据信息无法在第一时间发挥效用，终将暴露出决策效率低、数据治理成本高等弊端。因此，高校在相关制度平台建设中，要把握当前思想政治教育面临的新形势，充分树立治理思维，构建协作、高效的治理格局，打破当前数据隔离和治理效能低下的现状，形成全员参与、共同协作的治理模式。

另一方面，由于传统的思想政治教育模式经验的影响，高校思想政治教育数据治理体系的内部便形成了有利于生成信息孤岛的土壤。信息孤岛主要是指由于各主体间制度不同、数据库构建运行存在差异，导致信息无法共享互换，进而主体之间产生信息脱节的现象。由此可见，解决高校思想政治教育数据治理制度平台建设中的问题关键在于杜绝信息孤岛的产生。部门分割的传统结构一定程度地限制了数据的横向流动，导致各部门之间横向协作的欠缺，各部门之间产生壁垒，而思想政治教育数据治理制度中也未能很好地破解这一现状。另外，各部门在具体工作开展中，出于自身工作风险的考虑，沟通交流不够深入，数据协同和工作协作也不够。最终，信息孤岛阻碍了高校思想政治教育数据治理制度平台建设价值发挥，数据互联互通程度和治理能力的发挥也受到阻碍，同时也造成了大量的数据资源和人力资源的浪费。

2. 制度制定过程缺乏整体思考

在数据时代，高校思想政治教育过程中产生的大量数据信息，本身就是一种非常宝贵的资源。在高校思想政治教育数据治理的制度设计中，各部门各系统考虑到数据安全等因素，都希望自身数据获取最大化、开放共享最小化。例如，学生的学籍数据、奖助数据等数据都因为各种因素导致在制度制定时协同开放不够。学籍管理部门掌握着学生最准确的学籍数据，学生资助管理部门掌握着学生最全面的奖助数据，但由于学籍数据和奖助数据在一定程度上涉及学生个人隐私，数据的开放共享也一定程度上增加了学籍管理部门和学生资助管理部门的工作风险。因此，在数据治理制度设计过程中，作为重要参与方的学籍管理部门和学生资助管理部门，会充分考虑到数据治理中本部门的工作利益和工作风险，不可避免地会欠缺系统性思考。同样的，高校思想政治教育数据治理的过程中，高校内部工作协作原本存在的问题，再加上数据资源引发的风险，部门利益割据的现象就更加严重。因此，制度制定过程中存在的问题也使高校各部门各系统之间的协作面临新的挑战，一定程度上人为地形成了部门隔断和数据隔离，使高校思想政治教育数据难以在更大范围内实现有效流通，从而更好地推进思想政治教育数据治理现代化。

（三）高校思想政治教育数据治理制度平台建设不足的原因分析

1. 制度设计时缺乏数据治理意识和观念

在当今数据时代，数据技术已经广泛应用于各行各业。在高校思想政治教育数据治理的制度设计过程中，数据信息背后隐藏的知识和价值却没有得到充分地认识和利用，高校思想政治教育数据治理的制度设计应实现的功能和价值没有得到充分实现。

一方面，我国高校缺乏数据文化，数据治理意识欠缺。我国高校在思想政治教育工作中已经习惯于传统的模式，通过思想政治理论课的主渠道和日常思想政治教育的主阵地开展大学生思想政治教育。在传统的思想政治教育过程中，数据信息的收集整理和运用多为纸质介质存储，传统的制度也是围绕纸质介质进行设计。因此，在高校思想政治教育数据治理的制度设计过程中，不是缺乏数据资源的数量，而是缺乏数据治理的意识。数据的治理缺乏系统性、全面性、连续性，大量有用数据缺失，导致无法针对数据进行多角度、深层次的比较分析，无法探索高校思想政治教育潜在规律。

另一方面，我国高校在设计思想政治教育数据治理的制度时，未充分考虑到数据治理的潜在价值。在数据时代，大学生思想政治教育的形势和要求正在逐步发生变化。面对新形势新要求，高校思想政治教育数据治理的制度设计时也应当具有数据治理的思维方式，例如通过制度设计推动数据的协同共享等。

2. 制度设计时对于数据治理的激励不够

党的十九大报告中明确要求"建立网络综合治理体系""营造清朗的网络空间"，在这一形势下，依托数据的治理创新手段有利于加强高校网络思想政治教育机制建设，为营造清朗的网络环境做出贡献，高校思想政治教育数据治理制度设计应完善激励机制，让参与者获得成就感与归属感。

一方面，我国高校在设计思想政治教育数据治理制度时，未针对数据治理人才提供对应的激励制度。针对当前现代缺少的具有数据技术背景与思想政治教育背景的多元化人才，应当完善制度激励制度，并适度采取物质激励与制度激励结合的方式，提升其满足感与荣誉感。

另一方面，针对高校思想政治教育工作者参与数据治理等相关培训的制度还不够完善。高校可将数据治理相关课程培训纳入教师考核评价，对培训优秀的教师给予奖励，从而提升数据人才培养效率。

3. 制度设计时结合当前实际和未来发展不够

目前，我国还未出台完善的高校思想政治教育数据治理相关制度，导致高校思想政治教育数据治理面临"无政可依"的局面，高校思想政治教育数据治理制度未形成科学规范、协调一致的完整体系。除此之外，制度设计过程中未能使用数据对未来发展进行精准预测分析，对隐藏风险点的识别不精准，也是当下高校思想政治教育数据治理的制度平台建设不足的原因。

二、高校思想政治教育数据治理的制度平台总体设计

（一）制度平台建设的目标

高校思想政治教育数据治理的制度平台的搭建，可以有效保障高校思

想政治教育数据治理的实施。因此，制度平台建设目标是确保高校思想政治教育数据治理流程有序规范化，实现高校思想政治教育数据治理质量标准化。

（二）制度平台建设的原则

在高校思想政治教育数据治理的制度平台建设过程中，既要保持"协同化"又要保持"时代化"。一方面，在高校思想政治教育数据治理的制度平台建设过程中应该以高校为整体，以高校党委为核心，全面把握事物发展大方向，整合高校各个层面，形成高效有序的治理氛围；另一方面，在高校思想政治教育数据治理的制度平台建设应该与时俱进，结合当前时代思想政治教育的新形势，保证制度平台的时效性。

（三）制度平台建设的主体

高校思想政治教育数据治理的制度平台建设要以高校党委为核心，对制度平台建设进行战略性全方位总体把握。高校宣传部门、网络中心、学工部门、马克思主义学院以及其他部门参与制度平台的建设，承担高校思想政治教育数据治理服务职责，保证数据治理的有序进行。

三、高校思想政治教育数据治理的制度平台建设路径

（一）设立思想政治教育数据治理的制度平台组织机构

高校思想政治教育数据治理制度设计的规范化、科学化是数据治理的前提。如何确保数据治理的高效性、协调性和安全性，明确数据治理各方工作职责，制定工作规划，协调各方力量，做好制度保障等都是关系高校思想政治教育数据治理能否得以顺利实施的关键问题，也是高校思想政治教育数据治理的制度平台建设必须回答的问题。在高校思想政治教育数据治理的制度平台建设时，首先要建立党委统一领导的组织机构，由学校党委负责学生思想政治教育部门具体牵头，各相关部门协作整合，推动以数据治理为导向的制度设计和改革。例如，可充分发挥学校信息管理部门、党委宣传部门以及网络工作部门协作优势，围绕网络思想政治教育共同设

计网络思想政治教育数据治理相关制度。

第一，对不同部门数据进行整合，提供数据治理过程中的数据基础。进行高校思想政治教育数据治理的制度设计时，要考虑将原有分散数据进行分类存储，从而使数据产生应有的价值。制度平台的建设就要实现从学校顶层设计层面将原有的无序数据通过纵向和横向的整合处理，优化数据资源，为数据治理提供良好的基础。第二，建立统一的数据标准体系和数据应用规则。由于目前不同部门的储存标准不利于数据的开放共享和应用协同，因此，从学校顶层制度设计层面建立一个适用于各部门各系统的数据标准体系和数据应用规则。在制度的指引下，实现高校思想政治教育数据的对接和协同。此外，针对数据获取、查阅、使用等方面制定相应规则，明确数据治理相关权限和责任。第三，建立数据信息登记制度。高校思想政治教育过程中，对数据信息的登记与保存同数据开放协作一样重要。在制度设计时，要建立统一的数据信息登记制度，规范数据获取和使用规程，做好数据信息资源的管理和维护。第四，重视数据安全体系建设。数据本身所蕴含着信息和价值，以及数据应用过程中参与方众多的现状，导致数据安全风险较高。因此，高校思想政治教育数据治理的制度平台建设，要立足高校思想政治教育全过程的数据建立一套完备的安全体系和保护模式，一方面保护数据信息资源，另一方面也保障数据平台的安全性。

（二）突破部门隔离实现协同治理

在数据时代，数据即是资源，数据即是价值。高校思想政治教育数据治理过程中，各部门都拥有自己的数据资源，而对于数据资源的占有，也是各部门在数据治理中利益的体现，也就造成了各部门之间存在隔离和割据，影响了各部门的协同合作。要打破这一局面，就要从制度制定方面推动高校思想政治教育各参与部门的跨部门融合协作，才能真正实现有效的数据治理，从而提升高校思想政治教育数据治理的效能。

首先，制度的设计要保障数据平台的建设和开放。数据要为高校思想政治教育服务，就必须确保数据平台的开放程度，可以满足各个部门开展思想政治教育数据治理的需要，使各个部门能够存储、查阅、获取、使用相关数据信息。在制度设计时,就必须事先考虑到这一点,才能够为数据平台和数据治理的推进提供充分的制度保障。高校思想政治教育数据治理涉及到高校思想政治教育的各方面,各环节参与主体众多,数据资源繁杂,容易引起各部门之间的矛盾和协作的不充分。因此,在制度设计时,必须充分考虑到高校思想政治教育数据治理全过程所面临的现实情况,充分考虑各方的利益诉求,在后续存在利益冲突时,可以以制度作为解决利益冲突的依据,从而保证工作推进的公平性、公正性和科学性,以治理思维兼顾了工作的全局。

(三)发挥高校思想政治教育数据治理队伍的主体性

在完善高校思想政治教育数据治理制度过程中,应充分尊重高校思想政治教育数据治理队伍的主体性,发挥他们的主动性,从而积极设立运行体系以及保护整体利益的责任机制。同时,各参与主体之间应树立协同治理的制度设计思路,共同促进高校思想政治教育数据治理制度的完善发展。此外,经济社会发展其他领域的数据治理制度建设相对走在前列,高校思想政治教育数据治理制度的建设可以充分借鉴其他相关行业的数据治理制度设计思路,提升制度设计的科学性和有效性。

(四)制度设计坚持与时俱进

中国特色社会主义进入新时代,我国社会主要矛盾已经转化为人民日益增长的美好生活需要和不平衡不充分的发展之间的矛盾。同样的,高校思想政治教育也面临着新的矛盾。大学生对于思想政治教育更高质量的需求,就是当前高校思想政治教育面临的主要挑战,它随着党和国家及社会发展进步要求变化而不断变化[①]。因此,高校思想政治教育数据治理的制度设计必须坚持与时俱进,从而解决高校思想政治教育在当下时代所面临的主要矛盾。在推进制度设计工作中,要在现有制度的基础上,逐步推进制度创新。结合当下高校思想政治教育数据治理的新形势新要求,建立一套完整规范、科学有效的适应当下思想政治教育数据治理新形势的制度体系,

---

① 王永友:《改革开放以来大学生思想政治教育主要矛盾的演化过程》,《当代青年研究》2020 年第 5 期。

才能将现在的制度优势转化为治理效能，确保高校思想政治教育数据治理的正确实施。

第四节 高校思想政治教育数据治理的研究平台

高校思想政治教育数据治理需要强化研究能力，深化学理研究和学用研究，将最新的理论实践研究成果作用于数据治理中，推动理论研究与工作实践结合，不仅可以丰富高校思想政治教育数据治理的相关理论，也可以促使高校思想政治教育数据治理的实践更加科学有效，推动数据治理可持续发展。本小节基于高校思想政治教育数据治理的研究平台建设现状及问题，设计研究平台建设的总体方案，同时制定具体的实施路径。

一、高校思想政治教育数据治理的研究平台建设现状

（一）高校思想政治教育数据治理的研究平台建设的成效

1. 高校思想政治教育数据治理的研究成效初显

党的十八大以来，国际国内形势发生较大变化，世界正面临着"百年未有之大变局"，世界格局正经历大整合、大变化、大转折。我国社会主要矛盾也已经变为人民日益增长的美好生活需要同不平衡不充分的发展之间的矛盾，国家也启动了"供给侧"结构性改革。高校思想政治教育融入数据资源、数据技术、数据手段，开展了深入研究，采取了一系列措施，推动了高校思想政治教育数据治理相关研究快速发展。当前研究主要围绕理论融合、研究方法、基础理论等方面展开，高校思想政治教育数据治理理论研究成效初显。

2. 高校思想政治教育数据治理内涵不断丰富

高校思想政治教育数据治理理论和实践研究进一步丰富了高校思想政治教育数据治理的内涵。首先，在内容方面，传统的思想政治教育研究中，内容的产生与创新缺乏对数据的融合。在数据时代背景下，需要结合受教

育者的实际特点，以数据治理为突破口，推动思想政治教育内容与时俱进。高校思想政治教育数据治理的研究平台建设中，要重视对于研究数据的鉴别和筛选、加工和挖掘、处理和应用，此最大限度地发挥数据在思想政治教育中的应用价值和实际效用，促进和保障高校思想政治教育持续健康发展，不断丰富高校思想政治教育数据治理的内涵。

3. 高校思想政治教育数据治理研究人才队伍建设得到强化

人才队伍建设是一个研究得以长远发展的重要力量，在高校思想政治教育数据治理的研究平台建设过程中，如何加强高层次研究人才队伍建设，以高层次人才队伍建设推动高校思想政治教育数据治理研究高质量发展，是关系研究平台建设的一个重要问题。近年来，随着高校思想政治教育数据治理理论和实践的发展，高层次人才队伍建设也得到加强。一方面，高校开始重视引进理论研究领军人物和骨干。高校通过"专职＋兼职"的模式引进在高校思想政治教育数据治理及相关学科方向研究具有一定造诣的高层次人才，为研究平台建设发展提供一些建设性意见，助力研究平台建设。另一方面，通过招聘引进青年骨干教师加入理论研究建设团队。高校通过制定优待政策、吸引优秀的硕博研究生就业，形成研究人才队伍的中坚力量，为高校思想政治教育数据治理理论研究贡献了源源不断的人才支持。

（二）高校思想政治教育数据治理研究平台建设的不足

1. 研究平台建设与数据技术融合度不高

数据治理逐渐成为各个领域研究和应用的热点，为高校思想政治教育提供了全新的研究视角。作为一个新兴的研究方向，高校思想政治教育数据治理理论研究发展中，真正做到思想政治教育与数据治理的结合是面临的重要挑战。传统的思想政治教育研究充满人文色彩，而数据则是更偏向理性，需要明确如何将两者结合避免失衡。即：在思想政治教育研究平台建设中，既重视数据治理，又避免因盲目地依靠数据而失去思想政治教育研究本身的亲和力，影响思想政治教育的实效性，这不利于思想政治教育数据治理研究方向的发展。在高校思想政治教育数据治理的研究平台建设初期必然存在较多问题，盲目地将数据治理融入思想政治教育研究平台建设中，不利于研究平台建设和发展。数据治理涉及的研究范围广，在研究平台建设中，要从内涵出发，充分认识到数据技术的科学性、不准确性、误导性、即时性等特征，找到数据治理与思想政治教育的契合点。例如，针对如何加强数据信息的甄别、挖掘数据信息背后的思想政治教育价值等方面开展研究，避免单纯从表面的数据技术角度进行研究，从而避免陷入误区、丢失思想政治教育的亲和度，使数据治理真正与思想政治教育融合，推动高校思想政治教育数据治理研究平台建设和发展。

2. 基础理论发展不充分

"增强学科发展的理论蕴涵，需要加强基础理论研究。"[①] 经历长期的研究，学界对于高校思想政治教育数据治理基础理论的认识和发展取得了一些成绩，但高校思想政治教育数据治理研究本身就是随着时代发展的，其理论体系也需要进一步地建设和发展。"高校思想政治教育数据治理"这一随着时代发展新兴起来的研究方向，由于起步较晚，研究成果还不够成熟和完善。当前高校思想政治教育数据治理依旧更多基于传统的思想政治教育、数据技术、治理理论等研究范畴，没有更好地将各相关理论的研究进行充分融合，从而形成自己成熟的理论体系。

3. 高校思想政治教育数据治理理论研究缺乏系统性

高校思想政治教育数据治理本身就是随着数据时代新兴的研究方向，理论研究还处在起步阶段。在高校当前的相关研究重点中，依然是以思想政治教育理论相关研究为主，数据治理相关研究深度还不够。在理论研究方面，数据治理与思想政治教育差距较大，这样不平衡的建设现状不利于理论研究的交叉融合，理论研究的系统性不足，也影响着高校思想政治教育数据治理的研究平台建设的效果。由于理论研究中缺乏系统性，在开展基础研究和学科融合时，需要更多的时间和精力去理解和研究。此外，当前相关的研究大多停留在理论层面，在实践层面涉及的较少，一定程度上也是研究缺乏系统性的体现。

---

① 冯刚主编：《思想政治教育学学科发展新论域》，中山大学出版社 2022 年版，第 3 页。

（三）高校思想政治教育数据治理研究平台建设不足的原因分析

1. 数据治理思维本身融入理论研究不够

无论是理论研究的系统性不足，还是思想政治教育与数据治理的融合度不够，究其原因，研究平台建设过程中数据思维本身的欠缺是非常重要的因素。虽然高校思想政治教育数据治理是随时代发展而不断发展，但在研究平台建设过程中，基本还是停留在理论层面和知识内容上，从数据治理的具体思维和方法上发展较为缓慢，与时代贴合不够，没能很好地跟上当前理论研究的建设要求。由于数据治理思维的欠缺，使得理论研究建设出现了失衡，在理论研究内容中，对原有的高校思想政治教育、大数据技术与应用等知识体系依赖程度较高，理论研究内容的发展进程较为缓慢。其次，理论研究过程中，由于数据治理思维本身的欠缺，导致在一线的理论研究过程中，对于传统的研究方法依赖较强，研究路径难以融合数据治理的思维。硬件设备和技术不足，以及数据治理本身尚处于探索之中等原因，也是造成高校思想政治教育数据治理的研究内容、研究方法、研究平台建设等方面建设缓慢的原因。

2. 研究定位不清晰

高校思想政治教育数据治理包含了高校思想政治教育和数据治理两个维度的内容，而这两方面的内容不是机械地叠加，而是系统地有机融合。高校思想政治教育数据治理理论研究、高校思想政治教育理论研究、数据治理理论研究的联系和边界在哪里，作为一个相对独立的理论研究方向，需要明确它的研究内容、研究对象、基本规律、范畴体系等关键要素。此外，研究意识不强也是造成研究定位不清晰的原因。研究意识是研究者对于研究的自我认识和自我反思。研究者以传统的高校思想政治教育研究或数据治理研究代替高校思想政治教育数据治理研究，从而忽视高校思想政治教育数据治理作为独立的研究方向，对于研究的范式、研究重心等问题无法准确把握，理论研究价值认同不高。最后，基础理论问题研究不成熟，导致研究定位缺乏理论支撑。基础理论问题研究主要涉及到研究的理论体系、研究对象、研究范式和基本范畴等。在理论研究过程中，基础理论是理论研究和研究独立的关键，也是研究准确定位的理论支撑。目前，由于高校思想政治教育数据治理尚处于发展阶段，学者们对于其基础理论问题的研究还不够成熟，一定程度上也导致理论研究的建设方向不明、概念混淆、理论基础不牢靠、滥用其他理论等问题，最终影响研究平台建设的发展。

3. 研究主体形成合力不够

高校虽然在思想政治教育数据治理人才队伍建设方面取得了一些成绩，推动了理论研究发展。但是在研究主体形成合力方向仍需进一步加强。形成合力是指各主体在研究的目标、内容、范式等方面达成共识并为之而共同努力。就目前来看，由于高校思想政治教育数据治理本身的研究边界、研究意识等还尚存模糊，研究尚未形成有效的合力，集中体现在各主体内生动力和合作动力凝聚程度不够，各主体都围绕自身的研究方向开展理论和实践研究，研究没有起到引领和凝聚的作用，最终导致研究主体形成的合力不够。

二、高校思想政治教育数据治理的研究平台总体设计

（一）研究平台建设的目标、原则与指导思想

党的十八大以来，习近平总书记就高校思想政治教育多次提出指导意见，体现了党中央对高校思想政治教育的高度重视。在高校思想政治教育数据治理的研究平台总体设计时，要坚持守正创新、与时俱进，科学设计研究计划，优化完善研究方法，协调匹配理论研究与工作实际。

（二）研究平台建设的主体

在思想政治教育数据治理的研究中，数据只是改变了主客体的存在方式及主客体相互作用的方式，并没有改变思想政治教育主客体存在的事实。掌握数据采集、处理、分析方法，有意识、有目的、有计划地运用数据提升育人的实效性。但是因其技术性特征，开展思想政治教育数据的分析挖掘、平台管理等诸多方面的研究都需要大量的专业人才。从线下到线上，基于小数据到基于大数据，思想政治教育的范围和体量日益扩大，因此就需要

建立统一研究平台，使得更多地组织和个人积极参与到高校思想政治教育数据治理理论与实践研究中来。高校思想政治教育数据治理的研究平台建设的主体应以相关专业领域的研究者为核心，思想政治教育数据治理其他相关主体协同，共同推动高校思想政治教育数据治理的研究平台建设。

（三）研究平台建设的方法与关键要素

当今时代，各领域理论研究发展迅猛，新兴理论研究大量涌现。高校思想政治教育数据治理研究应考虑理论创新问题，将学科发展的新趋势、新发现、新知识纳入到理论体系研究之中，需要以学科融合为核心明确发展方向。同时高校思想政治教育数据治理研究应体现开放合作的特点。要积极吸纳相关学科的研究力量共同参与，扩大研究队伍，提升研究力量。同时要广泛参与相关领域的热点问题探讨，以此充分推动高校思想政治教育数据治理研究的发展。

三、高校思想政治教育数据治理的研究平台建设路径

（一）加强学科融合，推进研究平台建设

高校思想政治教育数据治理的发展和价值发挥，离不开数据治理在高校思想政治教育理论与实践应用的探索。这不仅是对高校思想政治教育工作高质量发展的要求，还需要充分发挥高校的理论研究优势，推进数据信息理论研究、治理理论研究和思想政治教育理论研究的交叉融合。

高校在推进思想政治教育数据治理研究平台建设过程中，应充分发挥理论研究和人才方面的优势。一方面，应充分利用本校的数据技术和数据资源加大培训力度，提高高校思想政治教育研究队伍的数据治理研究能力。对于综合类院校，还可以通过加强各学科之间的交叉融合，按照学校党委关于学校思想政治教育学科建设和校园数据建设规划，开展高校思想政治教育数据治理理论和实践研究。同时，也可以加强与行业企业等社会各界机构合作，在推动高校思想政治教育数据治理方面进行深入研究，从提升高校思想政治教育数据治理能力的角度推进高校思想政治教育数据治理的

研究平台建设。

（二）推动高校思想政治教育数据治理研究开放共享

高校思想政治教育数据治理本身就是基于数据科学和治理理念推进思想政治教育，因此，作为一个新的理论研究方向，其本身就应该在治理理念指导下开展研究工作。首先，应推进高校各个学科、各个研究方向的资源共享。"只有达成资源的共享，才可能进行信息资源系统的共建，才能保证思想政治教育数据资源的有效配置，顺利推进教育活动过程，使教育者和教育对象都能够在海量资源中提取并使用个性化的教育内容。"[①] 当前，高校正在构建全员育人、全程育人、全方位育人的"大思政"格局。作为高校众多研究方向中的其中之一，高校思想政治教育数据治理理论的研究平台建设本身也应当积极推动构建"大思政"格局。在推进研究平台建设过程中，充分挖掘各个学科、各个研究方向的数据资源，让多学科研究与高校思想政治教育数据治理研究同向发展、协同发展。其次，在高校思想政治教育数据治理研究平台建设中，还要与各个高校进行协同联动，将各个高校关于思想政治教育数据治理的理论和实践研究进展和成果进行共享。一方面，可以通过大量的样本数据挖掘更有价值、更准确的信息；另一方面，也能够更加全面地开展相关研究，避免研究的片面性。各个高校在研究过程和成果方面协同发展，还能够帮助在理论研究和工作实践方面相对落后的高校提高研究水平，从而推动研究向上向好发展。

（三）切实加强研究人才队伍建设

高校思想政治教育数据治理研究的人才队伍作为研究平台建设的重要部分，直接关系到研究平台建设的高度和深度。高校思想政治教育数据治理本身具有复合型、综合型的特点，研究平台建设也涉及到各个方面。因此，人才队伍也呈现出分散在不同领域的现象，人才队伍过于分散，对于相关研究不够全面。必须通过培养学术带头人、组建学术梯队等途径，加强高校思想政治教育数据治理的研究队伍建设，促进研究平台系统化建设。高校思想政治教育数据治理研究的人才队伍建设只能加强，不能减弱。

---

① 吴满意，景星维：《精准思政：内涵生成与结构演化》，《学术论坛》2019年第5期。

（四）开展对实践领域新问题的研究

高校思想政治教育数据治理理论研究与实践活动本身就是相辅相成的，这是其本质特征所决定的。因此，高校思想政治教育数据治理理论研究必须要从实践出发，遵循问题意识，重视研究当下实践发展过程中的新问题，在研究新问题的过程中提高研究的理论水平。从根本上看，就要树立问题意识，不能只是片面地追求学理研究而脱离高校思想政治教育数据治理实际问题，使理论研究的问题始终停留在"概念"和"理论"层面，无法解决当下的实际问题。面对当前高校思想政治教育数据治理问题的复杂性和全面性，研究者应当将理论研究与育人实践相结合，围绕育人实践中的热点、难点、痛点问题集中研究，研究真问题，致力于解决育人实际问题。只有通过不断地发现问题、研究问题、解决问题，才能为高校思想政治教育数据治理的研究平台建设和发展提供新的生长点。

第九章
高校思想政治教育数据治理的指标设计与验证

　　高校思想政治教育数据治理是面对新时代我国高等教育现代化以及思想政治教育守正创新的必要之举。将数据治理与高校思想政治教育有机融合，不仅有利于思想政治教育的内涵式发展，更为思想政治教育实践提供了崭新的平台。高校思想政治教育数据治理的效果需要一定的指标加以评价，这是高校思想政治数据治理的重要环节，具有重要的价值意蕴。从教育主体方面，系统化的评价体系可以进一步推动高校思想政治教育数据治理满足国家现代化发展的需要、满足社会人才培养的需要、满足教育现代化的需要，可以进一步提升思想政治教育主体数据治理的能力；从教育客体方面，新时代大学生的健康发展需要高校思想政治教育数据治理的助力推动，明确高校思想政治教育数据治理可以进一步明晰高校思想政治教育数据治理的发展方向，进一步满足新时代大学生全面健康发展的需要；从教育介质层面，明确有效的评价指标可以进一步推动教育介质的创新发展和内涵式提升，可以进一步开放教育介质在高校思想政治教育数据治理方面的承载能力和传递功能；从教育环境层面，可以进一步营造思想政治教育科学性、现代化的教育氛围，进一步精准人才培养的契合性满足市场的需要。分析高校思想政治教育数据治理指标的特征，明确其主要内容，构建科学系统的评价体系是高校思想政治教育数据治理有效开展的重要保障。

第九章　高校思想政治教育数据治理的指标设计与验证

第一节　高校思想政治教育数据治理的指标设计

质量评价是反映工作效果的重要方式，对高校思想政治教育数据治理的效果反馈需要形成标准、可操作的评价体系。在高校思想政治教育数据治理的指标设计过程中，要充分分析高校思想政治教育数据治理的特征。高校思想政治教育数据治理是将数据治理理论与高校思想政治教育的深入融合。虽然现阶段对于高校思想政治教育数据治理的评价指标的研究积累尚不充足，但仍可从现有理论体系中找寻指标构建的理论参考。高校思想政治教育数据治理作为高校思想政治教育内涵式发展的重要组成部分，其评价指标要体现思想政治教育与数据治理的综合性特征，要通过不同的层面对于高校思想政治教育数据治理的内容进行分析，从而进一步构建系统化、科学化的评价体系。

一、高校思想政治教育数据治理指标的特征

（一）政治性

高校思想政治教育数据治理要根据高校思想政治教育数据治理的目的和要求进行评判，在指标设计上要充分体现高校思想政治教育的属性和特点。高校思想政治教育的数据治理要充分体现党的领导。"党政军民学，东西南北中，党是领导一切的。"[①] 坚持党的领导要体现在理论指导、组织建设和指导方针等各个方面。首先，在理论指导方面，要坚持从党的建设中获取理论营养。高校思想政治教育数据治理的水平在一定程度上反映了高校党建的水平，体现了高校党组织面对高等教育变化的创新性发展水平。评价指标的确定需要在一定程度要反映高校党建工作在大学生群体中的落实情况，要体现党的意识形态在数据治理过程中的贯彻落实情况。其次，在组织建设方面，要充分发挥党组织的基层堡垒作用。高校思想政治教育数据治理仍需要一批高素质的队伍来完成，队伍成员素质的高低除了一定的

[①] 习近平：《决胜全面建成小康社会　夺取新时代中国特色社会主义伟大胜利——在中国共产党第十九次全国代表大会上的报告》，《人民日报》2017年10月28日。

数据治理能力，更需要考评的是队伍的思想政治工作能力。高校基层党组织在这个过程中可以发挥有效的基层堡垒作用。第三，在指导方针方面，高校思想政治教育数据治理的重要评价指标就在于要贯彻落实党的教育方针，更加明确地回答好"为谁培养人、培养什么人、怎么培养人"这一根本问题。高校思想政治教育数据治理要充分完成高校党组织在育人工作中交代的各项任务，通过调研处理更好坚持、拥护和落实高校党组织的教育方针政策。最后，在意识形态方面，高校思想政治教育数据治理要实现巩固马克思主义对高校意识形态的主导地位。

（二）系统性

"所谓系统就是指由若干联系、相互作用的部分组成，在一定情境中具有特定功能的有机整体。"[1] 高校思想政治教育数据治理工作的评价是一项系统性的工作，处于相互联系的整体之中，各要素按照一定的方式形成一个相互支撑、互相影响的整体，其评价指标更应该全面考虑和体现系统性。首先，从指导思想方面，高校思想政治教育的数据治理要充分贯彻国家治理现代化的科学理念，要具有大局意识，能够体现点面结合，要充分分析和判断思想政治教育数据治理各要素与整体之间的架构和关系，指导实践实现整体与部分、破碎与集合之间的有机转换。其次，在顶层设计方面，要注重思想政治教育数据治理各要素直接的相互关系，从系统的角度进行排列组合，争取发挥各要素的最优作用。同时要注意高校思想政治教育数据治理与高校思想政治教育之间的关系，实现各要素之间的和谐互动。最后，从实践角度，要注意观察和协调好各指标之间的关系。高校思想政治教育数据治理的评价要从整体和系统的层面去设计，要充分考虑各指标之间的协同关系。要用系统的理念厘清各要素之间的逻辑关系，推进各要素之间共同参与和协同发力。要逐步形成一套标准化的要素模板，推动各高校的思想政治教育数据治理逐步按照一定的内容、形式和渠道顺利开展，逐步形成有序的治理状态。

---

[1] 冯刚等：《高校思想政治教育工作质量评价研究》，人民出版社2020年版，第160页。

（三）动态性

高校思想政治教育数据治理是一项长期的动态的发展过程。在这个过程中体现了事物发展前进性与曲折性的统一。高校思想政治教育的数据处理需要在测评中不断反思、调整，测评指标也会根据时代发展等各方面的变化而不断更新。一方面，对于高校思想政治教育的数据治理指标的设计要坚持结果与过程相结合的原则，要将过程的动态变化作为数据治理评价的重要指标。在动态坚持的过程中要及时反馈相关数据，尽早处理过程中的不利因素，提高治理的有效性和针对性，推动高校思想政治教育数据治理的"再治理"。另一方面，要注重对于高校思想政治教育数据治理的阶段性评价，要充分结合时代要求和实践变化，充分借鉴和学习各学科的有益成果，促进高校思想政治教育数据治理指标的不断升级。要紧密结合高校思想政治教育的目的，遵循思想政治教育的阶段性规律，建立动态性的数据治理效能评价与检测反馈机制，保持指标评价的反思性状态，从而进一步使得高校思想政治教育治理保持不断前进的动力和活力。

（四）多元性

所谓多元性，即对于高校思想政治教育指标评价的多维度性。高校思想政治教育数据治理的评价指标是一项系统性的工程，涉及主体、客体、过程、结果等各个方面，在指标设计的过程中需要从不同的维度进行把握，在这个过程中要注意普遍与特殊的矛盾关系。在主客体方面，要体现思想政治教育归根结底是做人的工作这一本质属性，要充分尊重人的思想品德行程与发展规律，同时还要重视高校思想政治教育数据治理的队伍建设，将思想政治教育素质与数据治理素质充分结合；在评价方法方面，因为思想政治教育的特殊性使得数据质量的指标也无法完全量化，要采取定量与定性评价相结合的原则，既要考虑量的精准性又要兼顾质的判断性，使得评价更加精确而又全面；在过程管理方面，要把静态与动态相结合，既要考虑高校思想政治教育数据治理的动态发展性又要考虑高校思想政治教育数据治理的阶段稳定性评价，使得高校思想政治教育数据质量的评价更加实事求是的反映现状，避免更多人为主观因素的介入。

（五）治理性

数据可以改善政策制定和服务提供。数据的质量越高，为公共事业创造价值的潜力就越大。① 数据治理对于国家、社会和个人都有着重要的影响。《关于构建更加完善的要素市场化配置体制的意见》明确指出要"加快培养数据要素市场"。2019 年 2 月，中共中央办公厅、国务院办公厅印发的《加快推进教育现代化实施方案（2018—2022 年）》提出，信息化时代要重视数据对教育治理的作用，开展数据支撑下教育治理模式的创新与变革。② 高校思想政治教育数据治理旨在为高校思想政治教育提供有效的数据促进高校思想政治教育的治理现代化，提升高校思想政治教育实践活动的科学性和有效性。这就要求在设计评价指标的过程中，要体现高校思想政治教育数据治理的治理性。一方面从参与主体而言。高校思想政治教育数据治理的队伍和人员除了要体现高校思想政治教育的特性，还要有数据治理的特性，要能够具备一定的治理意识和治理能力，能够对数据进行有效的分析；另一方面，从参与过程而言。高校思想政治教育数据治理应该是一个闭环循环的过程，从数据收集到数据输出，每个过程中要体现治理的因素，用现代化的治理模式对于高校思想政治教育数据进行处理，得到更加科学有效的论断。

二、高校思想政治教育数据治理的评价分类

高校思想政治教育数据治理指标是对高校思想政治教育数据治理质量进行评价判定的重要依据，伴随数据治理的各个阶段而存在，是对数据治理各要素的评价，在不同的视角下会有不同的呈现形式。从要素视角考虑，可以分为评价主体、评价客体和评价介质等。从评价过程的要素看，可以分为准备阶段、实施阶段和反馈阶段等。从系统要素看，评价内容可以包

---

① 李振华，王同益等：《数据治理》，中共中央党校出版社 2021 年版，第 37 页。
② 《加快推进教育现代化实施方案（2018-2022 年）》，中华人民共和国教育部网站：http://www.moe.gov.cn/jyb_xwfb/s6052/moe_838/201902/t20190223_370859.html。

括治理体系、治理能力和治理效果等。

（一）要素评价

按照评价要素来分析，高校思想政治教育数据治理的评价指标体现"谁来评价、评价什么、怎样评价"等问题，即要分为评价主体和评价客体。解决好要素问题，是评价得以顺利开展的前提。在哲学意义上，"主体"与"客体"相对应成为一组哲学范畴，主客体以人和物的关系进行划分，主体一般是指人，客体主要是指人的活动对象。在高校思想政治教育数据治理评价工作中，评价主体是人或者组织，评价客体是高校思想政治教育数据治理本身。

评价主体是质量评价的主要参与者和推动者，对于评价效果具有重要的影响。高校思想政治教育数据治理的评价主体需要在高校思想政治教育的视域下评价数据治理的效果，想要成为评价主体，需要具备一定的专业知识，掌握一定的评价手段，拥有一定的评价信息资源。一般来讲，高校思想政治教育数据治理的主体包括三类，一类是高校思想政治教育数据治理者的自我评价，指的是在高校思想政治教育数据治理过程中，参与者对于数据治理效果的评价，集中反映在参与者对于数据治理效果的认同程度上。这类评价主体往往长期奋战在高校思想政治教育数据治理的第一线，能够最直接的反馈问题所在；第二类是则是高校思想政治教育数据治理管理者和领导者的评价，例如教育部及各地方教育主管部门对高校思想政治教育数据治理的评价。这一类主体主要行使的把握主体方向、协调评价资源和推动问题解决的功能，最终形成推动高校思想政治教育数据治理的整体合力；第三类则是第三方评价。将思想政治教育数据治理的评价委托具有专业资质的第三方进行评价，使得整个评价过程以科学、客观、可视化的数据得以体现。

高校思想政治教育数据治理的评价客体是一个集合性的概念，包含高校思想政治教育数据治理全过程的各个方面，是高校思想政治教育数据治理的集中体现。受客观条件的制约，评价主体在对评价客体进行评价的时候，往往只能就可采集和可视察的部分进行评价，无法以动态的全面的方式来完成。一般来讲，高校思想政治教育数据治理的评价客体包括高校思想政治教育数据治理的队伍、高校思想政治教育数据治理的内容、高校思想政治教育数据治理的载体、高校思想政治教育数据治理的对象等。各要素可以通过事实和效果等不同的维度进行反映，在事实维度，主要指的是可以观测、相对容易量化的指标，这些指标往往以量的形式进行反应，体现在规模数量等方面。在效果维度，往往是综合因素的集合反应，需要通过数据分析进行进一步的判断，例如治理方式是否科学，治理制度是否完善，治理效果是否满意。

（二）过程评价

恩格斯指出："世界不是即成事物的集合体，而是过程的集合体，其中各个似乎稳定的事物同它们在我们头脑中的思想映像即概念一样都处在生成和灭亡的不断变化中。"[①] 高校思想政治教育数据治理是一种实践活动，是以立德树人为根本目的以数据治理为主要手段的过程性活动。对于高校思想政治教育数据治理的评价从宏观上讲就是对其工作质量高低的判断，主要分为准备阶段、实施阶段和反馈阶段。

从准备阶段来讲，是高校思想政治教育数据治理评价的起始阶段，需要明确"为什么评价"这一问题，确定评价的基本目标。对于高校思想政治教育数据治理的评价最主要的目的是为了反映高校思想政治教育数据治理的各个要素是否有利于数据治理目标的实现，是否有利于高校思想政治教育工作的深入发展，是否有利于高校立德树人根本目的的实现。与此同时，在准备阶段需要进一步的明确评价方法，制定合理的评价方案。要根据高校思想政治教育数据治理的特点，进一步收集相关信息，明确评价对象，形成预期评价效果，提出保障机制，对于在评价过程中可能出现的问题进行预测并提出解决方案。经过多次分析评价，形成具有科学性可行性的评价方案，为后期评价的执行和反馈提供坚实的基础。

高校思想政治教育数据治理评价的执行阶段是评价过程的重要环节，直接决定了评价目标的实现以及后期反馈阶段的效果。在执行阶段，需要

---

① 《马克思恩格斯文集》（第4卷），人民出版社2009年版，第298页。

进一步的优化资源配置，做好人财物的协调保障工作，动员各部门针对评价工作给予充分的支持；要充分重视执行人员的筛选、培训和动员，确保参与人员能够充分理解质量评价的重要意义，有足够的能力完成评价工作。高校思想政治教育数据治理处于研究的起步阶段，对于其质量的评价更是一个复杂的系统性工程，涉及各学科的交叉运行，需要学科之间的相互支持，在这种情况下，人员的保障就显得尤为重要；要充分利用各种方法进行信息采集和分析。在数据治理的前提下对于数据进行再分析、再治理，要在重视数据收集的同时注重对于数据的加工分析，进一步信息的真实有效性。要在数据信息的基础上注重价值判断的形成。要注重信息的系统性和完整性，在科学理论的指导下开展调研工作，以更好的形成评价结论。

"在思想政治教育评价的话语体系中，'反馈'是指评价主体输出的信息，在作用于评价客体后，形成了一定的价值判断的结果，将此结果公布或提交给思想政治教育的相关群体，并对结果的使用提出建议意见。"[①] 高校思想政治教育数据治理评价的反馈阶段的任务是为了总结现阶段的工作情况，反馈评价过程中出现的问题，为后期进一步整改提供指导。在总结现阶段工作的情况时，要对整个结果进行结论评价，并对评价结论进行适当的解释，从而为后期高校思想政治教育数据治理工作的不断完善提供方案。在反馈阶段除了反馈问题之外，还应该对在整个评价过程当中的问题进行总结，对于评价指标、评价方法等方面存在的问题进行进一步的反思。为后期再次进行质量评估梳理问题、总结经验和优化体系。

（三）绩效评价

所谓绩效评价就是以绩效评估为主要方式对高校思想政治教育数据治理的效果进行评估，是对预期目标完成情况评估的重要方式。在绩效评估过程中，主要参考绩效管理的办法，在高校思想政治教育数据治理过程中加以借鉴应用。例如，综合评价法、平衡记分卡、关键继续考核法、360度考核法等。

---

① 冯刚等：《新时代高校思想政治教育学原理》，人民出版社2021年版，第342-343页。

所谓综合评价法就是以多种指标维度按照一定的权重进行打分比较并按照得分高低进行排列。这种模式在高校中多被应用于综合实力排名当中。这种评价模式运用了多种评价指标和评价方法,在一定程度上综合了多种评价因素,尽可能地反映了评价客体的综合实力和排名情况。但在这个过程中,评价指标的设置有一定的主观因素的偏向,对于指标的主观加权不同,同一评价客体得到的评价结果也不尽相同。这一模式在大学当中应用较为典型的就是大学排名,每类大学排名都有一套自己的权重指标体系,同一大学在不同的排名体系中得到的结果也不一样。

平衡计分卡是在企业绩效考核中被广泛应用的一种管理方法,它将企业的宏观战略指标细化为可衡量的指标体系,通过财务、客户、内部运营、学习与成长四个维度对企业进行的综合性绩效评价。这套体系的优势在于对于企业发展的战略落地具有较强的影响,能够有效结合长期利益和短期利益。但确定是这套体系对于个人的考核效果有限,更多的是对企业或者组织的考核比较适应。在高校思想政治教育数据治理的评价中,对于平衡记分卡的实际应用案例较少,可以针对性的对高校思想政治教育数据治理的队伍建设、发展机制等因素考核中参考平衡记分卡的方法。

关键指标考核法是通过把企业的战略目标分解为可运作的具体目标的一种工具,通过对组织内部某一流程的输入端、输出端的关键参数进行设置、取样、计算、分析,从而衡量流程绩效的目标式量化管理指标。它的优势在于有效的将企业目标分解具体的员工个人具体绩效目标,使企业组织利益与个人利益有效衔接,将公司关键目标与员工考核紧密结合,使得员工进一步知晓"要我做什么",进一步帮助企业战略目标的实现。但关键指标考核存在指标界定困难,量化指标过于机械化等问题,对于定性评价考核的难度较大,不适用于所有的岗位。在高校思想政治教育数据治理评价中,可以吸收其优势,将队伍建设的宏观目标充分细化为个体具体的绩效目标加以实现。

360度考核法又称全方位考核法,最早由英特尔公司提出并加以实施运用。该方法是指通过员工自己、上司、同事、下属、顾客等不同主体来了解其工作绩效,评论知晓各方面的意见,清楚自己的长处和短处,来达到提高自己的目的。这种方式可以通过多维度的考核更能有效的了解评价对象，可以多角度的了解评价对象的情况，从而进一步保证考核评价的客观性和公正性。但这种考核方式成本较高，整个培训的难度较高，很难控制考核中评价者的态度，对于评价结果有效性的鉴定也很困难。在高校思想政治教育数据治理评价中，可以借鉴其多维度测评的优势，在关键指标测评过程中，应从多维度收集反馈意见，从而确保评价的真实有效性，进而有效的反馈评价结果。

三、高校思想政治教育数据治理指标体系的构建

高校思想政治教育数据治理的评价，聚焦数据治理的完成度和思想政治教育效果。高校思想政治教育数据治理评价的指标体系要充分借鉴高校思想政治教育工作指标体系以及国家关于数据治理的相关指标体系要求，明确指标体系构建的内容和方法，形成标准化的观测点，形成可以明确指导评价工作的指标体系。指标体系是质量评价各要素的关键，直接决定了理论研究是否能够有效的应用于实践工作。指标体系的内容则是构建指标体系的重要组成部分，根据不同的原则和测评重点有不同的组成方式。高校思想政治教育数据治理的指标体系构建要遵循高校思想政治教育及数据治理的原则，依据国家各项文件要求，将高校思想政治教育数据治理评价的内容转化成各项可测评指标，其中具有代表性意义的有组织建设、队伍建设、机制建设和治理效能四个方面。

（一）组织建设

高校思想政治教育数据治理是高校思想政治教育与数据治理的有机融合，是高校思想政治教育工作有机系统的重要组成部分。在推进高校思想政治教育数据治理工作的过程中，要充分考虑其整体性、综合性和协同性的特征。这就需要从顶层设计开始，要有专门的组织领导机构，对于高校思想政治教育数据治理进行宏观调控。组织领导机构在一定程度上反映了高校对于此项工作的重视程度，反映了高校对于此项工作的投入程度。组织领导机构的设置，既要明确其在高校思想政治教育中的作用又要体现数

据治理的特殊学科要求。要在立德树人规划中体现数据收集、数据加工和数据共享的重要性,又要在数据治理的过程中牢牢把握高校思想政治教育方向。组织领导小组要坚持和贯彻国家、部门的各项文件要求,将思想政治教育工作与数据治理工作充分融合,共同部署,定期调研相关工作的推进情况。要充分协调校内外各项资源投入高校思想政治教育数据治理当中,充分发挥高校科研优势,促进学科之间的有机融合,协调各方力量共同参与,构建全面科学有效的工作体系。

(二)队伍建设

高校思想政治教育数据治理的队伍建设直接关系到高校思想政治教育数据治理的效果。在高校思想政治教育数据治理过程中,除了部分的硬件条件支持外,更是需要具有一定数据治理素质,能够完成数据治理要求的人员。"在治理体系一定的情况下,影响治理能力的主要要素就是队伍的治理能力。"① 高校思想政治教育数据治理的队伍建设包括三个方面。首先,在人员规模方面。一定规模的队伍人员是确保数据治理能够有效开展的基础。一般来讲,参与人员越多,对于高校思想政治教育数据治理的帮助会越大。高校思想政治教育理论课教师和高校辅导员作为高校思想政治教育工作的主要参与者,应该成为高校思想政治教育数据治理的重要组成部:分。《新时代高等学校思想政治理论课教师队伍建设规定》和《普通高等学校马克思主义学院建设标准》都要求思政科专职教师与学生的比例不低于1∶350。《普通高等学校辅导员队伍建设规定》,高校辅导员按照专兼结合、以专为主的原则,设置岗位应达到师生比不低于1∶200。这在一定程度上为高校思想政治教育数据治理的队伍提供了大量的人员。在此基础上,鉴于高校思想政治教育数据治理跨学科的特点,要鼓励具有数据治理专业技能的教师参与其中,突出多元主体参与性。第二,在队伍结构上。高校思想政治教育数据治理的队伍结构需要从多个角度进行测评。在年龄结构上,要充分发挥老中青各年龄阶段的优势,根据数据治理实际要求进行搭配。在

---

① 冯刚,高山等:《新时代高校思想政治教育治理论》,中国社会科学出版社2021年版,第235页。

第九章 高校思想政治教育数据治理的指标设计与验证

专业结构上,高校思想政治教育数据治理存在学科的交叉,是对新时代科技迅速发展的回应,队伍成员除了具备高校思想政治教育方面的专业能力,还应该囊括数据收集、分析加工等方面的专业人员。在职称结构方面,也要注意人员的适宜搭配。不能过分地追逐高级支撑人员,也不能过分地降低进入门槛,要对每个岗位和每个阶段的工作岗位进行具体安排,确保每个岗位能够人尽其用。第三,在队伍素质方面。高校思想政治教育数据治理队伍区别与其他队伍要体现在其治理素质方面。高校思想政治教育数据治理队伍由于构成主体的多元性,在对于其素质的检验方面要充分考虑其业务工作。例如,思政课专业教师的的素质要求要充分体现"政治要强、情怀要深、思维要新、视野要广、自律要彦、人格要正"的要求,在此基础上充分重视教学过程中数据的收集和应用,研究大学生对于思想政治理论课的需求,创新思想政治理论课方法;对于高校辅导员的素质要求,要紧紧围绕《普通高等学校辅导员队伍建设规定》和《高等学校辅导员职业能力标准(暂行)》的要求,体现其对日常思想政治教育过程中的数据收集和应用,引导其提升数据治理的能力和水平。对于其他参与主体,也应该参照其业务工作要求,在次基础上融入高校思想者政治教育数据治理的要求,引导其树立数据治理意识,提升数据治理能力。

(三)机制建设

高校思想政治教育数据治理的机制建设是高校思想政治教育各要素相互作用的结构和运行方式。高效顺畅的运行机制是高校思想政治教育数据治理评价指标体系的重要组成部分。在高校思想政治教育数据治理评价指标方面,要在领导机制、保障机制、运行机制和评价机制等方面入手,细化评价指标。在领导机制方面,要坚持在党委的统一领导下开展工作,确保党在各项工作中的领导地位,重视意识形态管理工作,坚决贯彻落实党中央和上级部门交办的重点工作。在保障机制方面,通过进一步建立健全政策制度,进一步加强高校思想政治教育数据治理的政策保障;通过进一步落实人员的引进、培训和使用,落实人员的保障;通过加大对高校思想政治教育数据治理工作设备的更新升级，落实物资保障等等，最终形成完备的保障体系；在运行机制方面，要坚持科学有效的运行机制在各个环节的应用。在数据治理准备阶段，保障数据收集规范有效；在数据治理实践阶段，保障数据治理实际问题得到有效解决；在数据治理输出阶段，要保障数据使用的合法性等等。在评价机制方面，要把高校思想政治教育数据治理的评价作为高校思想政治教育数据治理工作中必不可少的一环。质量评价既是对工作现状的最直接反映，也是不断总结不断提升的重要手段，更是使工作形成闭环的重要环节。

（四）治理效能

治理效能是对治理实际效率和成果的呈现。[①] 高校思想政治教育数据治理的治理效能是高校思想政治数据治理体系和能力的体现，高效的数据治理表现为多方协同、数据共享、权责明晰、服务安全的治理状态以及在此之下的高校思想政治教育立德树人效果的提升。在参与主体方面，高校思想政治教育数据治理是一项复杂全面的工程，需要多方协调参与，随着人工智能技术的不断发展，为各方主体参与数据治理提供了更为有利的条件和基础，需要不断宣传思想政治教育数据治理的理念，使更多具备相关的能力的人加入其中，协调共治进而全员育人。在数据共享方面，数据治理的重要目标就是打破"数据孤岛"。高校思想政治教育数据治理的不断发展，可以逐步形成标准较为统一的数据模式，解决现阶段数据模式不一致等难题，进而有效的推进各部门之间数据资源的共享共治，拓展数据共享的范围，提升数据的有效性和及时性。在权责体系方面，数据治理面临的一个较大的风险就是隐私泄露以及权责不清等问题，对于数据治理的风险防控体系不健全。高校思想政治教育数据治理的高效运转可以有效地厘清数据治理过程中的权责，确保数据在政治治理过程中的合法性，从而实现对人的教育。在安全服务方面，依靠不断完善的运行机制，使得数据在网络上发挥其正向的价值，为正确的决策提供更好的依据和帮助。同

[①] 冯刚，高山等：《新时代高校思想政治教育治理论》，中国社会科学出版社2021年版，第237页。

时，有效的平衡师生隐私与信息共享的关系，从而能够真正实现育人的目的。

第二节 高校思想政治教育数据治理的效果验证

高校思想政治教育数据治理的评价指标需要在实践过程中不断探讨和完善，需要用科学有效的评价方法对高校思想政治教育数据治理的效果进行验证。在这个过程城中，要坚持科学有效的验证原则，为高校思想政治教育数据治理打下坚持的基础，明确正确的方向，从而进一步提升高校思想政治教育数据治理的有效性。与此同时，选择合适的验证方法才能进一步匹配验证的关注点和结果的呈现方式。由于高校思想政治教育数据治理的研究处于起步阶段，在这个过程中要充分借鉴高校思想政治教育质量评价、高校思想政治教育治理的治理评价的相关思路，结合数据治理的学科特点，进一步归纳高校思想政治教育数据治理的效果验证。

一、高校思想政治教育数据治理的验证原则

明确原则才能进一步的突出重点，高校思想政治教育数据治理验证原则需要充分融合高校思想政治教育学科特点和数据治理的学科特征，在验证过程中坚持政治评价与业务评价相结合、主观评价与客观评价相结合、过程评价与结果评价相结合、定性评价评价与定量评价相结合。

（一）政治评价与业务评价相结合

高校思想政治教育数据治理首先是高校思想政治教育实践的重要组成部分，在这个过程中不能脱离高校思想政治教育的属性，同时它又有其特殊的业务工作领域，具有特殊的实现载体。因此在验证过程中，要坚持把政治评价与业务评价相结合。要把握政治导向性同时兼顾业务实效性。

高校思想政治教育数据治理验证过程中坚持政治评价是由高校思想政治教育的属性的普遍性和我国高校立德树人根本任务决定的。习近平总书记强调："我国高等教育肩负着培养德智体美劳全面发展的社会主义事业建

设者和接班人的重大任务，必须坚持正确政治方向。"①高校思想政治教育工作立足点为高校，关注重点对象为高校青年学生，从反映时代变化、展现世界眼光、拥有中国情怀、立足实践导向、满足青年学生发展需求和期待的角度出发，把青年一代培养造就成德智体美劳全面发展的社会主义建设者和接班人。②从本质上来讲，高校思想政治教育做的是人的工作，政治方向如何直接关系到高校思想政治教育质量的效果。高校思想政治教育数据处理作为高校思想政治教育工作的一部分，最后还是要服务于高校思想政治教育工作，实现高校思想政治教育的育人目的。与此同时，当前高校意识形态领域面对的挑战也需要高校思想政治教育数据治理评价要坚持政治评价。高校思想政治教育数据治理在一定程度上能够更好地收集和处理当代大学生的信息，要把政治方向问题摆在首位，为高校思想政治教育提供更好的决策参考。

高校思想政治教育数据治理效果验证除了要注重政治评价外还要考虑其业务评价，要保证其业务功能的实现。高校思想政治教育数据治理最终目的是通过数据治理进一步实现高校思想政治教育目的，对于数据治理的科学性、有效性、合法性、共享性等就是高校思想政治教育目的实现的载体，只有业务工作顺利进行，才能达到最终的育人目的。高校思想政治教育的根本目的是高校思想政治教育数据治理工作的最后归宿。在开展业务评价的过程中，要把业务实效性与"立德树人、培育时代新人"的根本目的结合起来，结合高校数据治理的具体要求来测评高校思想政治教育数据治理效果。

（二）主观评价与客观评价相结合

高校思想政治教育数据治理的效果验证要坚持主观评价原则指的是在整个验证过程中，充分发挥主观能动性，挖掘主观因素服务效果验证。一方面，在验证主体方面，可以充分发挥高校自身的主观能动作用，自行探索和构建灵活多样的评价指标体系，进一步自主发现问题，提升效果验证的时效性和有效性。另一方面，在整个评价过程中，从评价准备阶段开始

---

① 《习近平在全国高校思想政治工作会议上强调把思想政治工作贯穿教育教学全过程　开创我国高等教育事业发展新局面》，《人民日报》2016年12月9日。

② 冯刚等：《新时代高校思想政治教育学原理》，人民出版社2021年版，第9—10页。

到评价的反馈阶段，都少不了评价主体的主观价值判断，要通过开会培训等形式，统一评价主体对于整个评价过程的判断尺度，尽量平衡因个人主观判断对验证结果的影响。

高校思想政治教育数据治理的验证效果坚持客观评价原则指的是在验证过程中，充分挖掘客观标准，进而形成公平公正、科学有效的评判标准。一方面，在验证主体方面，上级单位、科研机构或者第三方评价单位往往坚持客观立场，能够比较透明的反馈验证情况，为后续的改正提供方向。另一方面，客观评价需要客观的标准，一般依据国家、部门关于高校思想政治教育以及数据处理的相关文件以及客观的评价指标体系，对照高校给出的支撑材料得出评价报告。在这个过程中，客观评价相对比较权威和客观，对于督促指导高校思想政治教育数据治理具有较强的参考性。

高校思想政治教育数据治理的效果验证过程需要坚持客观评价与主观评价相结合。一方面，主观评价中有客观因素的参与。在制定标准方面，不管参与主体是谁，都要参考客观的评价指标制定评价标准，都要依据客观规律开展工作。在评价方法方面，大多采取的评价方法能够明确的反映评价对象的态度，掌握评价对象的现状，以数据的形式进行客观反映。在评价结果上，主观的评价结果是以客观的现实情况为基础，都会以客观的形式加以体现。另一方面，客观因素当中有主观因素的参与。客观标准的执行需要发挥人的主观能动性，人们受主客观因素的制约，对于同一事物做出的判断也不尽相同。在质性判断中，不同主体对于层级的判断指标也各有不同的理解，也会导致对于客观事物产生不同的主观评价。

（三）过程评价与结果评价相结合

高校思想政治教育数据治理的结果评价原则是指评价工作组通过听取汇报、发放问卷、深度探访等形式掌握工作的开展情况、治理效果、数据治理目标的完成情况等等。[①] 坚持结果评价的原则，集中体现了高校政治教育工作是以认为对象的教育活动，最重要落脚到对于实际问题的解决上来。坚持结果评价的原则，有利于为高校思想政治教育数据治理提供明确的行

[①] 冯刚等：《高校思想政治教育工作质量评价研究》，人民出版社2020年版，第55页。

动目标。坚持结果评价，有利于形成对于当下情况直接反映，以解决现实问题推动高校思想政治教育数据治理进一步向前发展。高校思想政治教育数据治理的效果验证要坚持结果评价，就要将效果验证放在数据处理的有效性以及对于高校思想政治教育的参考性上，要评价其是否为高校思想政治教育工作提供了数据支撑。

高校思想政治教育数据治理的过程评价原则是指评价工作组借助长期的追踪、观察、反馈，及时了解掌握高校思想政治教育数据治理工作的发展变化过程及趋势。①高校思想政治教育数据治理作为一种实践活动具有过程性，在不断的实践过程中才能形成最后的结果。坚持过程评价原则可以有效的关注整个实践过程，对于其长远发展和动态变化可以给予充分的关注。高校思想政治教育数据治理的过程从确定目标到核心实施再到数据输出反馈，整个过程涉及到数据处理、共享安全等各方面的内容，对于过程的关注能够更加动态的反映高校思想政治教育数据治理的效果。

高校思想政治教育数据治理的效果验证坚持结果评价与过程评价相结合体现了效果验证过程中静态因素与动态因素的相辅相成。结果评价往往反映的是当下的状态，能够保障高校思想政治教育数据治理的正确方向。过程评价往往反映的是数据治理的整个过程，是一种动态因素的反馈，涉及高校思想政治教育数据治理的各个维度，可以更好地了解高校思想政治教育数据治理的效果。与此同时，有利于实现高校思想政治教育现实目标和长远目标的有机统一。结果评价侧重于高校思想政治教育数据治理当前的效果和现实目标的达成度，往往较为具体和具化。过程评价侧重于高校思想政治教育数据治理的过程，往往可以了解过去、把握现状和预测未来，在概念上往往较为宏观和泛化。将结果评价与过程评价有机结合可以使得高校思想政治教育数据治理在效果验证中兼顾长期目标和短期目标，平衡各因素之间的合力，最终进一步优化配置，促进发展。

（四）定性评价评价与定量评价相结合

高校思想政治教育数据治理的效果验证坚持定性评价的原则是指在效

---

① 冯刚等：《高校思想政治教育工作质量评价研究》，人民出版社 2020 年版，第 56 页。

第九章 高校思想政治教育数据治理的指标设计与验证

果验证中运用比较、分类、归纳、演绎等逻辑方法，对高校思想政治教育数据治理做出定性结论的价值判断。它的核心特点是注重对事物进行定性评价的描述，强调透过现象看本质。高校思想政治教育数据治理是服务于高校思想政治教育工作大局的，是通过数据治理进一步提升高校思想政治教育的实效性，构建更加现代化的治理体系。在这个过程中，需要坚持社会主义方向，坚持党的领导，充分体现实践的价值性。因此，验证高校思想政治教育数据治理实践效果需要充分的利用定性评价。然而需要注意的是，定性评价对于评价主体的能力要求较高，需要多主体共同参与。仅靠单一主体实施评价，由于信息来源渠道的单一性以及评价主体自身认识的局限性，难免会影响评价结果的客观性、真实性和准确性。[①] 在高校思想政治教育数据治理效果验证坚持定性评价的原则可以更好的探寻现象背后的原因，把握更为复杂何的规律，更加适用于综合分析何评判。在数据收集的科学性、数据治理的合法性等效果验证中，定性评价分析的原则具有较大的发挥空间。

高校思想政治教育数据治理的效果验证坚持定量评价原则指的是采用数量分析的方法，收集和处理数据资料，对高校思想政治教育数据治理的效果做出定量评价结果的价值判断。坚持定量评价原则也是由于高校思想政治教育数据治理的特征决定的。在高校思想政治教育数据治理过程中，涉及到数据的数量、处理次数、治理效率、队伍规模、人员结构等等诸如此类的需要用"量"来进行效果验证并做出评价的内容，这就需要在高校思想政治教育数据治理中坚持定量评价原则。坚持定量评价原则可以更好的体现高校思想政治教育数据治理过程中规定性评价的指标特征，用客观精确的数据验证工作效果。

定性评价原则和定量评价原则在一定程度上反映了马克思主义原理中事物发展的质量互变规律。任何事物都是质与量的统一，两者不能孤立脱离。这就启示我们，在对于定性评价原则和定量评价原则的应用过程中，要体现两者的统一性。一方面，两者相互区别，各有所长。定性评价原则侧重

[①] 冯刚等：《高校思想政治教育工作质量评价研究》，人民出版社2020年版，第108页。

对于事物性质的评判,定量评价原则更加具有客观性。这就需要验证者在不同的场合采取不同的措施,从而能够得到更加公平、公正、合理的结果。另一方面,两者相互互补,互相统一。有针对性的原则并不是过渡强调一方而忽略另一方。高校思想政治教育数据治理本身是一个复杂的工程,体现出复杂性、抽象性的特点,既有效果的验证,也有规模数量的考察。这就要求验证者在这个过程中要注意贯彻定性评价原则和定量评价原则的统一,在把握立德树人根本方向的同时,有计划的分析高校思想政治教育数据治理整体和局部的实践效果。

二、高校思想政治教育数据治理的验证方法

高校思想政治教育数据治理涉及范围广泛,涵盖从数据收集到数据输出的全过程,评价要素和指标较为复杂,参与主体多元。在实际验证工作中,根据侧重点不同,可以采取不同的方式进效果验证。随着科学技术的不断发展,验证方法也会出现愈加丰富的趋势,对于经常用到的验证方法,可以简单进行阐述,为后期开展验证工作提供科学有效的工具。

(一)访谈法

访谈,就是研究性交谈,是以口头形势,根据被询问者的回答搜集客观的、不带偏见的事实材料,以准确地说明样本所要代表的总体的一种方式。[①] 根据其内容重点和组织形式的不同可以分为重点访谈、深度访谈、座谈会和电话访谈等。访谈法的优势在于对于硬件环境的要求不高,方便操作实践,可以有效的获取一线的资料用于效果检验。但在这个过程中,访谈法过程中,主观因素对于访谈内容的真实性和有效性的影响较大,需要通过科学有效的方法在筛选对象、人员培训和资料分析等环节不断优化,从而提升效果验证的公正性。

由于对于高校思想政治教育数据治理的研究尚处于起步阶段,在高校思想政治教育数据治理的效果验证能够借鉴的则是高校思想政治教育工作

---

① [美]赫伯特·J·鲁宾等:《质性访谈方法:聆听与提问的艺术》,重庆大学出版社2010年版,第10页。

质量评价以及数据治理质量评价的方式方法。在高校思想政治教育工作质量评价中，访谈法被应用较多的方式是深度访谈和座谈会。这跟高校思想政治教育工作的特点紧密相关。高校思想政治教育工作是否符合大学生发展的规律性，是否能够被大学生所接受，除了行为数据的反馈外更需要通过主观动机进行反馈，这就需要发挥深度访谈的作用。在高校思想政治教育数据治理的效果验证中，可以通过深度访谈的形式对于高校思想政治教育数据治理队伍的治理能力进行质性评价，也可通过深度访谈领导的形式对于高校思想政治教育数据治理的领导机构、机制建设等进行深入了解；座谈会则是将若干访谈对象召集在一起同时进行访谈的方式，这种方式在日常思想政治教育工作中被多次应用。在许多高校都有定期召开学生座谈会的惯例，通过学生座谈了解当前思想政治教育工作的情况，为日后思想政治教育工作的推进找寻方向。在高校思想政治教育数据治理的效果验证过程中，可以通过座谈会的形式一次性了解不同参与主体对于高校思想政治教育数据治理实践活动的认可度，可以更好的反馈实践过程中存在的问题，推动高校思想政治教育数据治理的进一步创新优化。

（二）观察法

观察法是指研究者根据一定的研究目的、研究提纲或观察表，用自己的感官和辅助工作去直接观察被研究的对象，从而获得资料的一种方法。[a]根据不同的标准，可以将观察分为不同的种类。

观察法的应用范围较广，在效果验证中有其明显的优势。首先观察法能够有效的收集非语言行为资料，通过对这些资料的加工分析，可以进一步了解被观察者的真实状态。其次，观察法实施条件相对宽松，能够与被观察对象接触的机会较多，对于硬件的需求相对较少，主要利用观察者自身完成工作。再次，在非控制条件下的观察可以有效的保证被观察者行为的真实有效性。最后，观察法可以提供大量的观察材料，在这些基础上，通过科学的分析加工，可以为后期发现事物发展的规律提供大量素材。同时，观察法也有其不足之处。首先表现为不可控性。主要体现为环境的不可控

---

① ［美］丹尼·乔金森：《参与观察法》，重庆大学出版社 2009 年版，第 4 页。

和人员的不可控。这就导致并不是每次观察都可以获得自己预测的观察效果，得到自己想要得到的数据资料。其次表现为量化分析指标较少。在观察过程中，可以用于量化的指标有限，更多的时候得到的资料都是以描述性的为主，对于效果验证的客观性评价支撑较差。

高校思想政治教育数据治理在效果验证过程中，可以加强对于观察法的应用。第一，可以通过观察法对重点的案例进行观察。在高校思想政治教育数据治理过程中，会有经典的案例产生，就需要用观察法持续深入的研究其中的规律，探索行为背后的动机原因。第二，在观察的过程中，可以提前制定观察量表，通过参与其中对高校思想政治教育数据治理的过程进行观察验证，进一步确保观察的时长，从而可以进一步获得准确的消息。第三，要注重对于先进技术设备的应用。观察法对于技术设备的依赖不大，但不代表不应用技术设备。在观察过程中，先进技术设备可以为观察提供更好的条件。要有计划的利用好录像录音等，可以有效还原场景，为得出更加有效的验证效果提供保障。最后，要注重对于重点人群的观察。在高校思想政治教育数据治理中，由于参与主体的多元性，要加强对于典型主体的观察，例如领导者、管理者和执行者等。要注重对于高校主要人群的观察。高校思想政治教育数据治理最后还是要落脚广大师生，师生的反馈情况可以更加全面的验证工作效果。

（三）问卷调研法

问卷调查是通过制定详细周密的问卷，要求被调查者据此进行回答以收集资料的方法。[①] 人们在调查验证前会根据研究目的提前设计一系列问题形成问卷，最后通过分析问卷答案，获取需要的调研资料。作为被广泛应用的验证方法，

问卷调研法优点较为突出。第一，问卷调研可以有效的利用资源得到验证结果。在调研人方面，发放问卷、回收问卷和分析问卷的时间相对容易预测，从而可以更好的协调时间完成工作。随着互联网的出现，可以更有效的节省了在问卷发放和回收上的时间投入。在被调研人方面，问卷回

---

① 冯刚等：《高校思想政治教育工作质量评价研究》，人民出版社2020年版，第127页。

第九章 高校思想政治教育数据治理的指标设计与验证

答可以利用碎片化的时间完成，可以进一步的提升了被调研人的参与度，提升调研问卷的回收率。第二，调研问卷结果相对客观。调研问卷多以客观选择题的形式呈现，通过数据分析得到调研报告。在整个过程中，对于主观意愿的渗入相对较少，能够形成客观的统计报告。第三，参与范围较广。随着互联网的应用，调研问卷对于地域的依赖开始减弱，从而可以进一步扩大调研范围，形成更加完整的数据库。另一方面，问卷调研也有其缺陷。首先，问卷调研范围有限。问卷调研只能在设计者涉及的范围内展开，每个问题几乎都有规定的选项。被调查者一般不会在选项范围外展开叙述自己的想法，在效果验证的过程中，对于复杂因素、琐碎细节的问题验证效果有限。其次，调研受回收率和有效率的影响较大。在问卷调研中，回收率和有效率只有达到了一定的比例才能被认定为有效调研。如何提升回收率和有效率就成为问卷调研的关键。第三，问卷质量对于问卷调研的质量有较大影响。设计一份质量高的调研问卷是获得调研成功的重要基础，这对于问卷设计者提出了很高的要求。

目前，问卷调查在高校思想政治教育质量评价中应用较多，在高校思想政治教育数据治理的效果验证中，也可以充分考虑问卷调研法的应用。在过程中需要注意几个方面。第一，在准备阶段，要做好问卷设计工作。要充分明确调研的群体和调研目的，为问卷的设计确定好方向。在问卷设计过程中，要注意问卷通俗易懂，提升用户的接受度，问题描述要中立，问题表述要清晰，避免语言的诱导；问题设置要单一，一个问题反映一个需求，避免组合问题的出现；问题选项要全面，尽量全面考虑可能选项；问题数量要适度，考虑被调查者的作答时间和耐心程度；问题间的逻辑要清晰，避免被调研者产生逻辑婚礼的感觉。第二，在问卷发放回收阶段。提升问卷的回收率和有效率。现在调研方法可以分为线上和线下两大类。线下调研主要是实地发放问卷实地回收。这种对于时间、人力的投入成本较高，在一定程上给被调研者的时间相对比较紧张，优势在于能够集中精力完成调研，回收率相对较高。线上调研的方式较为普遍，有效的利用消息投送、邮件投送、APP活动页投送等形式，可以更好的覆盖调研群体，获得的样本相对较多。在这个过程中要积极开展各种形式提升问卷的吸引力,吸引用户填写调研问卷。第三,在问卷回收分析阶段。高校思想政治教育数据治理的效果验证,实际上是对数据治理的再分析再治理,要充分利用现有的技术手段,保障数据处理的科学性和有效性,对于回收的数据要进行质量评估,在质量可靠的基础上再进行数据分析。

三、高校思想政治教育数据治理的验证流程

效果验证作为高校思想政治教育数据治理质量评价的关键环节,需要运用科学的方法加强对于其流程的指导,为后期的结果输出提供程序上的保障。在效果的验证过程中,因为侧重的目标不同,可能存在具体方式方法的差异,但整体的流程有普遍的规律性可以掌握,具体可以分为三个方面。首先,在准备接待,要进一步明确目标,根据目标的特性确定实施方案。其次,在实施阶段,要尽可能的全面收集相关信息,用于科学的方式方法处理相关数据,与预期效果进行比对。最后,在反馈阶段。要根据数据形成合理的判断,并结果及时进行反馈。

(一)准备阶段:明确目标,形成方案

在效果验证的初始阶段需要明确验证的目标。在明确目标的过程中,主要从几个方面入手。第一,要明确效果验证的对象。数据治理是一个复杂的工程,要对其方方面面进行验证具有很大的难度,因此需要确定验证的重点,进而确定验证的预期效果。要充分结合高校思想政治教育数据治理的阶段特征和目的进行分析。第二,要明确效果验证的方案。在方案确定的过程中,要明确效果验证的主体,即谁来完成本次效果验证。要根据验证内容确定和优化验证方案根据效果验证的原则,运用多种验证方法,形成系统性的验证方案。第三,要明确验证的指标。在验证指标的明确过程中,要注意验证指标的层次行。要明确总体的目标指标,在此基础上对目标进行不同维度的细化,确定验证的不同方向。在确定维度之后,在将维度目标细化形成最后的执行目标。第四,要明确验证的尺度。效果验证要在统一的尺度下进行,在排除主观因素干扰外,要尽量形成统一的验证

第九章　高校思想政治教育数据治理的指标设计与验证

尺度，要对每一个指标尽量给予可以量化的尺度，赋予一定的权重，为后期信息处理打下基础。最后，要形成闭合的实施方案。实施方案是后期效果验证的指导，要对实施过程中可能出现的问题进行通盘的考虑，确定包括主体确定和培训、确定收集方式等各个方面的预案以应对可能发生的问题。

（二）实施阶段：收集信息，科学处理

在实施阶段，主要的任务集中在信息收集和信息处理。信息收集是进行有效验证的基础。在这个过程中要注意几个方面的问题。首先要注意信息收集的全面性。要通过不同渠道对于客体信息进行收集。如果涉及样本，则尽量保障样本的多样性。如果涉及评价，则尽量多视角、多维度的收集评价信息。最终目的是保障验证的客观性。其次要注意信息收集方法的多样性。要尽可能综合应用多种形式收集数据。要综合利用各种资料收集方法的优势，通过多种途径收集信息数据，从而保障信息收集的多样性。最后，要注意信息收集的有效性。对于收集信息过程种，要尽量确保信息的有效性。要加强培训，提升主体信息收集的能力；要加强动员，增强客体的配合度；要不断升级工具，为信息收集提供必要的保障。

在信息处理阶段，主要完成对于信息的分类、核查和统计工作。首先要对收集的数据进行分类。在效果验证种，收集的信息大概可以分为两类，一类是以文字信息为主，一类是以数字信息为主。文字类的信息大都侧重质的效果输出，数字类的信息大都侧重量的效果体现。其次，对于不同种类的信息进行核查。在文字类的信息种，要对其真实性和有效性进行核查，通过其来源、逻辑、与主题相符度等指标进行把握。对于数字类信息，要核查信息有效性和完整性。主要通过前后逻辑关系判断、数据核对等方式进行判断。最后，要对收集信息进行统计分析，在信息统计分析的过程种，大多采用定量分析和定性分析的方法，根据具体的验证要求，做出最后的评价。

（三）反馈阶段：形成判断，及时反馈

效果验证的最终目的是促进高校思想政治教育的进一步发展。效果反

馈在这个过程中既是对现有工作的总结又是对未来工作方向的把控，需要进一步的形成科学有效的反馈机制。在反馈阶段要形成判断，并及时反馈相关信息。首先，要形成对整个效果验证的结论。这是效果验证的重要成果，也是后期再治理工作的基础。要注意对结论进行必要的解释，或者用书面的报告的形式来汇报结论。在这个过程中要注意事物质与量的统一性，既要反应质性问题，又要反映规定性问题。其次，要对整个效果验证的过程进行反思评价。效果验证过程的合理性、科学性和严谨性直接关系验证效果，要不断反思整个过程，对于涉及的流程、方法、评价指标不断调整完善，为后期开展相关工作积累经验。最后，要注意对结论公开的范围进行研究，根据验证的目的和是否涉密等问题，在一定范围内公开并解释验证结果。

高校思想政治教育数据治理是高校思想政治教育不断发展创新的产物，作为新生事物，对于高校思想政治教育数据治理的质量评价研究更是处于探讨阶段，仍有大量的发展空间。展望未来高校思想政治教育数据治理的治理评价，评价指标的不断完善、效果验证方法的不断创新以及验证流程的不断科学化将会是必然的发展趋势。在这个过程中，要不断吸收高校思想政治教育质量评价的理论成果，紧密结合高校思想政治教育数据治理的特质特点，吸收统计学、心理学等其他学科的先进理论，为高校思想政治教育数据治理提供更为科学的理论指导。同时要不断地加强实践，在实践中不断总结经验，优化流程，探索出路，使得高校思想政治教育数据治理的评价体系更加完善。

附：高校思想政治教育数据治理评价指标

一级指标	二级指标	三级指标	备注
组织建设	1.组织明确	1.将高校思想政治教育数据治理纳入高校事业发展规划 2.有专门领导小组协调统筹相关工作	
	2.职责明晰	1.领导小组负责人建议由校领导担任 2.领导小组成员层次明晰，从顶层设计到管理执行	

第九章　高校思想政治教育数据治理的指标设计与验证

续表

一级指标	二级指标	三级指标	备注
组织建设	2. 职责明晰	3. 及时贯彻国家关于高校思想政治教育数据治理的相关规定 4. 将高校思想政治教育数据治理纳入相关部门工作绩效，同时布置，同时检查	
队伍建设	1. 队伍数量	1. 推动高校思想政治教育工作者参与高校思想政治教育数据治理 2. 按照规定配齐思政课教师、高校辅导员 3. 配备具有数据治理专业能力的技术人员	
	2. 队伍结构	1. 队伍老中青结构合理，带动队伍健康发展 2. 队伍中具有一定数量的高级专业技术岗位人才 3. 教师晋升支撑要全面考察其学生工作情况	
	3. 队伍素质	1. 按照要求加强对于相关教师的培训工作。在思政课教师和高校辅导员培训中纳入高校思想政治教育数据治理的培训 2. 将高校思想政治教育数据治理成效纳入绩效考核，体现在职称评定和评优评先各方面 3. 支持高校思想政治教育数据治理人员进一步提升学历	
机制建设	1. 领导机制	1. 学校领导参与高校思想政治教育数据治理顶层设计，分管领导牵头相关工作 2. 学校相关部门有明确的工作职责并完成相关任务	
	2. 保障机制	1. 有专门空间开展高校思想政治教育数据治理活动，空间设施齐全，保障活动顺利开展 2. 设立专门经费支持高校思想政治教育数据治理，并根据工作实际逐年加大对高校思想政治教育数据治理的经费投入 3. 设立专门的课题研究，将高校思想政治教育数据治理成果纳入学校绩效奖励 4. 建立健全数据管理体系，形成《高校思想政治教育数据管理办法》等文件	
	3. 评价机制	1. 常态开展高校思想政治教育数据治理的调研工作，与阶段性考核有机结合 2. 将第三方考核和社会评价纳入评价考核 3. 注重高校思想政治教育数据治理在高校思想政治教育工作中的应用与反馈	
治理效能	1. 多方协同	1. 培育多元主体治理理念，加强宣传，营造多方协同氛围 2. 注重对师生的数据治理理念和能力的培养 3. 引入社会企业、第三方参与治理	

续表

一级指标	二级指标	三级指标	备注
治理效能	2. 数据共享	1. 各部门数据运转流畅 2. 高校思想政治教育数据规范统一 3. 高校思想政治教育数据运转流程明确	
	3. 权责明晰	1. 各部门在高校思想政治教育数据治理方面有明确的分工 2. 高校思想政治教育数据治理层级明晰，顶层设计、管理、执行、参与、保障等单位落实到位	
	4. 服务安全	1. 有完整的数据危机处理预案 2. 定期进行数据治理安全测评 3. 法务部门对数据的应用进行专门把关	

第十章
高校思想政治教育数据治理的反治理与再治理

数据资源成为国家治理体系和治理能力现代化的重要组成部分。数据时代的到来为国家治理体系和治理能力现代化带来新的挑战和机遇，体量巨大、增长迅速的大规模数据量迫切需要新的技术手段和平台进行数据的分析、处理、应用，建立科学、系统、完备的数据治理体系是有效解决数据时代危机与挑战的根本途径。在保障数据安全的前提下，建立科学化、系统化、规范化的制度、流程和方法，理顺高校思想政治教育多元主体在数据收集、处理、应用等各个环节的权责关系，形成多元参与、运转有效、共建共享共治的数据应用模式，进一步释放高校思想政治教育中的数据价值，推动高校思想政治教育治理能力和治理体系现代化。从组成要素和整体运行来看，高校思想政治教育数据治理不仅包含正向的数据治理行为，也应当包含反作用于数据治理过程的反治理行为，以及对整个数据治理体制进行约束和完备的再治理行为。高校思想政治教育数据治理的反治理聚焦于数据治理过程中存在的智能低效、数据反噬、隐私滥用和过度治理等行为，旨在促进数据治理系统的科学化、规范化、系统化；再治理关注于数据治理过程的集权风险、专家权威和权力边界等问题，旨在维护数据治理系统的民主化、平等化、制度化。

第一节 高校思想政治教育数据治理的反治理

2017年习近平主持十九届中共中央政治局第二次集体学习时讲话指出

"大数据发展日新月异，我们应该审时度势、精心谋划、超前布局、力争主动，深入了解大数据发展现状和趋势及其对经济社会发展的影响，分析我国大数据发展取得的成绩和存在的问题，推动实施国家大数据战略，加快完善数字基础设施，推进数据资源整合和开放共享，保障数据安全，加快建设数字中国"①。数据资源在辅助科学决策和公共治理方面具有无可比拟的优势，能够推动治理模式创新，赋能高质量发展，实现决策的科学化、治理的精准化、服务的高效化。但另一方面，由于数据资源本身所固有的特性，在数据获取、数据流通、数据安全等方面不可避免的存在问题，掣肘数据价值的释放，制约数据治理的发展。因此，对于数据治理过程进行反治理约束是必要且必须的，能够有效纠正数据治理过程的偏差，释放数据资源的价值，促进治理系效能的发挥。

教育的发展与科学技术的进步密不可分，每一次科技的革新和飞跃都为教育的发展带来新的可能。大数据作为一项新兴技术，成为思想政治教育了解教育对象情况、挖掘教育对象需求、评估教育对象表现、提升教育整体质量的有效工具，大数据与思想政治教育融合发展成为新形势下思想政治教育理论创新和实践创新的重要方面。② 数据资源为高校思想政治教育数据治理提供了探赜路径和技术支撑，但是就当前而言，如果数据资源本身的痼疾和弊端不能有效清除，高校思想政治教育数据治理的局限性也难以有效消解。因此，有效把握数据资源自身的特征和局限，通过高校思想政治数据治理的反治理过程提高数据的获取、整理、加工、筛选、分析、应用能力，才能合理利用数据资源，有效提升高校思想政治教育数据治理的效力。

一、数据治理的反治理

2021年通过的《中华人民共和国数据安全法》要求："维护数据安全，

---

① 《习近平在中共中央政治局第二次集体学习时强调　审时度势精心谋划超前布局力争主动　实施国家大数据战略加快建设数字中国》，《人民日报》2017年12月10日。
② 冯刚：《大数据应用于思想政治教育的局限与突破》，《重庆大学学报（社会科学版）》2021年第2期。

应当坚持总体国家安全观,建立健全数据安全治理体系,提高数据安全保障能力""积极开展数据安全治理、数据开发利用等领域的国际交流与合作"。①数据资源作为信息时代最重要的生产要素和服务工具,不仅对人们的生产生活、认知思维、行为方式等产生越来越深刻的变化,不断拓宽人们认识世界的深度和广度,也为世界的发展和社会的进步带来源源不断地动力。与此同时,规模庞大的数据资源需要通过数据治理使其逐步具象化、条理化、清晰化,在维护国家安全、促进经济社会发展、保护个人隐私等方面发挥重要作用。理想状态的数据治理体系是一个动态的、协调的、有机的、整体的运行体系,要实现数据治理的理想模式必然需要反治理过程对于数据治理系统的不断规范、完善和整合。

(一)反治理行为的基本内涵:

数据治理的提出与信息技术的高速发展密切相关,信息技术的飞速发展和极大的成功使得数据治理的实现成为可能。随着信息技术的发展,数据治理所必须的科学技术水平初步达到,为数据治理的现实推进提供坚实的技术支撑,同时也促进了数据治理理念的发展。数据治理理念的不断应用与发展,也涌现出诸多与人类生存发展息息相关的新问题、新情况,因此,对数据治理进行批判性反思与纠错是十分必要的。2017年,国务院通过的《新一代人工智能发展规划》要求:"在大力发展人工智能的同时,必须高度重视可能带来的安全风险挑战,加强前瞻预防与约束引导,最大限度降低风险,确保人工智能安全、可靠、可控发展。"②对于人工智能、信息技术等高新技术产业,必须高度重视其可能存在的风险挑战,结合发展具体实际,形成有针对性的对策建议。

技术治理是典型的知识—权力运作模式,即局部权力行使需要科技的支持,而局部知识生产需要权力的帮助,两者缺一不可。在其中,技术反治理对于治理过程的形塑作用不亚于技术治理过程,两者均使用类似的专业知识来实现相反的目标,并且因为知识使用者的状态差别而呈现殊为不

---

① 《中华人民共和国数据安全法》,人民出版社2021年版,第3页。
② 《新一代人工智能发展规划》,人民出版社2017年版,第4页。

同的权力效应。① 在以往的传统的权力观念看来，公共治理活动通常被看作权威者研究、制定、发布和实施治理条例、规章、制度等的自上而下的单向运行过程，而把治理仅仅归结为权力运行过程的效率提高手段。这种观念在很大程度上忽视了被治理要素对权力运行过程的反作用，即反治理问题。在治理过程中，被治理要素的反治理会在很大程度上影响治理过程的运行，使其变形、扭曲甚至某种程度上影响治理效能的发挥，治理与反治理的对抗并存是治理运行过程的客观规律。就数据治理本身而言，它是沟通数据世界与现实世界的重要途径，具有综合度高、复杂性强、要素范围广、多维度等特点，既涉及数据治理主体、数据治理内容和数据治理工具等主体内容，也涉及数据治理体系建设、数据治理政策制定、数据治理效能提升等体系框架。这样一个复杂、繁琐、动态的体系不可避免地存在针对数据治理体系的某一部分或某种要素的局部反抗，因此必然需要数据治理的反治理促进整个数据治理体系的双向互动和动态平衡。质言之，数据治理的反治理目的并非消除运行中存在的局部反抗力量，当然反抗力量是不可能完全被消除的，而是纠正和控制数据治理过程中可能存在的局部反抗，最大程度地促进数据资源利用，释放数据治理的价值，使其达到动态平衡的状态。

（二）科学化、规范化、系统化的特征

数据治理的反治理是数据治理体系和治理能力有效提升的重要促进环节，承担着防范化解数据治理过程可能存在风险、及时应对处置数据治理运行中的反作用环节及要素的重要职责。要充分发挥数据治理的反治理的优势，需要深刻认识和准确把握数据治理运行的规律，顺势而为、乘势而上，需要以改革创新精神提升数据治理体系的核心竞争力，不断激发数据治理体系的生机与活力，需要不断提升数据治理的反治理过程的科学化、规范化、系统化水平，从而促进数据治理体系和治理能力的全面提升。反治理过程内在的具有三种特性，一是科学化。数据治理体系有其自身运行发展的规律，必须充分认识、尊重、顺应数据治理体系的发展规律，依照科学的理论和

---

① 刘永谋：《技术治理、反治理与再治理：以智能治理为例》，《云南社会科学》2019年第2期。

方法手段进行反治理活动。科学化是反治理内涵的本质属性，反治理过程旨在提升数据治理过程的效力，以科学的理论和方法为指导，及时发现数据治理中存在的问题，不断修正、改进和完善数据治理的过程；围绕数据治理的目标要求，对比纠正治理过程中存在的偏差，科学规划反治理的具体流程，形成数据治理的内部的良性生态平衡。二是规范化。当前数据资源的价值已经得到普遍重视，但是，由于"数据的产生是随机的、无序的，这便决定了互联网上必然存在着大量无意义的垃圾数据、重复性的冗余数据，有用数据所占比例非常有限，而且往往隐藏在垃圾数据、冗余数据之中"。① 低质量的重复数据常常妨碍数据资源的开发利用，降低数据价值的释放，从而影响数据治理效能的发挥。因此，反治理过程要想最大限度地发挥价值，就需要加强对数据资源的规范，保障数据质量，加强对数据治理流程的规范，保障数据治理体系的运转有效。三是系统化。数据治理体系是一种突破性的新技术手段，打破了以往单一的权威主导机制，引入治理体系中的多元主体参与治理过程，构建共建共享共治的全新治理体系，其中各要素之间具有密切的关联性，环环相扣、相互作用、相互影响，在治理体系的推进中具有牵一发而动全身的作用。因此反治理过程要基于对数据治理过程的整体把握，在尊重数据治理实践的基础上，贯彻治理现代化的科学理念，重视数据治理中个要素的相互联系和互动衔接，统筹、整合、协调、规范数据治理的各个阶段，更加注重反治理的整体性与系统性，充分激发数据治理各个环节的价值释放。

二、高校思想政治教育数据治理的反治理

党的十八大以来，习近平总书记对高校思想政治教育高度重视，提出了一系列重要理论和新的论断促进高校思想政治教育的发展，特别是一些关于思想政治教育与信息技术融合发展的重要论断，为高校思想政治教育开拓新局面、取得新成效提供了科学理论支撑和实践遵循。2016 年习近平

---

① 冯刚：《大数据应用于思想政治教育的局限与突破》，《重庆大学学报（社会科学版）》2021 年第 2 期。

总书记在全国高校思想政治工作会议上强调:"要运用新媒体新技术使工作活起来,推动思想政治工作传统优势同信息技术高度融合,增强时代感和吸引力。"①2018年习近平总书记在全国宣传思想工作会议上指出:"我们必须科学认识网络传播规律,提高用网治网水平,使互联网这个最大变量变成事业发展的最大增量。"②2019年,习近平总书记在十九届中央政治局第十二次集体学习讲话时指出:"人在哪儿,宣传思想工作的重点就在哪儿,网络空间已经成为人们生产生活的新空间,那就也应该成为我们党凝聚共识的新空间。"③在数据时代,实现高校思想政治教育与信息技术的融合发展已经成为思想政治教育创新发展的重要趋向,高校思想政治教育数据治理正是在这种背景下的全新发展。但是无论是数据治理本身地技术特性,还是高校思想政治教育对人的教育引领作用,都深刻地影响着数据治理在高校思想政治教育中的实际应用,过分突出和夸大数据治理的优势与作用,甚至过分依赖数据治理在思想政治教育实践中的应用,可能都会削弱高校思想政治教育功能的实现。因此,面对数据时代的浪潮,理性科学地看待数据治理在高校思想政治教育治理中的优势与局限,以高校思想政治教育数据治理的反治理突破局限,从而提升数据治理在高校思想政治教育治理中的针对性与实效性,对于高校思想政治教育的长远发展具有重要意义。

(一)高校思想政治教育数据治理中出现的问题

高校思想政治教育数据治理并非数据治理与高校思想政治教育两个概念的简单相加,而是数据治理与高校思想政治教育的深度融合,既是数据治理、数据技术指导下高校思想政治教育的创新发展,也是高校思想政治教育学科视角下数据治理功能的进一步拓展,二者的融合发展是新形势下高校思想政治教育理论创新和实践创新的重大飞跃。但是就实际而言,任何事物都有两面性,人类在享受数据给我们的生活带来的极大便利的同时,也应该警惕其带来的一系列数据危机。④高校思想政治教育数据治理不可避

---

① 《习近平谈治国理政(第二卷)》,外文出版社2017年版,第378页。
② 《习近平谈治国理政(第三卷)》,外文出版社2020年版,第311页。
③ 《习近平谈治国理政(第三卷)》,外文出版社2020年版,第318页。
④ 梅宏:《数据治理之论》,中国人民大学出版社2020年版,第38页。

第十章　高校思想政治教育数据治理的反治理与再治理

免的存在一定程度的局限与不足，在治理过程中出现智能低效、数据反噬、隐私滥用等问题，很大程度上掣肘了数据资源价值的发挥。

1. 智能低效

随着数据时代的到来，数据资源的价值得到进一步认可，数据治理从本质上来说为人们提供了一种认识复杂事物的新思维和新方法。从理论上而言，在足够小的时间和空间尺度上对现实世界的数字化，可以构造一个现实世界的数字虚拟映像，这个映像承载了现实世界的运行规律。在拥有充足的计算能力和高效的数据分析方法的前提下，对这个数字虚拟映像的深度分析将有可能理解和发现现实复杂系统的运行行为、状态和规律。[①] 高校思想政治教育数据治理注重通过对海量数据的整理、加工、筛选、挖掘，从中获得高校思想政治教育所需的隐藏信息和工作规律等，从而使数据资源产生实用价值。但是，由于信息技术的高速发展，高校数据资源的生成既是爆发式的海量增长，又是以随机、无序、繁杂的形式存在的，一方面导致高校思想政治教育数据治理过程中存在体量庞大的数据资源，造成数据处理的困难，花费巨大的技术成本获取低效的思想政治教育有用信息；另一方面高校数据资源中存在大量与思想政治教育研究无关的冗余数据、与思想政治教育真实情况存在出入的虚假数据、与学生学习生活无关的垃圾数据，使得高校思想政治教育数据治理的质量和效力难以得到有效保障。同时，新兴技术的应用和普及，也使得许多过去可以人为处理的思想政治教育教学内容、教学行为、教学程序等采用信息化流程和数据治理的形式进行处理，但是思想政治教育的对象是有意识、有情感、有创造性的人，它不同于其他自然科学，因此过分地依赖数据去量化和分析人，本身就不科学，甚至有悖伦理。[②] 这种信息化处理的过程是否真正有利于高校思想政治教育，仍然是一个值得深入思考的问题。因此，需要科学理性的把握数据治理的局限和不足，在高校思想政治教育与数据治理的融合过程中提高对数据的筛选、鉴别、处理能力，从而提升高校思想政治教育数据

[①] 梅宏：《数据治理之论》，中国人民大学出版社 2020 年版，第 18 页。
[②] 胡子祥：《大数据载体给思想政治教育带来的伦理挑战及对策》，《思想政治教育研究》2015 年第 5 期。

治理的效力。

2. 数据反噬

信息技术对于信息社会具有奠基作用，滥用信息技术可能直接造成信息社会的结构异化，产生技术反噬效应。申言之，所有科学技术都可能潜在推动社会结构的变迁，但只有信息技术塑造了全新的"信息社会"及其网络公共领域。① 数据作为一种重要的生产要素，其本身是没有特定价值，数据资源的实际价值要通过形成真实有效地结论才能改变人们的生产和生活，从而推动社会的发展和进步。正如马克思恩格斯所说："劳动是一切财富的源泉。其实劳动和自然界在一起才是一切财富的源泉，自然界为劳动提供材料，劳动把材料转变为财富。"② 数据治理的过程就是数据资源劳动转换的过程，数据为数据治理提供材料和要素，数据治理把数据转化为有价值的财富。在数据治理与高校思想政治教育融合发展过程中，杂乱无序的数据被转化为推动高校思想政治教育改革创新的巨大动力，对高校思想政治教育带来直观显著的变化，不可避免地我们又容易陷入对数据结论的崇拜和盲从，进而造成数据反噬的现象。高校思想政治教育数据治理一旦遭到过度使用，就不可避免地造成数据治理本身的结构异化，进而产生数据反噬效应，对高校思想政治教育带来前所未有的挑战。这种现象的产生，一方面是高校对数据信息权威的绝对信赖与盲从，在数据治理过程中容易陷入固定的思想政治教育"信息茧房"，将数据治理所得出的关于思想政治教育对象的结论，即关于对象群体普遍特征的判断，看作适用于所有对象群体的绝对规律，从而忽视对于学生的个体判断，违背了高校思想政治教育工作需要因事而化、因时而进、因势而新的原则，造成高校思想政治教育数据治理的局限；另一方面是由于数据资源的即时性决定的，信息技术的高速发展和更新迭代使得数据资源也具有特定的时间效应，超出了特定的时间范围或时期，数据治理的结论或信息就会缺乏效力甚至大打折扣，但是高校思想政治教育是一个长期的教育过程，即时性的结论能否适应于

---

① 陆宇峰：《信息社会中的技术反噬效应及其法治挑战——基于四起网络舆情事件的观察》，《环球法律评论》2019年第3期。

② 《马克思恩格斯选集（第3卷）》，人民出版社2012年版，第988页。

第十章　高校思想政治教育数据治理的反治理与再治理

长期的教育过程，或者能够在什么样的时间范围内适用高校思想政治教育的发展，仍然是一个值得深思的问题。

3. 隐私滥用

当世界开始迈向大数据时代时，社会也将经历类似的地壳运动。在改变人类基本的生活与思考方式的同时，大数据早已在推动人类信息管理准则的重新定位。① 但是任何科学技术的进步对于人类社会来说都是一把双刃剑，数据治理亦不列外。由于大数据具有多维度和全面的特点，它可以从很多看似支离破碎的信息中完全复原一个人或者一个组织的面貌，并且了解到这个人生活的细节或者组织内部的各种信息。② 在数据时代，可以通过技术手段可以随时随地获取各种个人数据信息，并通过技术赋能、技术画像等手段标识出高度精炼的个人特征，如个人身份信息、家庭情况、情感状况、兴趣爱好、心理倾向、宗教信仰、社交关系等，通过这些个人标签抽象出个体信息的全貌，共同构成对个体的整体描述。但是这种对个体数据信息无差别、无取舍的全部存储、记录、使用，一方面使得一些让学生不愿意让别人知晓的私密信息完全暴露在数据管理者面前，毫无个人隐私可言，同时也极易造成隐私信息泄露对学生的二次伤害等问题；另一方面，基于数据治理生成的个人数据信息的汇总很多情况下并非学生主动留存，甚至是未经学生个人允许的，基于法律层面的考量，学生理应享有对个人数据信息的知情权、使用权、处理权，但实际情况往往并非如此，学生不仅不能对自己的个人信息进行自由处置，甚至由于管理制度和技术的漏洞，有时这些个人信息被作为违法兜售、不当获利的重要资源，从而滋生网络犯罪、网络诈骗等问题。与此同时，高校思想政治教育数据治理需要大量的学生数据信息作为科学治理的支撑，但是这些数据信息究竟是只包含学生的学习内容相关的数据，还是覆盖学生生活、娱乐、社交、消费等所有内容的数据，既是一个与数据治理技术成本紧密相关的问题，也是涉及学生隐私的伦理问题。尤其是一些对于学生来说极其敏感的个人信息和特殊

---

① ［英］维克托·迈尔-舍恩伯格，［英］肯尼思·库克耶：《大数据时代：生活工作与思维的大变革》，浙江人民出版社2013年版，第217页。

② 吴军：《智能时代：大数据与智能革命重新定义未来》，中信出版社2016年版，第261页。

经历等相关的数据该如何处置，在高校思想政治教育数据治理中尚未形成完善的制度和操作流程，教师在面对这类特殊信息时是否会产生对学生的偏见从而影响思想政治教育的公平公正也未可知。因此，高校思想政治教育数据治理一方面极大地促进了思想政治教育效力的发挥，另一方面由于数据治理手段的不成熟以及数据管理制度的漏洞，也极易为思想政治教育带来个人隐私泄露、隐私滥用等伦理问题。

（二）高校思想政治教育数据治理反治理的实现路径

高校思想政治教育数据治理是典型的技术—权力治理模式，也就是说局部的权力治理需要新的技术手段的支持，局部的技术手段也需要权力治理的规范，二者相互依存、缺一不可。其中，高校思想政治教育数据治理的反治理对于整个思想政治教育治理过程的重塑作用至关重要，是推动高校思想政治教育数据治理体系不断完善的重要手段，是推进高校思想政治教育供给侧结构性改革的内在要求，也是思想政治教育治理现代化的应然之意。一方面，以高校思想政治教育数据治理的反治理为手段，精准有效地识别处理高校思想政治教育数据治理过程中出现的问题和局限，另一方面，以高校思想政治教育的科学治理为目标，为高校思想政治教育教学提供精准有效、科学丰富的内容供给。为此，高校思想政治教育数据治理的反治理需要提高数据使用效力、优化组织管理模式、避免对数据的过度依赖、完善数据的安全管理。

1. 提高数据使用效力

数据治理就其本质而言，旨在"在数据传输、收集、储存的基础上，对数据深入分析挖掘，并由此获得凭直觉难以发现的有用信息，揭示数据背后隐藏的规律，科学、有效预见未来发展趋势，从而为决策提供参考"。[①]因此，对于高校思想政治教育数据治理的实际发展应用而言，提升对数据信息的处理能力，进而提高数据信息的使用效力，是高校思想政治教育数据治理的反治理需要重点关注的环节。在以往传统的高校思想政治教育过程中，高校和教师主要通过课堂教学、社会实践、校园生活等途径观察和

---

① 杨安，严奉云，苗红：《大数据在社会治理创新中的应用》，《观察与思考》2015年第8期。

了解学生的思想动态和行为特征,以此来满足学生成长成才的需求。但随着时代的发展,当代大学生是随着互联网等信息技术成长起来的新一代青年,他们的思想动态、行为习惯与以往产生较大的差别,呈现更加隐秘、复杂、个性、多样等特点,亟须通过思想政治教育数据治理等手段全方位、多领域的洞察学生的学习情况、生活方式、思想动态、情感倾向、发展需求等重要信息,因人制宜开展思想政治教育,提升高校思想政治教育效果。首先,构建开放高效的数据共享平台。大数据的显著特征是单个数据的价值密度低但价值总量大,即数据之和的价值远大于数据的价值之和。[①]要想最大限度地发挥数据的价值,就必须构建开放高效的数据共享平台,拥有足够数量的数据信息,实现高校内部不同部门、不同学院、不同层级之间的数据集中共享。在横向上,加强高校内部不同学院、不同部门之间的数据系统整合,实现跨学院的数据资源共享和教学协同;在纵向上,密切高校内部不同行政层级之间的数据共享,打通各层级之间的数据孤岛,实现上下层级之间的数据协同共享,构建统一的数据信息平台。其次,提高数据信息的筛选能力。高校思想政治教育数据治理需要囊括相关的大量数据,在数据分析处理的基础上得到高校思想政治教育所需的有效信息,面对如此海量庞大的数据信息,提高数据的筛选能力是提高数据治理能力的必由之路。如何根据社会形势变化、学校教育教学特点和学生个人的具体实际情况,从纷繁复杂的信息中梳理出贴近学生实际、符合学生需求的内容,提高思想政治教育的吸引力、感染力和影响力,对于进一步增强思想政治教育的实效性至关重要。[②]

2. 优化组织管理模式

高校思想政治工作关系高校培养什么样的人、如何培养人以及为谁培养人这个根本问题。要坚持把立德树人作为中心环节,把思想政治工作贯穿教育教学全过程,实现全程育人、全方位育人,努力开创我国高等教育事业发展新局面。[③]高校思想政治教育涉及学生的学习、生活、实践等诸

[①] 刘辉:《大数据时代思想政治教育的微传播化》,《思想理论教育》2014年第6期。

[②] 王栋梁:《大数据时代思想政治教育需要科学构建对象把握机制》,《思想理论教育》2018年第7期。

[③] 《习近平谈治国理政(第二卷)》,外文出版社2017年版,第376页。

多环节，是一个全方位、多层次、全过程的育人体系，其中各内容体系之间相互联系、不可分割，共同构成一个完整的育人过程。因此高校思想政治教育数据治理的反治理过程要进一步优化治理过程的组织管理模式，构建体系化数据治理过程，突破常规的管理思维束缚，实现对传统高校思想政治管理的重塑，让数据治理在高校思想政治教育的治理创新中发挥重要作用。首先，打破封闭僵化的条块化体系，促进高校思想政治教育治理结构扁平化。在高校思想政治教育数据治理中，教育教学的管理与决策不应只掌握在少数领导者手中，掌握数据信息的相关部门和下级执行者也应当参与到治理的决策中，建立以思想政治教育问题解决为导向的各部门、学院之间的通力合作，共同参与到相关思想政治教育决策的制定中去。同时，在高校思想政治教育数据治理过程中，政策的制定与政策的执行始终处于良性的互动沟通，治理过程中的任何问题都可以立即发现、迅速反映、妥善处理，有效地打破了高校思想政治教育数据治理的内部冗余。其次，打破封闭传统的管理结构，构建开放共享的数据治理结构。数据治理能够促使高校思想政治教育更加开放透明，一方面加强了不同部门、不同学院之间的数据沟通共享，缓解了部门、学院之间的信息封闭、信息不对称问题，有助于课程思政和协同教学的开展；另一方面也为教师开展思想政治教育教学工作开辟新渠道，教师可以通过数据信息共享平台及时了解学生的学习动态、生活近况、思想动向等，从而有针对性的开展思想政治教育，引导学生形成正确的世界观、人生观、价值观。最后，强化政府、社会、学校、家庭四位一体的数据平台建设。高校思想政治工作应当充分动员各方面的积极力量，共同作用于思想政治教育的全过程，政府、社会、学校作为重要的辅助力量，应当加强与学校之间的合作沟通，促进各组织间的数据资源整合，形成共享共建开放的综合数据平台，实现思想政治教育各治理主体之间、教育治理系统与社会大系统之间的数据交互、互动、共享，实现高校思想政治教育治理的数据化、智慧化、科学化。

3. 避免对数据的过度依赖

随着数据时代的到来，人们的生活在潜移默化中被改变被重塑，数据时代不仅改变个体的生活方式，也为人们塑造了全新的更大规模的人际交

第十章　高校思想政治教育数据治理的反治理与再治理

往模式和社会关系模式,不可避免的,人们越来越依赖数据、网络等新技术手段,当人们越来越多的依靠数据为生活、工作、学习做决策时,就逐渐陷入数据崇拜、数据权威的循环。"从现实情况看,过分依赖大数据和预测模型是有很高风险的,从房价预测到股价预测,从彩票投注到足球竞猜,从天气预报到金融危机,大数据预测常出现偏差。究其原因在于,大数据预测是根据已知的数据来预测未知的将来,将总结性分析无条件地转换为预测性分析,并且大数据预测本身还存在着数据的准确度与关联度等先天缺陷。"① 就高校思想政治工作而言,数据治理的应用为思想政治教育工作的开展提供有效可用的数据支撑和结论参考,数据信息的庞大和运算方法的复杂使得数据治理的权威性得到进一步信赖。但是,在实际的高校思想政治教育中,数据治理所得到的结论或规律仍然有其局限性,冷静分析客观看待数据治理结论转化过程的局限性,避免对数据的过度依赖,避免对数据治理结论的绝对信任,是高校思想政治教育数据治理的反治理需要重点关注的环节。无论数据治理技术手段如何智能,面对高校思想政治教育工作实际,我们还需要回归理性,将教育者的人为判断与数据治理的结论结合起来,避免陷入过度的"数据崇拜"。一方面,以多视角看待高校思想政治教育数据治理。不同于以往的研究过程,数据治理是通过自下而上的数据收集、挖掘、处理去发现问题、洞察趋势、获得规律、做出决策的过程,更多的是通过技术手段获取有效信息。但是单一数据结论有时并不足以支撑最终的思想政治教育决策,高校思想政治教育涉及社会、学校、家庭、个人等诸多因素,单一研究视角获得的结论不足以覆盖全部的教育需求,多维研究视角、研究方法的介入能够更完整的支撑思想政治教育决策,更好提升高校思想政治教育数据治理的有效性。另一方面,在高校思想政治教育数据治理中采取必要的人为判断。高校思想政治工作是做人的工作,但是人的思想、情感和心理是无法通过量化的数据信息完全解读的,思想政治教育工作者应当始终保持独立判断能力,对于数据治理的结论既不能照搬照做、全听全信,也不能置之不理、弃如敝履,而是应当将教育者以

---

① 冯刚:《大数据应用于思想政治教育的局限与突破》,《重庆大学学报》(社会科学版)2021年第2期。

往的教学经验、思考、判断等与数据治理结论结合起来,在必要的时候采取人为判断、人为干预等手段,探寻其中的关系与规律,更好的利用数据治理辅助高校思想政治教育工作。

4. 完善数据安全管理体系

科学技术的进步是一把双刃剑,数据治理亦是如此,一方面,数据治理有助于数据价值的充分发挥,实现思想政治教育数据资源的开放共享,另一方面,数据治理可能产生数据安全问题,造成大量涉及个人隐私、财产等数据信息被泄露、误用甚至滥用,产生重大数据安全漏洞。要充分认识到人工智能具有科技属性和社会属性高度融合的特点,在大力发展人工智能的同时,加强潜在风险研判和防范,努力在应用中趋利避害,确保人工智能走上安全可靠可控的发展轨道。① 正如习近平总书记所说:"我们必须积极主动、未雨绸缪、见微知著、防微杜渐,下好先手棋,打好主动仗,做好应对任何形式的矛盾风险挑战的准备。"② 因此,高校思想政治教育数据治理的反治理过程必须重视数据隐私和安全问题,完善数据安全管理体系,不断提升数据安全防护能力,助力高校思想政治教育数据治理。一是建立高校思想政治教育数据安全预警评估机制。高校思想政治教育数据治理汇集思想政治教育相关的海量数据,大规模的数据存储加大了数据泄露的风险,因此,高校要建立数据安全风险评估机制,随时报告、共享、监测思想政治教育数据治理的全过程,及时安全预警,确保妥善处置思想政治教育数据治理中出现的问题。二是完善高校思想政治教育数据安全管理体系。数据安全管理体系是高校思想政治教育数据治理安全运行的底线保障,高校思想政治教育数据治理必须完善全方位的安全管理体系,任用技术素养较高的数据管理人才负责思想政治教育数据治理平台的管理维护,定期开展安全监测,通过对数据安全风险信息的获取、分析、研判以及数据治理安全事故的应急处置,实现思想政治教育数据安全事前、事中和事后的全流程保障。三是提高高校思想政治教育者的数据安全素养。高校思想政治教育者作为高校思想政治教育数据治理的主要实施者,必须树立数据治理

---

① 《人工智能读本》编写组:《人工智能读本》,人民出版社2019年版,第3页。
② 《习近平谈治国理政(第二卷)》,外文出版社2017年版,第223页。

意识，提高数据安全素养，用正确的数据治理理念指导高校思想政治教育实践，发挥高素质教师队伍对数据治理安全的助力作用。

第二节 高校思想政治教育数据治理的再治理

在数据时代，由于数据治理的发展、普及、广泛应用而衍生的多元主体、共享共建、去中心化等价值理念已经成为广泛共识，冲击着以往封闭化的治理体系和治理模式，数据治理已然成为推动国家治理体系和治理能力现代化的重要助推力量。高校思想政治教育数据治理的应用为思想政治教育的科学管理、风险防控、精准教学等提供了有效工具和发展思路，拓宽了高校思想政治教育的治理主体，优化了高校思想政治教育的治理结构，丰富了高校思想政治教育的治理工具，促进了高校思想政治教育由传统的封闭型结构向开放型机构的转变。但是，数据治理并不能一劳永逸的解决高校思想政治教育的所有问题，甚至由于其潜在的技术特性，也会为高校思想政治教育带来新的挑战与危机。科学完善的治理体系必然需要一定的监督反馈机制的及时予以反馈纠错，避免治理过程出现偏差，从而使数据治理更好的成为推动高校思想政治教育发展的有效手段。高校思想政治教育数据治理体系亦是如此，需要数据治理的再治理过程发挥监督纠错作用，防范可能存在的风险挑战，规范数据治理过程的权力和边界。

一、数据治理的再治理

在人类社会的任何时代，社会的进步发展都离不开科学技术的进步，科学技术的每一次变革都对社会发展产生深远的影响。数据治理作为数据时代的新兴产物，毫无例外也对社会的进步发展和人们的幸福生活提供了技术支撑。但是当数据时代的序幕逐渐拉开，海量的数据信息如潮水般猛烈袭来，数据治理帮助人们以理性、科学、有序的方法使用数据，人们开始把数据作为最基本的生产要素，逐渐陷入一种以数据为工具来认识世界、改造世界的普遍性思维方式，也愈来愈深切地感受到一种"受制于数据"的压迫之感。正如维克托·迈尔－舍恩伯格和肯尼思·库克耶在《大数据时代》一书中指出："大数据预测可以为我们打造一个更安全、更高效的社会，但是却否定了我们之所以为人的重要组成部分——自由选择的能力和行为责任自负。大数据成为了集体选择的工具，但也放弃了我们的自由意志。"①数据时代的发展不仅孕育着数据治理带来的便捷与高效，也潜伏着数据治理异化带来的现实风险和新型危机，因此，数据治理需要再治理过程进行治理边界约束，防范因数据治理危机。科学认识和把握数据治理与再治理的相互作用，探讨再治理对数据治理的调适因应之道，助推数据治理的逻辑重构，具有重要的理论意义和实践意义。

（一）边界约束的再治理行为

2021年国务院印发关于《"十四五"数字经济发展规划》的通知指出，新一轮技术革命和产业升级发展使得数字化转型已经成为大势所趋，健全完善数字经济治理体系就必须"强化协同治理和监管机制，明晰主管部门、监管机构职责，强化跨部门、跨层级、跨区域协同监管，明确监管范围和统一规则，加强分工合作与协调配合。"②可见，数据资源已经成为经济社会发展的重要助推力，数据治理体系的健全和完善需要明晰监管范围和规则制度。数据治理的再治理过程就是通过明确监管范围和规则，思考如何通过规则设计防范因治理边界模糊而造成的数据治理过程异化，威胁数据治理过程的科学民主等问题。科学规范的数据治理再治理过程一方面可以构建理性规范、令行有效的治理体系，成为消弭价值分歧、协调各方利益矛盾、化解技术与现实冲突的重要手段，从而为数据治理效能的进一步提升奠定基础。另一方面，再治理过程通过约束数据治理边界，提升数据治理能力，增强数据治理过程的民主化、平等化、制度化水平，并从整体上系统推进数据治理体系和治理能力的现代化。

---

① ［英］维克托·迈尔－舍恩伯格，［英］肯尼思·库克耶：《大数据时代：生活工作与思维的大变革》，浙江人民出版社2013年版，第207页。
② 《国务院关于印发"十四五"数字经济发展规划的通知》，中华人民共和国中央人民政府网站：http://www.gov.cn/zhengce/content/2022-01/12/content_5667817.htm。

（二）民主化、平等化、制度化的特征

数据技术、云计算、区块链、人工智能以及元宇宙等前沿信息技术的发展演变，不断推动着治理领域的理念、方法、模式的创新发展，数据治理作为数据时代最具代表性的技术工具，俨然成为推动治理体系和治理能力现代化的必由之路。数据治理使得数字化的技术与表征深入到社会的各个领域，海量的数据信息、科学的数据挖掘技术、精准的数据分析使得治理过程中的需求与供给可以得到更加合理的沟通与分配，治理模式的变迁彻底改变了传统的权力主体与被治理对象的对话方式。同时，新兴技术手段的发展与应用增强了被治理对象的参与度与话语权，体现了治理过程中权力的重新配置，改变了传统的科层制权力结构，形成了数据治理的扁平化结构。数据治理不仅为治理过程中的各参与主体提供了数据信息获取平台，从而在一定程度上弱化权力主体对数据信息的绝对垄断和控制，海量多元的数据信息被不断地发掘与应用，突破了以往的传统封闭管理模式。但是在另一方面，数据治理的应用需要相关的专业技术背景，因而存在加大治理不公平的参与风险。因此，再治理过程的纳入对于科学的数据治理过程来说是必须的，通过再治理过程突破数据治理本身带来的局限，限制权力运行的边界，有效提升数据治理过程的效能。再治理就其本质而言，具有民主化、平等化、制度化等特征。民主化是再治理的根本属性。相较于传统的治理工具，数据治理更加强调专门技术人才的介入对数据治理整体效能的提升，从而使专业技术人才凭借技术门槛效应和专业背景优势在数据治理过程中能够掌握更大的信息支配能力，造成一定的数据鸿沟和技术垄断现象。再治理过程需要进一步协调数据治理中的主体关系、理顺情绪、化解矛盾、凝聚共识，实现民主化的治理过程，才能进一步增强各方参与数据治理的积极性，完善共建共治共享的数据治理体系，凝聚数据治理的价值共识，形成数据治理的最大合力。平等化是再治理的内在要求。技术手段的转型升级的过程，也是治理规则不断重构演化的过程。数据治理技术的嵌入与使用重塑了传统的科层中心的治理结构，为多元主体参与到数据治理的过程提供了技术支撑，但由此导致的数据技术导向与治理过

程中各主体间需求满足的分歧与差异也十分明显，因此再治理过程对平等化的要求更加突出，通过再治理过程的平等化实现治理主体之间权力与利益均衡合理分配的理想状态和价值评价，以参与平等、规则平等、权力平等和利益平等让数据治理成果更多更公平的惠及治理主体。制度化是再治理的必然要求。在具体实践中，虽然数据治理手段极大程度上改善了治理局面，为权力主体的治理行动提供了有力的支持，但是数据治理中可能存在的数据泄露、隐私曝光、数据滥用等风险挑战，已然成为数据治理广为诟病的伦理风险。数据空间的虚拟性、开放性、即时性等特征弱化了个体的信息控制权，个体信息泄露风险陡然增加，因此对于再治理过程而言，通过制度化的政策设计全面保障数据治理对个人伦理利益的侵犯是再治理的必然要求。制度化能够有效提供制度供给，为数据治理行为提供限度和边界，使数据治理涉及的全部要素都受到必要的限制与约束，达到科学应用数据治理技术的内在平衡点。

二、高校思想政治教育数据治理的再治理

高校思想政治教育数据治理作为高校思想政治教育适应数据技术发展和互联网变革催生的新的治理模式，就其本质而言是以数据治理思维建立有序高效的思想政治教育数据运行系统，其目的是进一步推进高校思想政治治理体系和治理能力的现代化，以积极主动的数据技术思维理念关照高校思想政治教育实践，深入分析影响师生思想及行为发展的关联因素，挖掘数据信息背后潜在的特征、价值、规律，适时调整高校思想政治工作中与时代发展不相适应的部分，及时破解高校思想政治教育理论和实践发展的问题，推动高校思想政治教育治理效能的进一步发挥。作为一个兼具长期性和复杂性的系统工作，高校思想政治教育数据治理不仅要实现整个数据治理系统的高效运行，而且要不断促进整个系统在实践中的改进和完善，实现螺旋式上升的良性循环，因而再治理过程对整个系统的监督和纠错是十分必要的。再治理过程能够有效发挥监督的规范和整改纠错功能，及时

调整数据治理系统中的利益纠纷，实现高校思想政治教育数据治理系统的平衡状态。

（一）高校思想政治教育数据治理存在的风险

习近平总书记在全国高校思想政治工作会议上讲话指出："要运用新媒体新技术使工作活起来，推动思想政治工作传统优势同信息技术高度融合，增强时代感和吸引力。"[①]信息网络技术日新月异的发展为新时代思想政治教育工作守正创新提供了新方法、新理念和新模式，在实践中，数据技术与思想政治教育的深度融合已经成为新时代思想政治教育创新发展的重要趋势。高校思想政治教育数据治理作为伴随着新时代数据技术孕育而生的全新治理手段，为高校思想政治教育提供了必要的数据支撑与技术支持，不可避免的，高校思想政治教育数据治理过程也存在一定的风险与挑战，如过于集权风险、专家权威过大、权力边界模糊等问题。

1. 过于集权风险

就其本质而言，治理一个涵盖从外部环境条件到内部决策组织架构的功能和范围等多种要素和机制的统一。同样，高校思想政治教育数据治理是以数据资源为核心的，在高校内部与外部、软件与硬件、主管部门与协同部门之间的持续性协同推进的动态治理过程。高校思想政治教育数据治理效能的发挥不仅在于拥有海量的核心数据资源，而且与数据的深入开发和挖掘、数据治理系统的高效运行与维护，以及高校内部的组织架构、领导与管理、技术生态环境等息息相关。高校思想政治教育数据治理不是高校信息管理、数字化管理等传统概念的简单替换，而是数据技术辅助下高校数据管理的纵深发展与精细化操作。现代技术的两面性导致高校思想政治教育数据治理过程中存在着机遇与风险的并存，高校思想政治教育数据治理的风险是数据化、信息化给数据治理带来的新生风险，其中非常重要的一个影响因素在于高校思想政治教育数据治理过程中存在的过于集权的风险。在传统的高校思想政治教育治理实践中，高校的权力主体和管理主体需要面对的是来自不同部门或领域的分散的数据及资料总结，这

---

① 《习近平谈治国理政（第二卷）》，外文出版社2017年版，第378页。

些分散无序的数据往往被视作具体事务的呈现载体，数据资源的原本价值被具体的业务性领域的内容价值所覆盖。但是在高校思想政治教育数据治理的过程中，来自高校内部与外部的海量数据资源被广泛的汇集、挖掘、分析，高校权力主体与管理主体面对的是与思想政治教育相关数据的整体价值，集中统一的数据资源能够真实、有效且全面地反映高校思想政治教育的客观情况，海量集中的数据资源使得高校思想政治教育权力主体拥有更大的控制力量和决定力量，存在过于集权风险，不利于思想政治教育全员全过程全方位育人格局的形成。同时，高校思想政治教育权力主体和管理主体不仅掌握着校内外部大量的思想政治教育数据资源，也决定着这些数据资源和信息的共享范围和开放对象，这种对于数据资源可获取对象和范围限定的绝对权力如果缺乏必要的监督，也会影响数据资源效能的发挥。

2. 专家权威过大

随着科学技术的不断更新迭代，新型的技术手段要比以往的传统技术更为科学、更为先进，在科学至上理念的推动下，新型技术手段很容易受到大众的无条件信赖，使得公众更多地看到新技术所带来的效益，而对其带来的风险与危机不置可否。更为重要的是，与以往的技术革新不同，第四次工业革命中的核心技术创新更加复杂且很容易形成"闭环"，这些技术一旦形成体系，普通人和一般性规范很难干预其运作，更谈不上纠偏。[①] 数据治理在各行业领域的应用取得了丰硕的成果，因而在高校思想政治教育数据治理过程中，技术手段的权威性使得数据治理更容易受到师生的信任与依赖，这些都让思想政治教育数据治理的风险更加隐蔽、不为人知。不同于传统的管理手段，数据治理需要极强的专业背景和极高的技术门槛，因而需要专业背景的技术专家介入高校思想政治教育数据治理的过程。他们可以评估数据源的挑选，分析和预测工具的选取，甚至包括运算法则和模型，以及计算结果的解读是否正确合理。一旦出现争议，他们有权考察

---

① 张乐：《新兴技术风险的挑战及其适应性治理》，《上海行政学院学报》2021年第1期。

第十章　高校思想政治教育数据治理的反治理与再治理

与分析结果相关的运算法则、统计方法以及数据集。① 不可避免地造成技术专家权力过大的风险，尤其是掌握数据治理专业知识和核心算法规则设定的专家，他们能够掌握数据治理过程中的权力规则制定，赋予高校思想政治教育权力主体和管理主体在数据治理中的权力管理范围，限定高校思想政治教育各参与主体的用户权限，各参与主体必须遵守数据治理平台的规则，而无权改变自身权限和整体规则，极大地限制了参与主体的数据共建共享自由。同时，由于技术手段本身的侵入性和不透明性，使得高校思想政治教育数据治理过程中很多方面的专业性内容仅仅为技术专家所知，而高校思想政治教育数据治理过程中的其他参与者并不能及时了解相关的有效信息，技术专家权威过大且缺乏相应监督机制的约束使得高校思想政治教育数据治理的后果有时无法准确预期，导致高校思想政治教育数据治理的风险和意外后果不能预先调控避免，有时会造成更大的治理困境，影响高校思想政治教育数据治理效能的发挥。

3. 权力边界模糊

第四次工业革命的浪潮席卷全球，科学技术的更新速度远远超过了人类的预期，以数据治理为代表的新技术手段为人们的生活带来了极大的便利，同时也深刻地改变着人与人之间的互动交往模式以及整个社会的深层结构。新兴技术手段无论是出现速度还是更新速度都远超人们的认知，对于它们的潜在后果与风险，整个社会都缺乏较为深入的认知，未能对其负面因素给与充分考虑，同样也未能设计可以囊括所有技术风险点的监管机制和约束机制。数据治理的广泛应用及既是技术手段的创新，也是管理制度的创新，因而数据治理内在的既有技术创新的不足之处，也包含了制度创新的负面后果。在实际的数据治理过程中，各治理主体对于数据治理中所包含的风险诱因、应用范围以及影响程度缺乏科学有效地分析，极易出现数据治理过程中权力边界的模糊，数据治理究竟应该在何种程度上应用以及何种范围内应用，成为困扰各参与主体的主要问题。在不同的历史语境中，治理界限并不相同，但在特定公共治理情境之中，治理划界对于智

---

① ［英］维克托·迈尔－舍恩伯格，［英］肯尼思·库克耶：《大数据时代：生活工作与思维的大变革》，浙江人民出版社 2013 年版，第 228 页。

能治理再治理却是前提性的基础。否则，智能治理范围过多过滥，界线不清而给予专家的裁量权过大，都会导致智能专家权力不当扩张的问题。① 因而，在高校思想政治教育数据治理实践中，数据治理权力边界的划分成为数据治理技术应用的首要问题，一旦数据治理的风险规模、影响深度和作用力度超过了既有管理手段的应急处理能力范围，很容易造成既有治理框架难以驾驭和控制数据治理带来的后果和伤害。在高校思想政治教育治理实践中，数据治理并不是对思想政治教育的绝对全面覆盖，而是对高校思想政治教育工作技术和机制的创新应用，相应的对于高校思想政治教育数据治理的权力边界划分应当全面考虑技术界限与制度界限两个方面，通过技术边界和制度边界的设定，确保数据治理在高校思想政治教育治理过程中始终在可行可控可操作的范围内运转，防止数据治理的权力越界和技术鸿沟现象。

（二）高校思想政治教育数据治理再治理的实现路径

随着大数据技术的日臻成熟，数据治理在社会各领域得到广泛而有效地应用，高校思想政治教育与数据治理的结合日益成为高校思想政治教育守正创新的重要途径。但是，推进思想政治教育与大数据融合发展，既要保持"技术敏感"又要避免"技术迷信"，既要把握"理论可行"又要注重"实际可行"，立足大数据技术特征，客观认识、冷静看待大数据本身在数据产生、数据处理和数据结论运用等方面的局限性，在此前提下最大限度地发挥大数据在思想政治教育领域的应用价值。② 因而，需要通过再治理过程的有效举措来消解高校思想政治教育数据治理的不足，建立多元化的权力平衡机制，合理划分数据治理权力边界，加强对专家权力监督，完善治理过程的纠错容错机制，从而有效提升高校思想政治教育数据治理的效能。

1. 建立多元化的权力参与机制

高校思想政治教育数据治理相对于传统的思想政治教育管理和治理所具有的特殊属性，在于更集中关注高校思想政治教育数据功能实现方式的

---

① 刘永谋：《技术治理、反治理与再治理：以智能治理为例》，《云南社会科学》2019年第2期。
② 冯刚：《大数据应用于思想政治教育的局限与突破》，《重庆大学学报（社会科学版）》2021年第2期。

第十章　高校思想政治教育数据治理的反治理与再治理

问题，强调以共识目标、平等协商、多元共治的方式来制定和运行治理过程。相较于传统的一元化管理，高校思想政治教育数据治理以多元主体参与为基本模式，这种从单一主体向多元主体的转化过程，即是从主客体主体性向主体间主体性的转化，也是传统高校思想政治教育治理体系向现代高校思想政治教育治理体系转型的必然要求。高校思想政治教育数据治理通过技术手段和制度机制的调整重构，必然能够激发高校思想政治教育全部参与主体的责任感和使命感，将多元主体参与的治理理念具化为在数据治理实践过程中各参与主体的责任义务、工作机制、效果反馈等，使每一个参与主体都能真正成为高校思想政治教育数据治理的使命担当和责任担当。就高校思想政治教育数据治理中的多元主体而言，"政府教育行政部门和高校是最主要的治理权行使者，在指导思想上要坚持一元主导、多元并存，同时其他社会力量也越来越多地参与进来，形成齐抓共管、多元共治的参与机制"。[①] 多元化的权力参与机制需要各方主体共同参与、权责明确、协同发力才能更好的发挥高校思想政治教育数据治理的效能，既包括高校内部各部门之间、高校与政府、社会相关部门和组织间的横向权力参与，也包括高校思想政治教育体系内不同权力层级间的纵向权力参与。就横向参与而言，要着力构建积极的制度机制，加强高校各责任部门、各学院之间的数据共享沟通和通力合作，着力形成高校内部的思想政治教育工作育人合理，构建全员全过程全方位育人的格局。同时，在外部加强高校与政府、社会、家庭等参与主体间的数据交流与合作，有效整合校内校外思想政治教育数据资源，构建全面科学有效地高校思想政治教育数据治理体系。就纵向参与而言，要着力加强权力系统各个层级参与高校思想政治教育数据治理的积极性、主动性，激发高校思想政治教育管理部门、领导部门、高校教师、辅导员、数据技术专家等各个层级力量参与高校思想政治教育数据治理过程中，形成上下层级间的有效互动和全力配合，提升高校思想政治教育数据治理的效能。同时，要加强高校思想政治教育数据治理过程中的权力监督机制建设，强化对数据治理多元参与主体的制约与监督，确保

[①] 冯刚，高山等：《新时代高校思想政治教育治理论》，中国社会科学出版社2021年版，第292页。

思想政治教育数据治理过程在高效有序规范的轨道上运行。

2. 合理划分数据治理权力边界

随着现代权力技术的精细化发展，身处互联网社会权力场域中的人们越来越难以意识到权力的存在，它早已借助大数据等现代技术渗透到社会成员的日常生活之中，如同全景敞视监狱一般每时每刻掌握着所有人的动向。[①] 数据治理技术在高校思想政治教育中的发展和应用产生了全新的权力模式，也就是典型的技术赋权，即通过数据技术手段赋予相应的主体以权力的行为，使得相应的权力主体能够对数据信息进行分析处理，获取有效信息，从而掌握权力。但是数据权力同样具有两面性，既能够为高校思想政治教育工作的开展带来巨大的技术便利，又存在陷入"数字利维坦"的风险和危机，同时，数据治理的嵌入也造成高校思想政治教育治理中网络空间与物理空间的界限越来越模糊，造成盲目的技术崇拜和治理结构异化，带来个体与群体、公权与私利、权力与责任等一系列困境。因此，为了促进高校思想政治教育数据治理的高效运行，合理划分数据治理权力边界显得尤为重要。由于数据治理的多重特性，高校思想政治教育数据治理的权力边界划分应当全面考虑技术界限与制度界限两个方面，通过技术边界和制度边界的设定，确保数据治理在高校思想政治教育治理过程中始终在可行可控可操作的范围内运转。就制度边界而言，高校思想政治教育数据治理是对以往治理模式和手段的进一步技术升级，完善规范的规则和制度支持深刻地影响着数据治理的深度和广度，能够有效规范约束高校思想政治教育数据治理的运行，进一步约束各权力主体的权力行使，防止数据权力膨胀导致的权力迷失，避免数据治理中出现技术失灵和技术越位等问题，营造有利于推进数据治理发展的内部生态环境，为数据治理提供坚实的制度保障。就技术边界而言，由于高校思想政治教育数据治理的独特的技术特质，技术边界的划分是对其更为直接具体的内容约束，直接影响着高校思想政治教育数据治理的质量和效能。总的来说，高校思想政治教育数据治理涉及的内容较为广泛，也关系到权力主体、管理主体、教育者、教育

---

① 吴理财，王为：《大数据治理：基于权力与权利的双向度理解》，《学术界》2020年第10期。

对象等多个主体的利益，因此，高校思想政治教育数据治理要确立合理的技术边界，数据技术的作用范围应当围绕高校思想政治教育相关的内容开展数据获取、数据挖掘、数据处理与分析等，同时数据技术要保持可随时更新状态，以便随着高校思想政治教育实践的变化进行相应的更新升级，实现数据治理信息的高效上传下达，为优化高校思想政治教育数据治理提供必要的技术支持。

3. 专家权力的民主行使与监督

数据治理技术在高校思想政治教育中的应用拓展丰富了高校思想政治教育的实践，不仅能够有效提升思想政治教育的治理效率，也进一步丰富改造思想政治教育治理的组织结构，特别是权力运行体制的改革，同时把数据治理技术专家纳入权力主体范围，他们以专业知识为基础介入数据治理领域的权力决策与行使。不可避免的，特殊的专业背景和极强的技术门槛使得数据治理技术专家在治理过程中拥有绝对分量的话语权，极易造成数据治理专家权力的决策行使失去约束，进而影响高校思想政治教育数据治理民主性。营造高效、科学、开放的高校思想政治教育数据治理体系，首先必须要合理界定数据治理专家的权力范围和界限，在此基础上，形成上下循环的双重反馈机制和评价机制，确保数据专家的权力行使始终在可监督的范围之内。内部自省与外部反思的有机结合，是保障高校思想政治教育数据治理系统高效运行的关键，高校思想政治教育数据治理所蕴含的内外结合的监督机制始终贯穿于数据治理过程的各环节和各领域之中。一方面，发挥高校思想政治教育数据治理内部监督机制对数据技术专家的约束作用，将数据技术专家的权力行使置于科学合理的评价体系之中，通过多元化的评价过程，及时发现数据技术专家权力行使的问题和不足，实现对数据治理专家的动态性监测，防止数据技术专家的权力越界行为。同时，多元评价过程所得到的信息反馈能够帮助数据技术专家及时发现自身的问题，寻求解决问题的办法和策略，为进一步改善数据技术专家权力行使提供精准思路和方法策略。另一方面，发挥高校思想政治教育数据治理的外部监督机制对数据技术专家的监督作用，权威高效的外部监督体系能够对数据技术专家的权力行使进行合理监督，制约数据技术专家权力的无序发展,明确其权力与责任,增强数据技术权力行使的合理性、有效性、科学性,进而构建决策科学、执行有力、监督有效、权责明确的权力运行机制,保障高校思想政治教育数据治理系统的长效发展。同时,加强数据技术专家的伦理素养教育,帮助数据技术专家树立道德自律,科学规范行使数据治理过程中的权力,以伦理渗透效应约束和规范技术的使用,避免技术权力的异化和越界。

4. 完善治理过程的容错纠错机制

国家治理的体系是否合理科学,治理机制是否科学高效,其中非常重要的因素就是要看这一体系和机制能否做好容错纠错。党的十八大以来,以习近平同志为核心的党中央高度重视建立和完善容错纠错机制。党的十九大报告进一步强调,建立激励机制和容错纠错机制。马克思主义哲学指出,事物的发展不是一帆风顺的而是在曲折中波浪式地前进。由于人们对事物的认识能力总是有一定的局限,在把握事物的本质和规律方面或多或少会出现一定的偏差和失误,从本质上来说,没有任何事物或技术是绝对完美,不存在任何问题。数据治理作为数据时代最具代表性的技术手段,不可避免地存在着新技术手段所固有的不足与局限,在治理实践过程中不可避免地出现一些漏洞和问题,因而完善数据治理过程的容错纠错机制,能够有效回应数据治理过程中的现实问题。高校思想政治教育数据治理过程中容错纠错机制的建立和完善,要始终坚持实事求是的原则,对思想政治教育数据治理中存在的错误和问题做出全面客观的分析,要允许错误和不足的出现,及时纠正数据治理过程中出现的错误;要始终坚持底线原则,保证思想政治教育数据治理中的制度底线不被破坏,法律底线不被碰触,针对可以"容"的错误,大胆容错,针对原则性的错误,坚决根治。健全和完善高校思想政治教育数据治理中的容错纠错机制,最重要的是澄清对于容错纠错的模糊认识,在规则和制度的制定上上下衔接精准,保障规则制度的贯彻落实,有效发挥容错纠错机制的激励约束作用。首先要明确意义,提升思想认识。健全和完善容错纠错机制要紧紧围绕高校思想政治工作这个基本点,在数据治理中要允许试错、宽容失败,为高校思想政治教育数据治理各参与主体足够的认识和成长空间,帮助他们进一步提高技术素养,

第十章 高校思想政治教育数据治理的反治理与再治理

真正运用好数据治理技术。其次要明确界限，合理界定容错范围。在高校思想政治数据治理过程中，确立明确的规则和制度标准，清晰界定容错范围，客观理性分析思想政治教育数据治理中出现的问题，坚持制度规则为根本遵循，结合数据治理的技术特性，厘清可纳入容错范围的具体情况。最后要明确目的，巩固纠错成效。允许错误、宽容错误并不是根本目的，健全和完善容错纠错机制根本在于总结思想政治教育数据治理的经验教训，早发现发纠错，避免重复性错误，真正做到容纠并举，进一步提升高校思想政治教育数据治理的效能。

参考文献

一、著作类

[1]《马克思恩格斯全集》(第19卷),人民出版社1963年版。
[2]《马克思恩格斯全集》(第39卷),人民出版社1995年版。
[3]《马克思恩格斯全集》(第42卷),人民出版社1979年版。
[4]《马克思恩格斯全集》(第47卷),人民出版社1979年版。
[5]《马克思恩格斯文集》(第1卷),人民出版社2009年版。
[6]《马克思恩格斯文集》(第4卷),人民出版社2009年版。
[7]《马克思恩格选集》(第1—4卷),人民出版社2012年版。
[8]《列宁全集》(第36卷),人民出版社1985年版。
[9]《列宁全集》(第38卷),人民出版社1959年版。
[10]《邓小平文选》(第2卷),人民出版社1994年版。
[11]《习近平谈治国理政》,外文出版社2014年版。
[12]《习近平谈治国理政》(第二卷),外文出版社2017年版。
[13]《习近平谈治国理政》(第三卷),外文出版社2020年版。
[14]习近平:《之江新语》,浙江人民出版社2007年版。
[15]习近平:《论党的宣传思想工作》,中央文献出版社2020年版。
[16]习近平:《胸怀大局把握大势着眼大事 努力把宣传思想工作做得更好——在全国宣传思想工作会议上的讲话》,《人民日报》2013年8月21日。
[17]习近平:《敏锐把握世界科技创新发展趋势 切实把创新驱动发展战略实施好》,《人民日报》2013年10月2日。
[18]习近平:《切实把思想统一到党的十八届三中全会精神上来》,《人民日报》2014年1月1日。
[19]习近平:《在中央网络安全和信息化领导小组第一次会议上的讲话》,《人民日报》2014年2月28日。
[20]习近平:《在网络安全和信息化工作座谈会上的讲话》,《人民日报》2016年4月26日。
[21]习近平:《在哲学社会科学工作座谈会上的讲话》,《人民日报》2016年5月19日。

[22]习近平:《决胜全面建成小康社会 夺取新时代中国特色社会主义伟大胜利——在中国共产党第十九次全国代表大会上的报告》,《人民日报》2017年10月28日。

[23]习近平:《激发制度活力激活基层经验激励干部作为 扎扎实实把全面深化改革推向深入》,《人民日报》2018年7月7日。

[24]习近平:《用新时代中国特色社会主义思想铸魂育人 贯彻党的教育方针落实立德树人根本任务》,《人民日报》2019年3月19日。

[25]习近平:《加快推动媒体融合发展 构建全媒体传播格局》,《奋斗》2019年第6期。

[26]习近平:《思政课是落实立德树人根本任务的关键课程》,《求是》2020年第17期。

[27]习近平:《不断做强做优做大我国数字经济》,《求是》2022年第2期。

[28]中共中央文献研究室编:《十五大以来重要文献选编》(中),人民出版社2001年版。

[29]中共中央文献研究室编:《十八大以来重要文献选编》(下),中央文献出版社2018年版。

[30]中共中央文献研究室编:《习近平关于全面深化改革论述摘编》,中央文献出版社2014年版。

[31]中共中央文献研究室编:《习近平关于科技创新论述摘编》,中央文献出版社2016年版。

[32]中共中央宣传部编:《习近平总书记系列重要讲话读本》,学习出版社、人民出版社2016年版。

[33]国家发展和改革委员会编:《"十三五"国家级专项规划汇编》(下),人民出版社2017年版。

[34]《新一代人工智能发展规划》,人民出版社2017年版。

[35]《关于深化新时代学校思想政治理论课改革创新的若干意见》,人民出版社2019年版。

[36]《中国共产党第十九届中央委员会第四次全体会议文件汇编》,人民出版社2019年版。

[37]《中共中央关于坚持和完善中国特色社会主义制度 推进国家治理体系和治理能力现代化若干重大问题的决定》,人民出版社2019年版。

[38]《中共中央关于党的百年奋斗重大成就和历史经验的决议》,人民出版社2021年版。

[39]《中华人民共和国国民经济和社会发展第十四个五年规划和2035年远景目标

纲要》，人民出版社 2021 年版。

［40］《中华人民共和国数据安全法》，人民出版社 2021 年版。

［41］陈万柏，张耀灿：《思想政治教育学原理》，高等教育出版社 2015 年版。

［42］刁生富，刁宏宇，吴选红：《重估：大数据与治理创新》，电子工业出版社 2018 年版。

［43］冯刚等：《高校思想政治教育工作质量评价研究》，人民出版社 2020 年版。

［44］冯刚等：《新时代高校思想政治教育学原理》，人民出版社 2021 年版。

［45］冯刚，高山等：《新时代高校思想政治教育治理论》，中国社会科学出版社 2021 年版。

［46］冯刚主编：《思想政治教育学学科发展新论域》，中山大学出版社 2022 年版。

［47］傅斯年：《历史语言研究所工作之旨趣》，《傅斯年全集》第 4 卷，联经出版事业公司 1980 年版。

［48］何明等：《大数据导论——大数据思维、技术与应用（第 2 版）》，电子工业出版社 2022 年版。

［49］姜浩：《数据化：由内而外的智能》，中国传媒大学出版社 2017 年版。

［50］嘉文，周华丽：《教育区块链：分布式学习时代的教育模式创新》，机械工业出版社 2020 年版。

［51］李振华，王同益等：《数据治理》，中共中央党校出版社 2021 年版。

［52］梅宏：《数据治理之论》，中国人民大学出版社 2020 年版。

［53］彭漪涟，马钦荣：《逻辑学大辞典》，上海辞书出版社 2004 年版。

［54］乔瑞金：《马克思技术哲学纲要》，人民出版社 2002 年版。

［55］王凤肆等：《教育大数据》，科学出版社 2020 年版。

［56］王宏志，李默涵：《大数据治理：理论与方法》，电子工业出版社 2021 年版。

［57］王浦劬：《国家治理现代化理论与策略》，人民出版社 2016 年版。

［58］王正青：《信息化、"互联网+"与大数据：当前美国基础教育变革理念与实践》，人民出版社 2018 年版。

［59］吴军：《智能时代：大数据与智能革命重新定义未来》，中信出版社 2016 年版。

［60］余立：《中国高等教育史》（下册），华东师范大学出版社 1994 年版。

［61］张莉：《数据治理与数据安全》，人民邮电出版社 2019 年版。

［62］张耀灿主编：《中国共产党思想政治教育史论》，高等教育出版社 2018 年版。

［63］张玉宏：《大数据导论》，清华大学出版社 2021 年版。

［64］朱扬勇：《数据自治》，人民邮电出版社 2020 年版。

［65］中国社会科学院语言研究所词典编辑室：《现代汉语词典》，商务印书馆 2013

年版。

［66］上海市高等教育局研究室等编：《中华人民共和国建国以来高等教育重要文献选编（上）》，上海市高等教育局研究室　华东师范大学高校干部研修班教育科学1982年版。

［67］本书编写组：《中国共产党思想政治教育史》，高等教育出版社2016年版。

［68］本书编写组：《人工智能读本》，人民出版社2019年版。

［69］大数据战略重点实验室：《块数据5.0——数据社会学的理论与方法》，中信出版集团社2019年版。

［70］用友平台与数据智能团队：《一本书讲透数据治理》，机械工业出版社2022年版。

［71］［德］罗纳德·巴赫曼，［德］吉多·肯珀，［德］托马斯·格尔策：《大数据时代下半场　数据治理、驱动与变现》，北京联合出版公司2017年版。

［72］［法］米歇尔·福柯：《权力的眼睛》，严锋译，上海人民出版社1997年版。

［73］［美］比尔·弗兰克斯：《驾驭大数据》，黄海、车浩阳等译，人民邮电出版社2013年。

［74］［德］尤尔根·哈贝马斯：《认识与兴趣》，学林出版社1999年版。

［75］［德］韩炳哲：《倦怠社会》，王一力译，中信出版集团2019年版。

［76］［德］海德格尔：《存在与时间》，陈嘉映、王庆节译，生活·读书·新知三联书店1987年版。

［77］［以］赫拉利：《未来简史》，林俊宏译，中信出版集团2017年版。

［78］［法］让-弗朗索瓦·利奥塔尔：《后现代状态》，车槿山译，南京大学出版社2011年版。

［79］［美］赫伯特·J·鲁宾等：《质性访谈方法：聆听与提问的艺术》，卢晖临等译，重庆大学出版社2010年版。

［80］［美］约翰·拉德利：《数据治理：如何设计、开展和保持有效的数据治理计划》，刘晨、车春雷等译，清华大学出版社2021年版。

［81］［美］罗尔斯：《正义论》，京华出版社2000年版。

［82］［美］丹尼·乔金森：《参与观察法》，龙筱红、张小山译，重庆大学出版社2009年版。

［83］［英］维克托·迈尔-舍恩伯格，［英］肯尼思·库克耶：《大数据时代：生活、工作与思维的大变革》，盛杨燕、周涛译，浙江人民出版社2013年版。

［84］［英］维克托·迈尔-舍恩伯格，［英］肯尼思·库克耶：《与大数据同行：学习和教育的未来》，赵中健等译，华东师范大学出版社2015年版。

［85］［荷兰］彼得·保罗·维贝克：《将技术道德化：理解与设计物的道德》，闫宏秀，

杨庆峰译，上海交通大学出版社 2016 年版。

［86］ZELENY M. Management support systems: towards integrated knowledge management [J].Human systems management, IOS Press, 1987.

［87］AnHai Doan, Alan Halevy, Zachary Ives. Principles of Data Integration. Waltham, MA: Morgan Kaufmann, 2012.

二、期刊类

［88］陈水生:《新公共管理的终结与数字时代治理的兴起》,《世界经济与政治》2009 年第 4 期。

［89］董晓辉:《活动理论视角下高校教育数据治理体系构成要素研究》,《中国电化教育》2021 年第 3 期。

［90］党秀云:《论合作治理中的政府能力要求及提升路径》,《中国行政管理》2017 年第 7 期。

［91］代玉,王慧珍:《高等教育数据治理的逻辑框架与实施路径》,《黑龙江高教研究》2021 年第 10 期。

［92］陈振明:《评西方的"新公共管理"范式》,《中国社会科学》2000 年第 6 期。

［93］傅昌波:《全面推进智慧治理　开创善治新时代》,《国家行政学院学报》2018 年第 2 期。

［94］冯刚:《新媒体时代青少年思想政治教育的特点和规律》,《中国教师》2018 年第 7 期。

［95］冯刚,成黎明:《治理视域下高校思想政治工作体系构建的逻辑与路径》,《思想理论教育》2020 年第 8 期。

［96］冯刚:《治理视域下高校思政队伍专业化建设的理论与实践》,《学校党建与思想教育》2020 年第 9 期。

［97］冯刚:《高校思想政治工作质量评价的时代特点与展望》,《湖北社会科学》2021 年第 1 期。

［98］冯刚:《大数据应用于思想政治教育的局限与突破》,《重庆大学学报（社会科学版）》2021 年第 2 期。

［99］冯刚:《立德树人与时代新人培育的内在逻辑》,《四川师范大学学报（社会科学版）》2021 年第 5 期。

［100］冯刚,徐先艳:《现代性视域中思想政治教育治理的生成逻辑、基本内涵及时代价值》,《教学与研究》2021 年第 5 期。

[101] 冯刚:《关于高校思想政治教育治理研究的几个问题》,《高校辅导员学刊》2022年第3期。

[102] 冯刚:《推动新时代思想政治教育学科高质量发展》,《学校党建与思想教育》2022年第7期。

[103] 郭苏建:《中国国家治理现代化视角下的社会治理模式转型》,《学海》2016年第4期。

[104] 高薇,张宇:《"大数据+思想政治教育"的生成、特征及应用》,《理论导刊》2021年第9期。

[105] 高盛楠,吴满意:《试论高校思想政治教育的数据化转型》,《思想教育研究》2021年第9期。

[106] 高盛楠,吴满意:《论大数据时代思想政治教育中的意义共享》,《学校党建与思想教育》2021年第15期。

[107] 何蒲,于戈,张岩峰,鲍玉斌:《区块链技术与应用前瞻综述》,《计算机科学》2017年第4期。

[108] 黄欣荣:《大数据时代的思维变革》,《重庆理工大学学报》2014年第5期。

[109] 胡子祥:《大数据载体给思想政治教育带来的伦理挑战及对策》,《思想政治教育研究》2015年第5期。

[110] 江怡:《重新认识马赫的"要素一元论"》,《文史哲》2006年第2期。

[111] 贾兆帅:《大数据时代思想政治教育创新发展的新态势》,《思想政治教育研究》2022年第1期。

[112] 廖备水:《论新一代人工智能与逻辑学的交叉研究》,《中国社会科学》2022年第3期。

[113] 李锋:《数据治理与平台型政府建设——大数据驱动的政府治理方式变革》,《南京大学学报(哲学·人文科学·社会科学)》2021年第4期。

[114] 李怀杰,吴满意,夏虎:《大数据时代高校网络意识形态建设探究》,《思想教育研究》2016年第5期。

[115] 李振:《教育大数据的平台构建与关键实现技术》,《现代教育技术》2018年第1期。

[116] 罗红杰:《话语·图像·数据:思想政治教育现代化的着力点》,《湖北社会科学》2019年第10期。

[117] 罗洪铁,陈淑丽:《论思想政治教育机制的内涵、功能及价值》,《思想理论教育导刊》2014年第3期。

[118] 卢汉龙:《民间组织与社会治理》,《探索与争鸣》2006年第5期。

［119］刘辉:《大数据时代思想政治教育的微传播化》,《思想理论教育》2014年第6期。

［120］刘日明:《马克思的现代技术之思》,《学术月刊》2020年第4期。

［121］刘石:《大数据技术与传统文献学的现代转型》,《中国社会科学》2021年第2期。

［122］刘永谋:《技术治理、反治理与再治理:以智能治理为例》,《云南社会科学》2019年第2期。

［123］陆宇峰:《信息社会中的技术反噬效应及其法治挑战——基于四起网络舆情事件的观察》,《环球法律评论》2019年第3期。

［124］骆郁廷,唐丽敏:《网络空间大学生思想活动的多变性及其引导》,《思想教育研究》2019年第6期。

［125］欧黎明,朱秦:《社会协同治理:信任关系与平台建设》,《中国行政管理》2009年第5期。

［126］寿龙:《公共事物的治理之道》,《江苏行政学院学报》2010年第1期。

［127］佘双好,康超:《思想政治教育大数据方法的提出及其运用空间》,《北京工业大学学报(社会科学版)》2022年第5期。

［128］汤贝贝,薛彦华:《大数据背景下高等教育治理转型:机遇、挑战与应对策略》,《重庆高教研究》2019年第2期。

［129］唐良虎,吴满意:《数据思政:基本意涵、生成逻辑与实践样态》,《思想理论教育》2022年第5期。

［130］吴理财,王为:《大数据治理:基于权力与权利的双向度理解》,《学术界》2020年第10期。

［131］吴满意等:《从精准到智慧:思想政治教育创新发展的根本态势分析》,《马克思主义与现实》2019年第4期。

［132］吴满意,景星维:《精准思政:内涵生成与结构演化》,《学术论坛》2019年第5期。

［133］王栋梁:《大数据时代思想政治教育需要科学构建对象把握机制》,《思想理论教育》2018年第7期。

［134］王小伟:《数据时代中人的尊严》,《哲学家》2020年第2期。

［135］王欣玥,吴满意:《新时代推进大数据与思想政治教育融合的五维思考》,《教育探索》2019年第6期。

［136］王永友:《改革开放以来大学生思想政治教育主要矛盾的演化过程》,《当代青年研究》2020年第5期。

［137］肖峰:《论人的信息化在场》,《中国人民大学学报》2005年第4期。

［138］肖峰:《信息的价值问题与价值论信息主义》,《学术界》2010年第2期。

［139］肖峰：《重勘信息的哲学含义》，《中国社会科学》2010年第4期。

［140］肖峰：《信息、信息技术与信息认识论》，《长沙理工大学学报（社会科学版）》2013年第1期。

［141］许晓东，王锦华，卞良，孟倩：《高等教育的数据治理研究》，《高等工程教育研究》2015年第5期。

［142］徐先艳：《改革开放以来有关青年地位作用研究的回顾与展望》，《青年探索》2020年第7期。

［143］杨安，严奉云，苗红：《大数据在社会治理创新中的应用》，《观察与思考》2015年第8期。

［144］杨华锋：《协同治理的行动者结构及其动力机制》，《学海》2014年第5期。

［145］俞可平：《推进国家治理体系和治理能力现代化》，《前线》2014年第1期。

［146］俞可平：《推进国家治理体系和治理能力现代化》，《理论参考》2014年第2期。

［147］俞可平：《国家治理的中国特色和普遍趋势》，《公共管理评论》2019年第1期。

［148］俞吾金：《形而上学发展史上的三次翻转》，《中国社会科学》2009年第6期。

［149］余清臣：《论教育思辨研究的时代挑战与应对》，《教育学报》2018年第5期。

［150］赵汀阳：《共在存在论：人际与心际》，《哲学研究》2009年第8期。

［151］张康之：《数据治理：认识与建构的向度》，《电子政务》2018年第1期。

［152］张乐：《新兴技术风险的挑战及其适应性治理》，《上海行政学院学报》2021年第1期。

［153］周巍，沈其新：《社会治理研究的文献计量学分析》，《求索》2016年第4期。

［154］钟义信：《信息论：它的定义和测度》，《自然辩证法研究》1986年第5期。

［155］弗洛里迪，刘刚：《什么是信息哲学？》，《世界哲学》2002年第4期。

三、报纸类

［156］邓希泉：《把握做好新时代党的青年工作的基本要义》，《光明日报》2018年12月3日。

［157］冯刚：《推进新时代思想政治教育治理体系现代化》，《中国教育报》2021年9月13日。

［158］冯刚：《构建新时代高校思想政治教育治理体系》，《中国教育报》2021年9月13日。

［159］李超：《301张暖心饭卡的"精准扶贫"》，《中国青年报》，2016年03月22日。

［160］袁贵仁：《青年师生是敌对势力进行渗透分化的重点人群》，《中国教育报》

2015年2月3日。

[161]杨军:《互联网已成意识形态交锋的主战场》,《中国社会科学报》2014年4月20日。

[162]杨宗凯:《大数据驱动教育变革与创新》,《光明日报》2017年4月18日。

[163]《中共中央关于全面深化改革若干重大问题决定》,《人民日报》2013年11月16日。

[164]《习近平主持召开中央网络安全和信息化领导小组第一次会议强调 总体布局统筹各方创新发展 努力把我国建设成为网络强国》,《人民日报》2014年2月28日。

[165]《习近平在全国高校思想政治工作会议上强调 把思想政治工作贯穿教育教学全过程 开创我国高等教育事业发展新局面》,《人民日报》2016年12月9日。

[166]《中共中央、国务院印发〈关于加强和改进新形势下高校思想政治工作的意见〉》,《人民日报》2017年2月28日。

[167]《习近平在中共中央政治局第二次集体学习时强调 审时度势精心谋划超前布局力争主动实施国家大数据战略加快建设数字中国》,《人民日报》2017年12月10日。

[168]《教育部关于印发〈教育信息化2.0行动计划〉的通知》,《中华人民共和国教育部公报》2018年4月18日。

[169]《习近平在全国宣传思想工作会议上强调 举旗帜聚民心育新人兴文化展形象 更好完成新形势下宣传思想工作使命任务》,《人民日报》2018年8月23日。

[170]《中共中央、关于坚持和完善中国特色社会主义制度 推进国家治理体系和治理能力现代化若干重大问题的决定》,《人民日报》2019年11月6日。

[171]《中共中央、国务院印发〈关于新时代加强和改进思想政治工作的意见〉》,《人民日报》2021年7月13日。

[172]《中共中央关于党的百年奋斗重大成就和历史经验的决议》,《人民日报》2021年11月17日。

[173]《习近平主持召开中央全面深化改革委员会第二十三次会议强调 加快建设全国统一大市场提高政府监管效能 深入推进世界一流大学和一流学科建设》,《人民日报》2021年12月18日。

[174]《习近平在中国人民大学考察时强调 坚持党的领导传承红色基因扎根中国大地 走出一条建设中国特色世界一流大学新路》,《人民日报》2022年4月26日。

四、电子文献类

[175]习近平:《在省部级主要领导干部学习贯彻十八届三中全会精神全面深化改

革专题研讨班上的讲话》，中国共产党新闻网：http://theory.people.com.cn/n/2015/1111/c40531-27804605.html。

［176］《习近平在首届世界互联网大会上的讲话》，中国共产党新闻网：http://cpc.people.com.cn/n/2014/1119/c64094-26054619.html。

［177］《习近平在省部级主要领导干部学习贯彻十八届三中全会精神全面深化改革专题研讨班开班式上发表重要讲话》，中国共产党新闻网：http://pic.people.com.cn/n/2014/0218/c1016-24387045.html。

［178］《中央网络安全和信息化领导小组第一次会议召开》，中华人民共和国中央人民政府网站：http://www.gov.cn/xinwen/2014-02/27/content_2625112.htm 。

［179］《教育部关于印发〈教育信息化2.0行动计划〉的通知》，教育部网站：http://www.moe.gov.cn/srcsite/A16/s3342/201804/t20180425_334188.html。

［180］《加快推进教育现代化实施方案（2018—2022年）》，教育部网站：http://www.moe.gov.cn/jyb_xwfb/s6052/moe_838/201902/t20190223_370859. html。

［181］《外交部副部长乐玉成：言论自由也有"红线"》，人民网：http://world.people.com.cn/n1/2018/1107/c1002－30385764.html。

［182］《国务院关于印发"十四五"数字经济发展规划的通知》，中华人民共和国中央人民政府网站：

［183］ http://www.gov.cn/zhengce/content/2022-01/12/content_5667817.htm。

［184］《第49次中国互联网网络发展状况统计报告》，中国互联网信息中心网站：http://www.cnnic.net.cn/hlwfzyj/hlwxzbg/。

［185］国际数据公司（IDC）：《世界的数字化——从边缘到核心》，https://www.seagate.com/files/www-content /our-story /trends/files/idc-seagate-dataage-chine-whitepaper.pdf。

后　记

党的十九届四中全会审议通过的《中共中央关于坚持和完善中国特色社会主义制度　推进国家治理体系和治理能力现代化若干重大问题的决定》，总结了国家制度和国家治理体系的优势，强调要加强制度理论研究和宣传教育，指出"加强和改进学校思想政治教育，建立全员、全程、全方位育人体制机制"。高校思想政治教育要适应和契合国家治理现代化的总体要求。同时，《深化新时代教育评价改革总体方案》指出要"把思想政治工作作为学校各项工作的生命线紧紧抓在手上，贯穿学校教育管理全过程"，为高校思想政治教育治理提供了质量标准和评价依据。在治理现代化、教育现代化和教育评价改革多重背景下，高校思想政治教育治理的基础理论、重点内容、动力系统、评价方式需要进一步深化研究。为系统构建高校思想政治教育治理体系和治理能力的学理和实践体系，由北京师范大学思想政治工作研究院院长冯刚教授担任总主编，邀请高校思想政治教育领域的理论与实践专家，共同编撰了高校思想政治教育治理系列丛书。冯刚、吴满意、张小飞、吴增礼、徐先艳、严帅、王振等负责丛书总体策划和框架设计，丛书包括《高校思想政治教育治理引论》《高校思想政治教育治理能力研究》《高校思想政治教育数据治理研究》《高校思想政治教育治理生态研究》《高校思想政治教育治理评价研究》共五册。

其中，《高校思想政治教育数据治理研究》由吴满意、徐先艳负责全书框架设计，作者分别是：导论（吴满意）、第一章（徐先艳）、第二章（陈梦霖）、第三章（徐先艳、曹鹤鸣）、第四章（吴满意）、第五章（高盛楠）、第六章（王莹）、第七章（唐良虎）、第八章（吴放）、第九章（胡忠浩）、第十章（孙

后 记

贝）。吴满意、徐先艳负责统稿。曹鹤鸣、黄渊林、杨小青、李冉、郑镝等协助相关文献整理。

  本书在撰写过程中，参考了经典著作、政策文献以及大量专家学者的研究论著和学术论文，在文中采用脚注方式进行了标明，同时将相关参考资料附在书后，在此深表感谢！因全书涵盖思想政治教育以及相关学科的理论研究、经验总结、比较分析、案例分析等多领域内容，限于时间、精力和篇幅，未能一一列出，敬请专家学者同仁谅解。同时，高校思想政治教育数据治理问题是一个崭新的研究领域，书中观点与论断尚待进一步论证和实践验证，不足之处恳请专家同行和广大读者予以批评指导。

作 者
2022 年 6 月